EMMA X
SECRÈTE ET INSOUMISE

JESSICA LUMBROSO

EMMA X
SECRÈTE ET INSOUMISE

Luv

TABLE

I. QUI S'Y FROTTE S'Y PIQUE 9

II. SOUFFLER SUR LES BRAISES 133

III. QUAND L'AMOUR SORT LES GRIFFES 249

QUI S'Y FROTTE
S'Y PIQUE

1

La musique assourdissante m'emplit les oreilles. Je n'entends plus que ça. La lumière tamisée ne révèle qu'un enchevêtrement de corps, mêlés les uns aux autres, serrés en une masse à travers laquelle j'ai du mal à me faufiler. Tant pis. Je les bouscule, je repousse sans ménagement ceux qui se collent à moi. L'air est saturé de phéromones et d'odeurs en tout genre. Comme chaque samedi soir, les célibataires se ruent au Libertin, dans le but de ne pas finir la nuit seuls. Le club est connu pour ses soirées folles et débridées.

Il n'est même pas 23 heures, mais le Libertin est déjà plein. Une main se colle à mon cul. Je me crispe mais je prends sur moi pour ne pas insulter les quelques hommes qui m'entourent, sans même savoir auquel appartient la main baladeuse. Et puis Paul m'a déjà à l'œil depuis que, le mois dernier, j'ai éclaté les bourses d'un vieux pervers trop insistant. Paul aime que ses clients soient bien reçus ; je peux vous assurer qu'avec moi, c'est le cas.

Je tiens à mes miches, et ce boulot m'éclate comme une folle, aussi je poursuis mon chemin sans broncher.

Toutes les tables sont déjà prises et les danseurs, nombreux, se pressent sur la piste de danse. Mes collègues se mêlent à la foule : ils sont payés, tout comme moi, pour picoler à l'œil et allumer les clients. Pour résumer, on doit chauffer la salle.

Derrière le bar, Kév me fait un clin d'œil et s'exclame :

– Comme d'hab', ma belle ?

Je m'accoude au comptoir en acquiesçant, tout sourire. Aujourd'hui, Kév a troqué le violet de ses mèches folles pour un joli rouge flamboyant, assorti à ses piercings. Il a revêtu un baggy avec de nombreuses chaînes en argent, et une chemise noire dont les manches sont relevées sur ses avant-bras. Par-dessus, il a enfilé un veston sans manches à l'ancienne. Le moins que l'on puisse dire, c'est qu'il a du style. Dans son genre.

À côté de moi, un homme me fait de l'œil.

– Je vous paie la tournée ? me demande-t-il, tout sourire.

Kév m'observe, amusé. Il adore mes réactions inattendues quand je rembarre mes prétendants. Mais aujourd'hui, je ne sais pas pourquoi, ça ne me branche pas. Je souris poliment à mon rencard avorté.

– Merci bien, mais c'est payé par la maison.

L'homme se détourne et échange un regard entendu avec Kév.

– Elle me brise le cœur, là !

– Que veux-tu, mec ? Pour elle, c'est la maison qui paie… C'est une intouchable, va. Elle attise les flammes, mais je l'ai jamais vue repartir avec quelqu'un.

– Au moins, j'aurai essayé !

Il s'éloigne, non sans me lancer un dernier regard entendu, tandis que j'empoigne mon verre sur le comptoir.

– Regarde-moi ça ! À peine arrivée que tu fais déjà tourner les têtes.

Je souris en lui faisant à mon tour un clin d'œil.

– Que veux-tu ? Tout est étudié pour !

Mon boulot est aussi d'allumer le public, et ma foi, il est plus facile de le faire le cul à l'air qu'en camisole. Chaque fois que je me rends au Libertin, je passe toujours une bonne heure à me préparer. Aujourd'hui, j'ai opté pour ma jupe en cuir noir préférée, qui souligne à merveille mes hanches et la ligne galbée de mes cuisses. Mon top est simpliste, d'une teinte crème un peu transparente, il recouvre mon ventre, mais dévoile ce qu'il faut de poitrine. Mon collier pend entre mes seins, et je sais qu'il attire bon nombre de regards.

– C'est la folie, ce soir ! reprend Kév. Les clients sont déchaînés. J'espère pour toi que tu leur réserves un numéro spécial !

– Comme toujours, mon beau !

Je vide ma coupe d'un trait et la repose sur le comptoir. Puis je me hisse sur le plateau de verre et, debout, j'ôte ma veste en cuir que je jette négligemment sur Kév. Il éclate de rire en servant une jeune femme qui lui fait de l'œil, la poitrine avenante. Kév y plonge d'ailleurs le regard, le petit salaud, mais jamais il ne touche. Sa chérie le tient par les couilles !

D'un léger coup de pied, je fais valdinguer mon verre qui se fracasse sur le sol. La maison paie la casse, heureusement !

La musique est entraînante, et bientôt, je me déchaîne debout sur le comptoir, les bras en l'air. Je tourbillonne et roule des fesses.

J'oublie tout.

***

La soirée au Libertin s'est finie tard, ou plutôt très tôt le dimanche matin. Des *go-go dancers* ont déchaîné la foule et, ma foi, j'en ai aussi pris pour ma petite culotte… Après une douche rapide, je me suis glissée nue sous les draps, où le sommeil m'a immédiatement emportée.

C'est une alléchante odeur de café et d'œufs brouillés qui me fait ouvrir les yeux, à 13 heures passées. J'enfile un shorty, un marcel un peu trop grand et rejoins la salle à manger. Sur le comptoir qui la sépare de ma cuisine, une tasse encore fumante m'attend.

– Hé, la Belle au bois dormant ! s'exclame Vicky sans me faire face.

Elle est la seule personne à qui je confierais mes clés. Je connais Vicky depuis seize ans, depuis qu'en sixième, notre prof de maths nous a installées côte à côte. À l'époque, elle était rondouillette, portait des lunettes, et s'appelait Victoria. Enfant très timide, elle restait constamment dans mon ombre. C'est à la fac qu'elle a commencé à changer. Elle a perdu beaucoup de poids, s'est mise au sport, a pris de l'assurance et a troqué Victoria contre Vicky, comme pour faire la nique à la vie. Aujourd'hui, elle est juste magnifique, et son jules, qui, de manière fortuite se nomme Jules, se plaît à faire des photos de charme d'elle. Et elle adore ça.

– J'ai une faim de loup ! m'exclamé-je en laissant tomber mon derrière sur le tabouret.

– C'est ce que je m'étais dit, me sourit-elle en se retournant enfin. J'ai préparé des œufs, du bacon, des pommes de terre et du fromage, tout pour faire éclater ta bidoche.

– Tout ce que j'aime, en somme.

Et sans plus attendre, j'attaque le petit déjeuner de roi que ma meilleure amie m'a préparé. Elle s'installe à côté de moi et m'observe en silence.

Y a un os.

Pourtant, je ne dis rien et continue d'engloutir le repas. J'ai avalé les œufs et je découpe une tranche de bacon quand elle se racle la gorge. Je n'en peux plus.

– Crache le morceau ! m'exclamé-je.

Elle attrape son sac à main à ses pieds, le dépose sur ses genoux et fouille à l'intérieur pour en sortir une enveloppe plutôt épaisse.

Je la regarde, mais elle ne laisse rien paraître. Aussi, je dépose mes couverts, me frotte les mains, puis fais glisser l'enveloppe jusqu'à moi. En l'ouvrant, une pile de photographies, retournées, tombe à côté de mon assiette.

C'est le travail de Jules, j'en suis sûre. Je suis super excitée quand j'empoigne les clichés et les contemple, les uns après les autres.

Vicky m'épate. J'ai du mal à la reconnaître, mais c'est pourtant bien elle. Son chéri a réussi l'exploit de rendre justice à la beauté espiègle de son visage, de son regard pétillant et pourtant mystérieux. Elle est bien souvent en lingerie fine, des modèles qu'il a dû lui-même choisir. Je ne vois pas Vicky porter des sous-vêtements aussi sexy au quotidien, elle qui est toute timide. Sur d'autres photos, elle est nue, ce qui m'étonne plus encore, à ne dévoiler qu'un sein, un bout de chair. Tout est volupté et sensualité.

– Mais c'est que t'es vachement sex, Vick ! Où tu avais caché tout ça ?

– Jules a proposé son travail à une petite galerie d'art à Paris. Et ils ont adoré ! Ils vont exposer quelques-uns de ses projets.

– Et tu l'as laissé faire ? Ça m'étonne de toi, Vick. C'est une chose de faire des photos pour le plaisir, mais de là à exposer ta nudité à des centaines d'inconnus…

– Eh bien, je me suis dit qu'il était temps de prendre des risques.

– Quoi ? m'exclamé-je en riant. Qui êtes-vous et qu'avez-vous fait de Vicky ? Tu ne prends *jamais* le moindre risque. Tu es sûre de ce que tu fais ?

– Regarde ces photos, Emma. Elles sont magnifiques. On ne me reconnaît même pas. Personne ne saura qu'il s'agit de moi.

– Chérie, je t'assure que l'on te reconnaît bien. Et oui, elles sont magnifiques, je ne peux pas dire le contraire.

– De toute manière, je ne serai pas la seule modèle. Il en a quelques autres. Il fait beaucoup de nus et il commence à se faire un nom dans le milieu.

Je veux bien le croire. Il est sacrément doué, le con.

– D'ailleurs, à ce propos, continue-t-elle sur un ton gêné, j'ai une petite faveur à te demander.

– Laquelle ?

– Jules aimerait te prendre en modèle.

Je m'arrête net.

Moi, en modèle pour ses nus ?

– Hors de question.

– Tu n'as même pas pris la peine d'y réfléchir.

– C'est tout réfléchi, ma chérie. Je refuse que des inconnus me voient nue.

– Pourtant, ça ne te gêne pas au Libertin.

– Je suis toujours habillée au Libertin, Vick. Je te l'accorde, souvent très peu, mais mes seins et mon cul sont toujours un minimum couverts.

– Qu'est-ce qui te dérange vraiment ?

C'est une très bonne question. Il me faut quelques instants pour mettre le doigt dessus.

– Concrètement ? Je ne suis pas pudique, loin de là, et tu le sais, et je n'ai aucun problème avec mon corps. Mais je refuse qu'on associe mon corps à mon visage. Imagine un instant qu'un collègue de boulot, ou pire, mon patron, se rende à cette expo. Je serais définitivement grillée chez Holding.

– Et si je t'assure l'anonymat ? Si j'exige de Jules qu'il ne prenne jamais ton visage en photo ?

– Eh bien, peut-être qu'à ce moment-là, j'y réfléchirai plus longtemps…

2

Cette question m'a trotté dans la tête tout le reste du dimanche. Est-ce que cela me plairait d'être prise en photo dans le plus simple appareil ? Je suis sûre que ça m'amuserait de taper la pose, mais à poil ? Je n'ai jamais été de ces gens à passer la moitié de leur temps à se prendre en photo, et l'autre moitié à regarder le résultat. Je suis jolie, je le sais, et je n'ai aucun problème avec mon corps. Mais est-ce suffisant ?

Le lundi matin, j'ai tellement retourné la question dans tous les sens que j'ai du mal à me concentrer. J'ai attaché ma chemise de travers, mis mes lentilles de contact à l'envers, et pour couronner le tout, j'ai dérapé dans le couloir et me suis cogné le gros orteil contre un meuble.

J'arrive étonnamment en vie au boulot.

Je suis l'assistante du P-DG de Holding Corporation, la filiale française d'une grosse boîte de commerce international. Cela fait maintenant cinq ans que j'y travaille, depuis l'obtention de mon diplôme, à vrai dire. Et si j'ai commencé tout au bas de l'échelle, à faire des cafés et des photocopies pour tout le service marketing, mon excès de zèle a fini par payer.

Suis-je une carriériste ? Je plaide coupable. Ma carrière passe avant tout le reste.

Voilà pourquoi je mène une double vie.

Holding Corporation m'apporte une stabilité indéniable, et j'espère bien y atteindre des sommets. Je fais mon boulot sans rien demander à quiconque, et je le fais bien. J'attends d'en apprendre assez de Daniel Sanders, le P-DG *so british*, pour, un jour, gérer ma propre société.

Avec moi, le dicton « il ne faut pas se fier aux apparences » est particulièrement vrai : j'ai peut-être l'apparence d'une gentille fille bien sage, toujours tirée à quatre épingles, mais méfiez-vous ! Je joue sur mon aspect rangé, je l'accentue même un peu.

Mais ainsi, tout le monde ignore ma vraie nature. Et je tiens à ce que ça reste ainsi.

Je ne m'accorde que deux nuits par semaine, au Libertin, pour être moi-même. Ces deux soirs-là, je m'autorise bon nombre de libertés et j'exprime comme je l'entends cette part un peu débridée de ma personnalité. Mais jamais, au grand jamais, mes deux facettes ne doivent se superposer. Le Libertin reste mon secret. Il me permet de décompresser, de m'amuser et, de temps en temps, de lâcher prise, de ne plus rien contrôler. Parce que c'est fichtrement épuisant de toujours faire attention à son aspect, à sa manière de marcher, de parler…

Oui, je calcule absolument tout. Qui me prendrait au sérieux, autrement ? Soyons réalistes : personne ne confierait sa boîte à une gamine de 27 ans qui s'exhibe sur des podiums, les miches à l'air, à s'agiter comme une démente. C'est à peine si on prendrait le temps de me rire au nez, avant de m'envoyer paître.

Alors poser en tenue d'Ève pour cette satanée expo photo pourrait être carrément risqué pour moi.

Est-ce que je suis prête à vivre ça ? Assurément, non.

Et pourtant, je ne peux empêcher mon traître de cœur de palpiter d'excitation.

***

Il n'est pas encore midi quand Carrie entre en trombe dans mon bureau. Heureusement, Daniel est à un déjeuner professionnel. Je soupçonne ma collègue d'avoir choisi le meilleur moment pour papoter.

Carrie a seulement deux ans de plus que moi, mais parfois, j'ai l'impression qu'elle a toujours 17 ans. Elle est joviale (il est rare de la voir autrement qu'un sourire aux lèvres) et extravertie. C'est également une vraie pipelette, quelle commère ! Mais chez Holding, c'est ma seule amie, la seule à connaître ma double personnalité, et je sais que jamais elle ne crachera le morceau.

J'imagine parfaitement de quoi on doit avoir l'air, vues de l'extérieur, elle l'extravertie, moi la coincée du cul. Les gens ont sûrement du mal à comprendre notre amitié. Et franchement, je m'en contrefous.

– Bon, Em, tu vas me dire ce qui cloche, oui ou non ?

– Qu'est-ce qui te fait croire que quelque chose ne va pas ? réponds-je innocemment.

– Tu es dans la lune depuis ce matin. Regarde ! Tu as même filé ton collant et tu ne t'en es pas rendu compte.

– Quoi ?

Je sursaute et jette un regard à mes cuisses, sous le bureau.

– Merde !

La honte ! La déchirure remonte jusqu'à mi-cuisse et prend racine sous mon talon droit. Moi qui fais extrêmement attention à toujours être impeccable au boulot, j'ai passé ma matinée à traîner ma carcasse dans les locaux avec mon foutu collant maillé.

J'ôte mes talons.

– Alors ? Qu'est-ce qui ne va pas ?

Merde, on peut pas la lui faire, à Carrie…

Comme elle insiste, je lui jette un regard. Elle comprend immédiatement et se poste devant ma porte.

– La voie est libre, avance-t-elle.

Je remonte ma jupe sur mes hanches et retire mon collant. Mon gros orteil a doublé de volume, il est presque violet et recouvert d'une croûte de sang séché. Eh la vache, qu'est-ce qu'il fait mal !

– Fait chier. Me suis coupée.

– Comment t'as fait ton compte ?

J'expire en m'avachissant.

– C'est à cause de Jules.

Et je lui explique tout. En commençant par la venue de Vicky, sa demande particulière, sans oublier mes mésaventures du matin.

– Mais c'est extra ! s'exclame Carrie. Imagine que tu sois repérée par un magnat du mannequinat ?

– Le père Noël n'existe pas.

Je ne peux m'empêcher de me moquer de sa naïveté.

– Franchement, reprend-elle plus sérieusement, je ne comprends pas ce qui te gêne. Il est temps d'assumer tes démons intérieurs. Tu aimes jurer comme un charretier, te battre comme un mec et frétiller du popotin, et alors ? Au diable Daniel ou les mecs du marketing ! Sois toi-même et envoie-les au diable comme tu sais si bien le faire. Je suis sûre que tu ferais des ravages.

Un court instant, elle fait flancher mes résolutions. Mais très vite, je me souviens des remarques désobligeantes, des moqueries, et je sais, au fond de mon cœur, que j'ai raison de ne pas mélanger boulot et plaisir.

Carrie et moi avons intégré Holding Corporation en même temps, à la création de la filiale française. Immédiatement, nous avons tissé des liens. Son caractère m'a beaucoup plu, et pourtant, devant elle aussi, j'ai joué la comédie. Jusqu'à ce qu'elle me surprenne à jurer dans mon bureau comme le pire des goujats.

Me pensant seule, j'avais craché ma rancœur du moment comme on donne un coup, violemment et sans aucune retenue. Au lieu d'en paraître choquée, ou même un minimum étonnée, Carrie s'était contentée d'éclater de rire. « Je savais bien que tu avais du caractère ! » fut la première chose qu'elle prononça une fois son souffle revenu. Des fois, je me dis qu'elle a raison : une femme cache toujours en elle une paire de couilles, plus ou moins grosse, qui la pousse à faire carrière et qui grossit son ego de manière démesurée. Qu'à cela ne tienne, les hommes ne sont pas non plus lésés par sa théorie révolutionnaire ! Selon elle, ils possèdent tous en eux une sensibilité refoulée…

Face à sa réaction enjouée, j'avais jugé que, avec Carrie, je pourrais être naturelle, sans me poser aucune question.

Cinq ans plus tard, Carrie est toujours simple secrétaire, tandis que je gravis les échelons. Contrairement à moi, sa carrière lui importe peu, du moment qu'elle peut remplir sa gamelle jour après jour et profiter pleinement de la vie. Elle espère trouver un gentil garçon pour tout le reste. Ce n'est clairement pas elle qui me plantera un couteau dans le dos par pure jalousie.

Carrie vient s'asseoir sur le bord de mon bureau.

– J'ai rencontré un mec au Libertin, hier.

– Pourquoi tu vas draguer là-bas ? Tu sais très bien que les mecs du club sont en rut.

– Parce que c'est là que tu travailles. Et j'aime bien l'ambiance.

Je soupire. Carrie désespère de ne rencontrer que des cas, mais au Libertin, rien d'étonnant. J'ai pour principe de ne jamais sortir avec qui que ce soit, là-bas. Déjà parce que je ne mélange jamais boulot et plaisir, mais aussi parce qu'il n'y a que des losers.

– Et donc, ce jules ? demandé-je.

Elle hausse les épaules.

– On s'est tournés autour toute la soirée et, à la fermeture, il a insisté pour avoir mon numéro. Je lui ai filé rencard demain soir.

– Pourquoi demain soir ? Je bosse, ma cocotte.

– Justement. Comme ça, s'il se pointe pas, il me restera toujours tes bras pour pleurer.

Ah la maligne. Mais c'est qu'elle a pensé à tout ! En semaine, le club ferme ses portes un peu plus tôt. Si son Roméo ne vient pas, Carrie devra attendre 1 heure du mat' pour que je la ramasse à la petite cuillère. Heureusement, Kév pourra toujours lui tenir un peu compagnie. Il a le chic pour faire rire même la plus déprimée d'entre nous.

Quelque part, il ressemble à Carrie, toujours le sourire aux lèvres, le premier à rire et à raconter des conneries. Mais Kév est pris, le saligaud, sinon j'aurais tenté de jouer les entremetteuses.

Carrie est de ces femmes qui croient encore au Prince Charmant. Avec des majuscules, oui messieurs dames. Je ne suis pas sûre qu'elle réalise que les princes sur leurs destriers blancs sont loin des boîtes de nuit. Mais ça explique sûrement pourquoi elle est toujours célibataire. Bien que je la soupçonne d'être difficile à vivre au quotidien : elle me fait penser à une pile alcaline qui ne tomberait jamais à plat. Elle est si pleine d'énergie que ce sont les autres qu'elle épuise.

3

Carrie a passé ces deux derniers jours à me parler de son nouveau coup de cœur. Elle doit oublier qu'elle en change chaque semaine. Si je l'écoutais, elle ferait déjà des plans sur la comète avec lui. Pour un peu, la voilà mariée et mère de famille, son apollon à son bras. Mais il faudrait déjà qu'elle connaisse son prénom…

Car ces deux petits cons n'ont même pas eu la présence d'esprit de se présenter. Il n'y en a pas un pour rattraper l'autre. Finalement, c'est peut-être l'homme de sa vie.

Le mardi soir, nous avons convenu de nous rejoindre chez moi pour nous préparer. Carrie a deux options pour la fin de soirée : ou bien son jules la rejoint et ils finissent la nuit ensemble, ou bien il lui pose un lapin, et c'est dans mes bras qu'elle finira. Elle préfère se prévoir une porte de sortie plutôt que de se morfondre seule.

Elle arrive pile à l'heure, excitée comme une puce et l'estomac retourné. Nous dînons, du moins je la pousse à casser un peu la croûte. Je ne peux pas sortir le ventre vide : j'ai besoin d'énergie pour tenir la soirée complète.

Il est presque 21 h 30 lorsque nous quittons mon appart'. Carrie est aussi coquette qu'une poupée Barbie, les jambes nues, le décolleté plongeant, les joues fardées, les yeux pétillants et la bouche pulpeuse. Pas une seule fausse note. Pour ma part, j'ai opté pour un pantalon de cuir noir hyper moulant, qui épouse la forme de mon corps comme une seconde peau. En haut, rien d'extravagant, juste mon tee-shirt fétiche quasi transparent. Mes cheveux sont attachés sur ma tête de façon négligée, pour avoir moins chaud.

Une demi-heure plus tard, nous poussons la porte du club. Grâce à bibi, Carrie peut entrer à l'œil. Elle a bon dos, l'amitié.

Comme à l'accoutumée, je rejoins le bar où Kév est en plein rush. Il ne me remarque que lorsque je pose mon cul sur son comptoir. Il me salue alors d'un sourire et, sans même me questionner, me prépare un verre. Quand il le pose à côté de moi, il demande :

– Et qu'est-ce que je sers à ton amie ?

Carrie lui file sa commande puis parcourt la foule du regard.

– Il est là, ton Roméo ? demandé-je.

Elle secoue la tête. Elle a l'air déçue. Je saute du comptoir, ôte ma veste que je jette à Kév, attrape mon verre et entraîne Carrie sur la piste de danse. Qu'elle ne soit pas venue pour rien, au moins !

Je commence à danser tout contre elle, je bouge mes fesses en rythme, jette la tête à droite, à gauche. Je l'allume carrément de façon vulgaire, mais je m'en moque. Après tout, je suis payée pour. N'empêche, elle finit par se lâcher à son tour et, très vite, un petit cercle se forme autour de nous, nous laissant plus de place.

Carrie se trémousse comme une folle maintenant, elle semble enfin dans son élément. Tout le monde nous dévisage, mais nous continuons notre petit numéro. Des hommes se collent bientôt à nous, sortis de nulle part ; ils ondulent les hanches, cherchent à nous happer dans des danses torrides et, finalement, Carrie est entraînée loin de moi. Je la cherche des yeux et finis par la trouver au bras d'un brun dont je n'aperçois que le large dos. Carrie croise mon regard, souris de toutes ses dents et articule silencieusement : « C'est lui ! » en me pointant son partenaire du doigt. Le pouce levé, j'articule à mon tour : « Amuse-toi bien ! » Puis je retourne à mon job.

***

J'ai perdu Carrie depuis plus d'une heure déjà. Je l'ai vue s'éclipser avec son bel inconnu vers 23 heures et ne plus reparaître. Mais je ne m'inquiète pas. Après tout, c'est une grande fille. Je suis sûre qu'elle aura beaucoup de choses à me raconter demain ! J'ai tourné dans toute la salle, dansé sur le comptoir du bar comme j'aime le faire, entraîné des hommes et des femmes derrière moi. Il est minuit passé et je ralentis un peu le rythme. La fatigue se fait sentir, je préfère danser dans la foule maintenant. Mes yeux sont fermés et je laisse la musique me bercer. Mon corps ondule en rythme, j'oublie tout, le club n'existe plus, il n'y a que moi, cette musique et le feeling.

J'ai brusquement une impression étrange. Je reconnais la chaleur d'un regard posé sur moi. J'ai l'habitude d'être observée, mais là, ce regard m'interpelle, sans que je sache trop pourquoi. Il semble doux et enflammé à la fois. C'est très étrange… Je rouvre les yeux et les pose sur l'assemblée de danseurs. Je contemple les gens les uns après les autres : certains couples se sont formés, beaucoup s'embrassent, se frottent les uns aux autres ; d'autres encore dansent en groupe, entre filles ou garçons, rarement mélangés. Ces gens-là sont venus principalement pour s'amuser, et ce sont les premiers à me suivre dans mes délires. Mais aucun d'eux ne fait attention à moi.

Je continue donc de parcourir la foule du regard, de plus en plus curieuse. Mes sens semblent s'aiguiser à mesure que je fouille la salle, et j'ai la chair de poule. Je sens ce regard avec plus d'insistance, mais sans parvenir à trouver à qui il appartient.

Ça me tape sur le système tant la curiosité me tenaille. Mais tant pis. *Cette personne souhaite du spectacle ? Elle en aura pour son argent.*

Je ferme de nouveau les yeux et me laisse bercer par la musique.

Je danse de manière de plus en plus sensuelle, comme j'aime le faire pour allumer les hommes. Mon corps ondule, et je sais que mes vêtements marquent parfaitement chacun de mes mouvements. J'espère que l'inconnu apprécie le spectacle !

Son regard me brûle toujours autant. J'ai l'intime conviction qu'il s'est accroché à moi et qu'il ne me lâchera plus de la soirée. J'ai rarement ressenti une excitation aussi intense : elle coule dans mes veines. C'est comme un feu qui me traverse tout entière, me grise et me requinque. Et j'adore ça.

Je me laisse porter par ce désir nouveau, et je profite de chaque instant. J'ai très envie de rouvrir les yeux, de trouver cet inconnu dans la salle, mais je m'abstiens.

Le manège dure encore une bonne demi-heure. L'excitation m'a donné chaud, j'ai le feu aux joues. Et pas que. Bientôt, le club fermera, je le sais, et ma curiosité est telle que je n'y tiens plus, je rouvre les yeux.

La foule s'est légèrement dispersée autour de moi. On m'a laissée danser seule, comme pour ne pas interrompre ma transe. Certains me regardent, mais je sais que ce n'est pas mon inconnu. Je cherche cette personne du regard, tout en continuant à me trémousser sur la musique langoureuse.

Je suis sur le point de baisser les bras lorsque je l'aperçois. Très brièvement. Mais j'en suis sûre, c'est lui...

Il se tient contre un poteau, face à moi, et ses yeux me fixent avec intensité. Je ne vois de lui que son regard qui me fascine et m'excite tout à la fois.

Puis des gens s'interposent entre nous. Je bouge légèrement, cherchant à voir par-dessus leurs épaules. Quand j'y parviens enfin, mon inconnu a disparu...

***

J'avais raison. Je n'ai pas retrouvé Carrie à la sortie. Elle m'a laissé un message sur mon portable :

[Ne m'attends pas.
Tu as allumé toute la salle ce soir !
C'est à mon tour, maintenant. À demain !
Et merci pour tout.]

Je range mon téléphone en souriant et rejoins ma voiture. Je suis encore un peu en transe quand je m'installe derrière le volant.

Durant la trentaine de minutes que dure le trajet du retour, je ne fais que penser à mon mystérieux inconnu. Je me sens encore toute chose, et j'ai du mal à me le sortir de la tête. J'aurais aimé l'approcher, voir de lui autre chose que ses beaux yeux. Je me console tout de même en pensant que j'ai dansé pour lui. Uniquement pour lui...

C'est bien la première fois que ça m'arrive, et ça me perturbe plus que je ne veux bien l'admettre. Je ne me laisse jamais tenter par les clients du Libertin, et chaque fois qu'un d'eux m'approche d'un peu trop près, je mets de la distance entre nous, même si pour cela, je dois me montrer ferme. Je n'ai pas peur de me salir les mains.

Mais ce soir, je ne sais pas trop ce qui m'est arrivé. Encore maintenant, j'en ai l'estomac retourné, et le désir qui bouillonne en moi me paraît insatiable. Aussi, lorsque je rentre chez moi, j'envoie valser mes affaires dans le couloir et je me rue dans la salle de bains. Je prends une douche rapide, en espérant calmer mes ardeurs. Mais quand je me faufile sous les draps, je suis encore trempée. Ce désir me tenaille toujours autant, et je n'ai d'autre choix que de me soulager seule, le corps fourbu et tendu au possible. J'imagine que mon mystérieux inconnu m'observe en cet instant ; je le pense aussi fou de désir que moi, les membres en train de palpiter d'excitation tandis que mes doigts se glissent entre mes cuisses. Et c'est sous son regard de braise que je jouis, m'arrachant un maigre soulagement face à la puissance de ma frustration.

4

J'ai fait des rêves érotiques toute la nuit, où mon mystérieux inconnu a tenu le rôle phare, si bien que je me suis réveillée encore plus frustrée que je ne l'étais la veille. Je n'ai pas résisté : je me suis touchée en repensant à ce sale rêve, où il me prenait contre un mur du Libertin, devant la foule entière des clients. Je ne voyais de lui que son regard qui me clouait sur place et ne sentais rien d'autre que son sexe en moi qui me pilonnait violemment. Mais c'était meilleur encore que tout ce que j'ai connu.

J'arrive au boulot de mauvaise humeur. Du coup, quand Samuel, ce petit con du service, me fait une remarque sur mon côté pète-sec pourtant bien travaillé, je lui envoie un regard si noir qu'il se tait illico. Je me retiens de ne pas le gifler en public, ce qui pourrait être la chose la moins douloureuse que je souhaite lui infliger. J'ai des visions de cravache et de liens en cuir, et l'imaginer attaché nu à une chaise me fait mourir de rire. Mais ce n'est qu'une malheureuse illusion. Je ne comprends pas pourquoi ce mec aime tant me torturer : il est encore plus laid qu'on peut l'imaginer et a un ego démesuré. Il doit certainement chercher à compenser un physique affligeant ou une vie sexuelle aussi sèche que le Sahara. Mais pourquoi faut-il que les plus cons s'en prennent toujours à moi ?

Sam doit comprendre qu'aujourd'hui, il ne faut pas me chercher, d'autant plus que je laisse habituellement couler ses remarques désobligeantes. Je m'imagine de nouveau lui fouetter la peau jusqu'à la voir rougir, ce qui me fait pouffer. Je me sens tout de suite un peu mieux, même si c'est complètement stupide.

Daniel Sanders est à son bureau. C'est un homme d'une quarantaine d'années, de taille moyenne, de corpulence moyenne, mais pourtant au charme indéniable. Lorsqu'il parle, il a un accent *british* tout à fait charmant. Lors des quelques déjeuners d'affaires auxquels Daniel m'a conviée, j'ai remarqué qu'il faisait tourner la tête des femmes. Non seulement il possède la beauté, mais il a également la prestance et l'assurance qu'exige son rang, ainsi que la richesse, pour ne rien gâcher. Bon nombre de femmes tueraient pour être à son bras, et j'ai la chance de travailler pour lui.

Pourtant, il n'est pas commode pour un sou. Mais c'est un homme qui sait ce qu'il veut et qui se donne les moyens de l'obtenir. Il représente le modèle typique que j'ai toujours voulu devenir : celui qui fait passer sa carrière en priorité, et qui est prêt à tout pour atteindre les étoiles.

Lorsque j'ai intégré Holding, le nom du P-DG n'était pas encore connu. Il a fallu attendre près de trois mois pour que Sanders mette les pieds dans nos locaux. Fraîchement débarqué de Londres, où il avait redressé l'affaire désormais florissante d'un ami, il s'était donné pour but d'emmener notre filiale au top de l'affiche internationale. En concurrence directe avec nos propres filiales étrangères, il n'a pas voulu courber l'échine, et il a tout donné pour faire entrer Holding sur tous les marchés.

Il a réussi l'exploit de nous placer juste derrière la filiale américaine en l'espace de deux ans. Voilà pourquoi je l'estime tant. Et voilà pourquoi j'ai tout fait pour entrer dans ses bonnes grâces. Quand certaines tentaient de se faire bien voir pour obtenir un rendez-vous galant avec le P-DG, moi je tentais d'entrer dans ses petits papiers professionnels, ce que, ma foi, je suis parvenue à faire. Alors soit, j'ai sacrifié une partie de ma vie, mais je trouve que le jeu en vaut la chandelle.

Il a dû arriver tôt ce matin, parce qu'il y a déjà une énorme pile de dossiers sur mon bureau, alors qu'il est à peine 8 h 30. Je n'ai d'autre choix que de m'y coller immédiatement si j'espère pouvoir partir à une heure décente ce soir. Mais rien n'est moins sûr lorsque Daniel m'honore de sa présence, parce qu'il est du genre à travailler même en dormant, et à doubler mon travail en l'espace de quelques heures.

Il a épuisé plusieurs assistantes avant de m'accorder ma chance. Elles ont toutes abandonné avant la fin de leur première année, démoralisées par la charge de travail qu'il impose. Moi, je ne suis pas très regardante et je ne rechigne pas à faire des heures sup', hormis les mardis soir où mon planning est très serré.

Vers 10 h 30, Carrie passe la tête dans mon bureau pour la pause-café. Je secoue la tête sans prononcer le moindre mot, et elle comprend : Daniel est dans les parages. Elle reviendra à la charge ce midi. Ce qu'elle a à me dire devra attendre jusque-là. En attendant, elle a la gentillesse de m'apporter une tasse fumante qu'elle dépose en silence sur mon bureau. Puis, après un sourire radieux et un pouce relevé en signe de victoire, elle s'éclipse.

Lorsqu'elle passe me chercher à midi, je suis tout échevelée, un peu dépassée, je l'avoue, par la masse de boulot. Mais j'ai besoin d'un break. Aussi, je la suis avec soulagement. Après un détour aux toilettes où je me fais un ravalement de façade, nous nous rendons dans un restau au coin de la rue. Les serveurs nous connaissent bien maintenant, depuis le temps qu'on y déjeune ; ils prennent notre commande et nous servent toujours avec une rapidité déconcertante.

À peine installées, nous commandons, puis Carrie enchaîne :

– Eh bien ! Comment tu te la donnes, ma chérie ! Une vraie allumeuse, quand tu danses.

– Ah, réponds-je simplement en sirotant mon verre.

Mais je ne peux m'empêcher de sourire. Ça prouve au moins que je dois bien faire mon job, alors. Et même si je suis légèrement chaudasse, il y a des limites que jamais je ne dépasserai.

– Tu es rentrée accompagnée ? continue-t-elle.

– Non. C'est contre mon éthique.

– Tu parles d'une éthique, ma belle. Il y a des moments où il faut apprendre à s'amuser.

– Oh, mais t'inquiète, je m'amuse comme une folle !

– Mouais…

Elle ne paraît pas convaincue, là. Et quoi que je dise, elle ne le sera sûrement jamais. Du coup, je me tais. Je ne lui parle pas de l'inconnu. Pour l'instant, allez savoir pourquoi, je préfère le garder pour moi.

– Et si tu me parlais de cette fin de nuit ? demandé-je pour changer de sujet. Il me semble que c'est plutôt toi qui as quelque chose de croustillant à me mettre sous la dent.

Elle sourit, preuve que j'ai raison. Au moins, l'une de nous deux a fait des folies de son corps !

Comme je l'envie…

– On s'est retrouvés chez moi après le club. C'était juste… ouah ! Emma, j'en perds mes mots !

En effet, elle se tait un instant.

– Il a été doux, attentionné, et très câlin. Il m'a fait jouir rien qu'avec sa langue, tu n'imagines même pas comme c'était bon ! Et après on a fait l'amour une bonne partie de la nuit.

– Eh bien, tu as l'air d'avoir pris ton pied !

Ça en fera au moins une…

– C'est le cas. C'était magique, il n'y a pas de mot pour décrire à quel point nous étions en osmose. Le pied total. Il a un goût super excitant, j'en mouillais ma petite culotte, ça m'était jamais arrivé.

– Et vous n'avez rien fait d'autre ?

– Tu parles, on n'a pas eu le temps !

– Il a passé la nuit chez toi ?

– Oui… Emma, continue-t-elle sur le ton de la confidence, je crois que je suis en train de tomber amoureuse…

Oub là, t'emballe pas trop, ma poulette ! Des hommes comme ça, il y en a à la pelle…

Faites qu'elle ne souffre pas trop, cette fois-ci. Toutes les semaines, elle s'emballe pour un nouveau venu, et repart bredouille et le cœur en vrac. Heureusement, sa jovialité reprend vite le dessus, mais la ramasser à la petite cuillère n'est pas de tout repos. Et ça me met en rogne contre tous ces mecs qui la piétinent si ouvertement. Carrie est trop fleur bleue, trop cœur d'artichaut, pour les relations d'aujourd'hui. Il lui faudrait un vrai chevalier servant d'antan, un mec qui la traite comme une véritable princesse.

– Ne sois pas si cynique, murmure-t-elle soudain.

Ai-je dit tout haut ce qui me trottait dans la tête ? Je ne crois pas, mais Carrie semble lire en moi comme dans un livre ouvert.

Oui, je suis cynique. Pour moi, l'amour n'existe pas. Point.

Les gens passent leur vie entière à courir après une chimère, en passant à côté du plus important : se donner les moyens de faire ce que l'on aime. Ma vision de la vie est peut-être mauvaise, mais pour moi, l'homme, en parfait égoïste qu'il est, n'est sur terre que pour réaliser ses propres désirs. À quoi ça sert de perdre son temps à courir après une utopie ? L'amour, la famille… tout n'est qu'illusion. L'homme n'est pas fait pour passer sa vie entière auprès de la même personne.

J'essaie d'argumenter sans la froisser :

– Tu ne crois pas qu'il est un peu tôt pour parler d'amour ?

– Pas quand on a le coup de foudre.

Le serveur choisit cet instant pour nous apporter nos plats. J'en profite pour plonger le nez dans ma salade. Je ne veux pas forcément décourager les autres, et ce n'est pas parce que je ne crois pas en l'amour véritable que je trouve stupide que d'autres y croient.

Nous observons un silence religieux, mais au bout de quelques minutes, Carrie souffle :

– Tu crois que je suis irresponsable, Em. Tu as peut-être raison, mais parfois, je me dis que ça ne te ferait pas de mal de sortir un peu de ta coquille. Il n'y a pas que le boulot, dans la vie. Quand tu auras atteint les sommets que tu t'es fixés, il te restera quoi ? Sérieusement, tu ne peux pas repousser tous les gens qui t'approchent. Un jour viendra où tu auras besoin de quelqu'un pour te soutenir, quelqu'un qui t'aimera et qui aura envie de te faire des enfants.

Elle semble si sérieuse brusquement que j'en suis la première étonnée. Je sais qu'elle a peut-être raison, mais je m'y refuse obstinément. Je ne veux dépendre de personne, et je veux encore moins qu'un autre interfère dans ma carrière.

Néanmoins, je préfère relativiser plutôt que d'entrer en conflit avec elle. Je repose ma fourchette et plonge mon regard dans le sien :

– Peut-être bien, Carrie. Mais pour une fois dans ta putain de vie, fais-moi une faveur : préserve-toi.

5

Jules a promis à Vicky de ne jamais prendre mon visage en photo. Je me suis trouvée piégée jeudi soir, quand elle est passée me chercher. Je n'ai eu d'autre choix que de l'accompagner dans l'atelier de son homme. Dans la voiture, je maudis intérieurement ma copine. Elle a réussi à me faire flancher. En même temps, je suis super excitée.

Jules vit au dernier étage d'un vieil immeuble un peu délabré. De l'extérieur, on dirait un entrepôt. De ce que Vicky m'a expliqué, il possède l'étage entier, qu'il a aménagé de sorte à avoir son studio photo accolé à son appart'. Je n'y suis jamais allée, mais je suis curieuse : Jules est une des rares personnes dont je n'arrive pas vraiment à cerner la personnalité. D'ordinaire, je suis plutôt douée à ce jeu-là, je vois d'emblée ce que les gens ont dans les tripes. Mais avec lui, pas moyen. C'est le flou total.

En guise d'ascenseur, Vick et moi empruntons un monte-charge. Charmant… Au dernier étage, il n'y a qu'une seule porte sur le palier. Vicky entre sans frapper en donnant un coup d'épaule dans le battant.

Si l'immeuble est délabré, l'intérieur de l'appart' semble neuf. Tout est très clair, très propre et j'en reste scotchée d'admiration. L'entrée est immense, les murs uniformément blancs, mais ornés de quelques tableaux de grandes dimensions. Toutes les photographies sont des nus en noir et blanc. J'imagine qu'ils sont tous de Jules.

Je m'approche du premier tableau que je vois : un jeu de couleurs impressionnant a été fait sur ce portrait. L'homme est noir, mais on le croirait fait de marbre. Sa peau luit sous la lumière, comme si son corps entier avait été enduit d'huile. Il est nu, bien entendu, et très clairement en érection. Mais sa main le cache en partie. Pourtant, c'est extrêmement érotique. Ce tableau est juste magnifique... Je l'exposerais dans mon salon sans aucun problème !

Sur le tableau suivant, on n'aperçoit de la jeune femme que la moitié de son visage. L'objectif est principalement fixé sur sa poitrine, ronde, pâle et parfaite. L'une de ses mains est posée négligemment sur son sein, elle en frôle le téton dans une légère caresse. Cette photo est sensuelle, rien à redire...

– Il est doué, hein ? demande Vicky dans mon dos.

– Sacrément...

Je reconnais mon amie sur le tableau suivant. C'est sûrement une de ses plus belles prises. Elle est en petite culotte et offre à l'objectif son dos nu, tourné de trois quarts. Elle semble regarder par-dessus son épaule, mais le voile de ses cheveux lui tombe légèrement devant les yeux, qu'elle tient baissés, comme si elle contemplait le sol. Ce qui me touche le plus dans cette image est l'expression de profonde mélancolie qu'elle arbore... Jules a dû retoucher la photo car Vick a le dos caramélisé, elle si blanche d'ordinaire, et ses fesses, à moitié couvertes, me semblent plus rebondies.

– Sacrément doué... répété-je.

Vicky laisse échapper son rire léger qui me file des frissons. Et dire qu'elle a toujours manqué de confiance en elle ! Bon sang, Jules a su faire ressortir le meilleur d'elle, et... ouah, elle est à couper le souffle.

– Allez, viens ! lance-t-elle en m'attrapant par la main. Allons voir à quelle sauce il va te manger.

J'avoue que je suis de plus en plus curieuse. J'ai vraiment hâte de voir ce qu'il me réserve.

On traverse le couloir, le long duquel sont accrochés de nouveaux cadres. Au bout, il y a une unique porte : celle du studio. Tout a été aménagé pour ses prises de vue : des spots aveuglants sont tournés face à un mur blanc, sur une estrade de la même couleur.

Nous trouvons Jules en train de nettoyer son objectif. Quand il relève les yeux, il sourit à Vick :

– Hé ! Salut beauté !

Puis il me voit et son sourire s'élargit encore.

– Tu as réussi à la convaincre !

Vicky se jette sur lui et lui roule un patin magistral. Jules le lui rend volontiers. Quand elle le laisse enfin respirer, il s'approche de moi et me fait la bise.

Il sent l'after-shave à plein nez, comme s'il venait tout juste de prendre une douche. Il faut reconnaître qu'il est diablement sexy, frôlant le mètre quatre-vingts, le teint hâlé, les cheveux bruns coupés court et un visage avenant qui s'illumine quand il sourit. Et il est bien bâti, pour ne rien gâcher, sans pour autant paraître très musclé. De quoi faire tourner quelques têtes, en somme.

– À toi de me dire quoi faire, avancé-je dans un sourire.

Mais mon sourire est froid, calculé. Avec Jules, pas besoin de jouer la comédie. J'imagine que Vicky a vendu la mèche, depuis le temps, et je n'ai pas le courage de surveiller mes moindres faits et gestes.

– Il y a une salle de bains dans mon appart'. Allez vous rafraîchir. Vous trouverez de la lingerie dans la penderie. Mettez ce que vous voulez. Dans un premier temps, on va y aller mollo. Je vais vous prendre en photo toutes les deux.

– Ça marche.

Vick traverse la pièce et rejoint une porte, à l'autre extrémité. Lorsque je la rejoins, je reste estomaquée devant le design intérieur : tout est archi-moderne, en différentes teintes de gris, du plus clair au plus foncé. La pièce paraît énorme ; sur le mur de droite, un poêle aux flammes apparentes est fondu dans le mur, sous une très grande télévision à écran plat. Le tapis est à long poil anthracite, sur un carrelage de couleur argent. En plein milieu de la pièce, face à la télé, le canapé blanc a l'air des plus confortables, juste derrière une table basse tout en verre. Les murs sont entièrement blancs, comme tout ici, mais la déco noire ou anthracite rend l'endroit chaleureux.

– Il vit vraiment ici ? demandé-je, de plus en plus étonnée.

Vick rit à gorge déployée et m'entraîne dans la salle de bains. Devant la double vasque, elle commence à se déshabiller. Une fois nue, elle file sous la douche. Je la regarde faire, estomaquée. Elle a toujours été très pudique et j'ai du mal à me faire à cette nouvelle Victoria.

– Qui êtes-vous et qu'avez-vous fait de ma meilleure amie ? demandé-je, perplexe.

Elle rit, de ce rire fluet que j'aime tant, sans toutefois me répondre.

Après quelques minutes, elle me demande de lui trouver une serviette dans la penderie et s'enveloppe dedans. Elle m'invite à l'imiter tandis qu'elle branche un sèche-cheveux. Sans trop savoir ce que je fais, je me déshabille à mon tour et prends une douche rapide. Je n'ai pas l'habitude de m'exhiber nue, mais après tout, si nous devons poser ensemble, pourquoi pas ? Et puis, Vick connaît maintenant tout de moi ; le meilleur, comme le pire.

Il nous faut environ dix minutes supplémentaires pour choisir une tenue. Jules collectionne les sous-vêtements, pour homme comme pour femme, de toutes les tailles et pour toutes les morphologies. On pourrait presque se poser des questions... J'essaie de ne pas penser au nombre de femmes qui ont porté avant moi l'ensemble que je choisis.

Jules sirote un verre quand nous sortons de la salle de bains. Il nous contemple, manifestement ravi : Vick s'est choisi un ensemble en dentelle rouge plutôt transparent, tandis que moi, j'ai opté pour des sous-vêtements noirs affriolants, dont le tanga dévoile davantage mon cul que je ne m'y attendais.

Finalement, Jules nous rejoint et, sans un mot, nous fait monter sur l'estrade aménagée pour les prises de vue. Il a enfilé le masque du photographe pro. C'est intéressant de le voir en intense concentration.

Pour tester la lumière, il commence par nous prendre en photo sans nous faire poser, et ne cesse de contempler le résultat à travers son écran numérique. Après quelques longues minutes, il demande enfin :

– Vous êtes prêtes ? Pour moi, tout est OK.

J'inspire profondément. C'est l'heure. Je ne saurais dire comment je me sens, mais mon cœur palpite à cent à l'heure. Comme pour répondre à sa question, je prends la pose.

***

Le shooting dure à peu près une heure, durant laquelle j'ai le sentiment d'être une poupée. Jules nous modèle à sa sauce, il nous fait poser tantôt l'une avec l'autre, tantôt éloignées, et bientôt, nous nous prenons véritablement au jeu. Il est comme un maître d'art qui sculpterait le corps de ses statues. J'ai par instants l'impression de sortir complètement de mon corps et de tout contempler de loin, d'être quelqu'un d'autre le temps des prises.

Il ne nous a pas demandé de nous mettre nues, mais même en sous-vêtements, il m'a fallu un petit temps pour me sentir enfin à l'aise. Finalement, nous nous sommes beaucoup amusées, Vick et moi, et j'ai vraiment hâte de voir le résultat. Je suis sûre que ces prises seront magnifiques.

Jules m'a expliqué que la meilleure des photos serait utilisée pour son expo, mais il souhaite reprendre des photos de moi seule, et nue, cette fois-ci. Je sais que c'était le deal, mais quelque part, j'espérais que ce soit fini. Il me fixe un nouveau rendez-vous, même heure même endroit, la semaine prochaine.

Le vendredi, je suis de très bonne humeur en arrivant au boulot. Rien à voir avec ce début de semaine. Carrie n'a pas besoin de me poser de questions pour savoir que ça s'est bien passé. Et non seulement c'était cool, mais en plus, j'ai adoré ça. Du coup, ma collègue est morte de jalousie. Elle voudrait bien servir de modèle également ; en attendant, elle me fait promettre de lui montrer les clichés.

***

Daniel Sanders a un meeting de dernière minute à Londres, tout le week-end, et son vol est très tôt demain matin. J'ai passé les deux derniers jours à planifier son voyage, pris tous les rendez-vous, réservé hôtel et limousine, tapé le contenu de ses différentes conférences – en anglais, cela va sans dire – et j'ai tout synchronisé sur sa tablette. Il ne devrait pas être perdu sans moi, durant ce week-end, pourtant, il débarque dans mon bureau à 18 heures et me demande de reprendre tout, point par point, pour un dernier check-up. Il est 21 heures passées quand je quitte enfin la boîte.

Je me dépêche de rentrer chez moi et, exténuée, me fais réchauffer un plat tout préparé au micro-ondes pendant que je file sous la douche. Puis, je me pose avec mon dîner devant la télé, où on passe une énième grosse production américaine. J'aime bien les films où le héros en prend plein la gueule, et où il le rend si bien. Du coup, je reste scotchée devant mon poste.

À 22 heures et des brouettes, Vicky passe à l'improviste, alors que le film n'est pas encore fini. Elle me contemple de la tête aux pieds, l'air réprobateur. Je suppose qu'elle n'aime pas mon jogging. Ou bien est-ce mon chignon bancal ? Sans un mot, elle entre et m'entraîne dans ma chambre.

– Emma, on est vendredi soir et tu es seule chez toi, devant un navet. Tu nous la joues quoi, là ?

– La femme exténuée. Je suis rentrée du boulot il y a moins d'une heure et j'ai juste envie de me poser avant d'aller dormir.

– Tssst, tssst ! s'exclame-t-elle. Tu auras tout le temps de dormir quand tu seras morte ! En attendant, ce soir, c'est fiesta. Depuis quand n'es-tu pas sortie ?

– Mardi soir, réponds-je du tac au tac.

Je suis fière de ma trouvaille, mais à sa moue, je comprends que ça ne prend pas.

– Tes escapades au Libertin ne comptent pas.

Pfff, on ne peut pas la lui faire à l'envers. Vick farfouille déjà dans ma penderie, en sort une jolie robe et la jette sur mon lit. Elle ouvre ensuite ma commode à chaussures et attrape une paire de sandales noires. Puis elle me déshabille comme une petite fille, et moi, comme une conne, je me laisse faire sans la moindre protestation.

– Ma chérie, toi et moi, ce soir, on sort. Tu as besoin de changer d'air, de faire des rencontres et de t'amuser. Lâche prise ! J'sais pas, moi, tape-toi un mec !

Elle en est là de son discours quand on sonne à la porte.

Merde, y a pas idée de venir déranger les gens si tard !

Avec un sourire, Vicky va ouvrir. Je la suis comme un toutou, complètement dépassée par les événements. Carrie se tient sur le palier, tout sourire, une bouteille de champagne à la main.

– Mais vous vous êtes passé le mot ou quoi ?

Carrie entre avant même que j'aie le temps de la mettre à la porte, comme si elle prévoyait mon geste, et mes deux pestes d'amies m'attrapent chacune par un bras.

– Tu sais qu'on t'adore, bichette... commence Vick.

– Mais il faut vraiment que tu apprennes à te détendre. Laisse le boulot derrière toi. Il est temps de dire à la Emma de tous les jours de la fermer, et de laisser l'autre s'exprimer.

– Allez, mon bichon, allons nous amuser.

6

La lumière du jour me fait plisser les yeux et, quand je les ouvre, une douleur lancinante me prend au crâne. Ça tangue fort, aussi je me rallonge dans l'espoir de faire taire le tambourin dans ma tête. Je roule sur le côté, la tête dans l'oreiller. Il sent l'after-shave et la sueur. Et c'est une odeur qui m'est inconnue.

J'ouvre immédiatement les yeux.

Des rideaux blancs jouent dans le vent matinal que la fenêtre entrouverte laisse passer. En remontant mon regard, je vois un radioréveil aux chiffres digitaux sur la table de chevet tout en bois.

Mon Dieu, où est-ce que je suis ?

Je crois commencer à comprendre, et je n'aime pas du tout ça. Je me crispe en soulevant la couette.

Faites que je sois habillée, faites que je sois habillée, faites que je sois habillée…

Merde, je suis nue. Et une main est posée sur mon cul.

Oh putain, j'ai fait des conneries cette nuit, et impossible de m'en souvenir…

Sans me retourner de peur de défaillir, je soulève délicatement la main baladeuse et me tortille en douceur pour sortir du lit. Mais comme une conne, je glisse et m'étale sur le sol, avec la grâce d'un hippopotame.

Merde, merde, merde ! Manquait plus que ça !

Dans ma débâcle, j'ai embarqué un bout de couette, et j'imagine le corps d'un beau spécimen totalement en rut et nu comme un ver. Je me crispe, ferme les yeux et retiens ma respiration. J'espère ne pas avoir réveillé l'autre zig. Après quelques instants, je me détends. Il semble avoir le sommeil lourd, cet abruti. Je rouvre les yeux, relève la tête et dégage mes cheveux de mon visage. Oh ! Tiens, mon soutien-gorge ! Viens là, mon pote. Je le ramasse et, sans vraiment savoir comment, je trouve la force de me redresser, l'emballage déchiré d'une capote collé à la peau. Je ne peux retenir un soupir de soulagement.

En voilà, une nouvelle, qu'elle est bonne !

Bien, maintenant ma culotte... Je fouille la pièce du regard mais ne la trouve nulle part. Ni elle ni mes fringues, d'ailleurs. En prenant bien soin de ne pas contempler la chose étalée en travers du lit, je traverse la pièce sur la pointe des pieds et déboule dans le couloir. J'y trouve ma robe en boule. Je la ramasse à son tour.

Merde, où j'ai foutu ma culotte ?

Je reviens dans la pièce en silence mais un gémissement et le froissement des draps me font sursauter. Je fais lentement face au lit en croisant les doigts.

Pitié, pitié, pitié ! Pas de réveil impromptu !

Je ne suis pas en état de faire la conversation à un parfait étranger. Et pour lui dire quoi, de toute façon ? « Désolée, chéri, je ne me souviens pas de toi » ?

L'homme est allongé sur le ventre, la tête enfoncée dans son oreiller. Impossible de savoir s'il est à mon goût. Mais de ce que je distingue de son corps plus vraiment à l'abri des regards, il est carrément bien bâti, brun et, ma foi, plutôt beau gosse. Mais de ce que j'en sais, il pourrait être le plus gros connard que la terre ait jamais porté.

Ouf, il a l'air de dormir comme un bébé.

Je distingue soudain un bout de tissu qui traîne sous le lit. Je m'accroupis et l'attrape.

Ah tiens, ça, c'est pas à moi.

Je balance le boxer de monsieur par-dessus mon épaule et pousse ma perquisition plus loin sous le lit. Nouvelle découverte : j'observe une culotte pâle en dentelle.

Celle-là, c'est la mienne.

Je me relève et referme la porte de la chambre derrière moi. Dans le couloir, je me rhabille en vitesse. Une fois en tenue décente, je traverse ledit couloir jusqu'à déboucher dans le salon, sans faire attention à la déco, je cherche juste mes affaires. J'ai l'impression de les avoir semées comme le Petit Poucet.

Mon sac à main est sur la table basse. Je me précipite dessus et le fouille : on ne sait jamais. Mais tout semble à sa place et rien ne manque. Ma veste est jetée en travers du canapé. Je la fais glisser sur mes épaules et passe la lanière de mon sac à mon bras. Il ne me manque plus que mes chaussures, que j'ai une nouvelle fois du mal à trouver. Après avoir inspecté tout l'appart', je les repère finalement sous le meuble de l'entrée, comme si je les avais expédiées à la va-vite la veille. Je n'ose même pas imaginer pourquoi…

Fin prête, je me précipite hors de cet appartement, comme une voleuse, je vous l'accorde. Je n'ai laissé ni nom ni mot d'excuse, et encore moins un numéro de téléphone. Manquerait plus que ça ! Je ne souhaite qu'oublier cette mésaventure, et pour le coup, ce ne sera pas trop difficile.

Dans la cage d'escalier, je suis brusquement en rogne, contre moi-même, mais surtout contre mes deux pétasses d'amies. Je plonge la main dans mon sac, empoigne mon portable et compose le numéro de Vicky. Au bout de la quatrième sonnerie, elle décroche. Sa voix est ensommeillée quand elle répond :

– Allô ?

Je jubile. Tant mieux, ça lui fera les pieds !

– Connasse, tu m'as laissée repartir avec un inconnu !

– Quand tu lui roulais des patins, hier, il me semblait que ce n'était plus vraiment un inconnu, répond-elle d'un ton moqueur.

– Merde, Vick ! Je ne sais même pas qui c'est ! Je ne me souviens plus du tout de lui ! Tu n'imagines pas ma tête au réveil, à côté d'un parfait inconnu ! Putain, tu m'as laissée boire comme un trou ! Tu sais pourtant que je ne tiens pas le champagne ! Et merde, je sais même pas où je suis...

J'ai tout débité à une vitesse folle, sans veiller à ne pas être grossière. Les gens que je croise doivent me prendre pour une hystéro, et ça m'est égal. Je ne veux plus qu'une chose : rentrer chez moi et tout oublier. Chose pas trop compliquée en soi, si seulement je savais où j'étais ! Je suis perdue.

– Écoute, ma belle, temporise Vick, tu avais l'air en très charmante compagnie hier. Vous vous amusiez bien, tous les deux, et Carrie et moi, on s'est dit que tu avais mérité de te détendre un peu. Alors on t'a laissée repartir avec lui.

Je finis par trouver une borne de taxis et je file mon adresse au chauffeur.

– Ça aurait pu être un psychopathe, de ce que vous en saviez ! m'exclamé-je, une fois assise sur la banquette arrière.

Le chauffeur me lance un regard dans son rétro. Je fais mine de ne pas le remarquer et reporte mon attention sur les rues qui défilent de l'autre côté de la vitre. Il me faut une bonne dizaine de minutes pour me repérer enfin, alors que Vick s'excuse à l'autre bout du fil. Si elle avait su que ça me mettrait dans tous mes états, elle m'assure que jamais elle ne m'aurait laissée repartir en sa compagnie. Mais j'avais l'air de m'amuser.

– De quoi tu te souviens ?

De rien, c'est bien ça le souci…

– Carrie et toi, la bouteille de champagne, toutes les trois assises dans le salon à picoler. Et après, plus rien.

– Ouh là, ma belle, ça va pas fort, effectivement. On est sorties vers minuit dans un pub. On a dansé, bu, rigolé, et tu t'es fait draguer par ton charmant compagnon de nuit. Vous avez eu l'air de vous entendre illico, vous rigoliez beaucoup. C'est tout ce que je sais.

– Il s'appelle comment ?

Elle éclate de rire.

– Parce que tu crois que tu nous l'as présenté ? Aucune idée.

J'expire une nouvelle fois et j'inspire profondément.

OK, on se calme, Emma…

– D'accord… C'est pas grave. La prochaine fois, file-moi une droite, qu'on n'en parle plus. Et empêche-moi de boire autant.

– Promis ! s'exclame-t-elle en riant.

Sa voix est redevenue brusquement sérieuse quand elle ajoute :

– Je suis désolée, Em. J'aurais préféré que ta nuit soit si mémorable que tu t'en souviennes au réveil.

Oui, moi aussi.

***

Il est presque 9 heures quand j'arrive chez moi. Je suis soulagée, quelque part, parce que si la soirée s'était déroulée ici, j'aurais sûrement eu du mal à me débarrasser de cet amant. Je file sous la douche et enfile ensuite un jogging et un tee-shirt de sport. Je noue mes cheveux et prends un petit déjeuner léger. Je ne peux pas me blinder l'estomac les samedis matin, si je ne veux pas tout rendre dans l'heure. Sport oblige.

Moins de trente minutes plus tard, je suis sur mon palier, mes écouteurs vissés dans les oreilles, à trottiner sur place. Puis je m'élance.

C'est mon rituel hebdomadaire. En courant, je rejoins la salle de sport, où je suis des cours de taekwondo. Plus qu'un plaisir, c'est un mal nécessaire. J'ai besoin d'y assister, chaque semaine, réglée comme une boîte à musique. Outre le fait que j'y dépasse mes propres limites, le taekwondo m'apaise. Je puise en moi l'énergie d'aller toujours plus loin. Et je finis sur les rotules. J'en ai besoin. Véritablement. Si je n'avais ni le club ni le sport pour me décharger, j'aurais déjà implosé depuis longtemps. À force de toujours trop refouler la véritable Emma, mon corps vibre parfois d'un besoin irrépressible de tout claquer.

Pour ne rien gâcher, je suis douée, je le sais. Les sports de combat et moi, c'est une grande histoire d'amour. J'ai commencé adolescente par de la self-défense, simplement parce que je voulais apprendre à filer une dérouillée à mes frères. J'avais besoin de me sentir plus forte que ces trois abrutis. C'était également un excellent moyen pour extérioriser cet excès d'énergie que ma mère était désespérée de trouver en moi. Faut dire qu'avec la famille que je me paie, ce n'est pas du luxe. Plus tard, j'ai pris des cours de judo, puis, très rapidement, je me suis mise au taekwondo. Ça fait maintenant quelques années que je pratique, et c'est bien le seul sport qui me vide entièrement l'esprit. Je suis une des rares femmes du groupe, et je ne m'en porte pas plus mal. Les autres ont vite compris que les pleurnicheries, ce n'était pas mon truc. Je n'ai droit, Dieu merci, à aucun traitement de faveur simplement parce que je suis une femme. Et si je suis moins forte qu'eux, je suis aussi plus rapide et j'arrive parfois à les prendre à revers.

Je laisse mes affaires au vestiaire et pénètre dans la salle avec joie. J'ai les muscles déjà chauds, ce qui ne m'empêche pas de reprendre l'entraînement avec eux. Je préfère simplement arriver le corps déjà prêt parce que j'ai moins de mal à suivre l'échauffement ensuite.

Pendant près de deux heures, on nous fait courir, sauter, nous étirer et combattre. J'oublie absolument tout : l'inconnu du Libertin, le trop-plein de boulot, ma vie planifiée comme du papier à musique, la soirée d'hier… Durant les combats, il n'y a plus que moi et mon adversaire, dont j'examine chaque mouvement, chaque ouverture, dans l'espoir de prendre le dessus.

Quand le cours s'achève, je suis à bout de forces, mais c'est une fatigue musculaire que j'adore. Je retourne aux vestiaires récupérer mon sac. J'en sors une serviette pour m'essuyer, je bois une grande gorgée d'eau et je remets tout dedans. Je glisse ensuite la lanière sur mon épaule et j'empoigne mon téléphone pour mettre de la musique. Je compte rentrer chez moi en marchant, je suis trop fatiguée pour courir.

Alors que j'allume mon portable, une enveloppe clignote. J'ouvre le message. Un numéro inconnu :

[Pour un peu je croirais que la nuit n'a pas été
aussi magique pour toi que pour moi ! J'aurais
pourtant cru vu tes gémissements… ;) V]

V… V ? Oh bordel, dites-moi que je n'étais pas stone au point de lui filer mon numéro !

Je ferme ma messagerie et lance la musique.

Mais sur le chemin du retour, impossible de penser à autre chose qu'à ce V. Je maudis ma stupidité.

Je reçois très vite un nouveau message :

[J'ai déjà envie de remettre ça =D V]

C'est quoi son problème ? Mince, je ne sais plus quoi faire… Si je l'ignore, peut-être arrêtera-t-il de m'envoyer des messages ?

Pendant quelques minutes, j'hésite, puis je décide finalement de lui répondre :

[Je suis désolée, j'avais à faire
ce matin… Tu vas rire mais
je n'ai plus aucun souvenir de
la soirée d'hier. On oublie tout ? E]

Je viens de rentrer chez moi quand il m'envoie un nouveau message. Quelque part, je crains de le lire. J'en profite donc pour prendre une douche et faire un brin de ménage. Plusieurs heures plus tard, j'empoigne mon téléphone.

[Plus aucun ? Merde, ça craint !
Moi qui croyais être un putain de
bon coup, tu me fends le cœur ! V]

Bon, il ne l'a pas pris aussi mal que je l'imaginais. C'est déjà ça.

[Ce n'est pas ta faute. J'étais
complètement bourrée hier.
Je ne me souviens même pas
de m'être rendue au club.
On était où d'ailleurs ? E]

Avant même que je m'en rende compte, voilà que nous nous retrouvons à dialoguer comme de vieux amis.

[Ouh là, tu devais être bien entamée.
C'est peut-être pour ça que tu t'es
jetée sur moi ? ;)]

[Moi, j'ai fait ça ?]

[Ah oui carrément ! Tu m'as aguiché de manière très sexy ! Ça m'a fichtrement bien excité… D'ailleurs, je bande rien que d'y repenser.]

[Ah… J'ai honte.]

[Tu ne devrais pas. C'était vraiment une des meilleures parties de jambes en l'air que j'ai eues. Dommage que tu t'en souviennes pas ! ;)]

[N'en rajoute pas trop hein ^^
Je me sens assez minable
comme ça.]

[Et si nous reprenions tout depuis le début ? Moi, c'est Vincent. J'imagine que tu ne t'en souviens plus non plus. ;)]

[Ah ! V pour Vincent ! Eh bien enchantée !
Même si je pense que tu dois en connaître
assez de moi pour sauter les présentations…]

[Finalement, pas tant que ça. On n'a pas passé beaucoup de temps à discuter. À croire que tu n'avais qu'une envie : mon cul.]

[Peut-être bien ^^ Ça faisait longtemps

que je ne m'étais pas envoyée en l'air.
Dommage qu'il ne me reste rien.]

[Et si on recommençait ? Faisons un deal.
Voyons-nous comme si c'était la première fois,
et si ça colle, on remet ça ! Et cette fois-ci,
pas d'alcool.]

[Ha ha ha ! J'imagine qu'une autre nuit
comme la dernière qui finirait par
un black-out total ne serait pas bonne
pour ton ego ! =D Eh bien, pourquoi pas ?
Mais je t'avoue que je ne couche
que rarement avec des hommes
que je ne connais pas.]

[Ça en fera un de plus à ajouter à ton palmarès alors !
=D Je suis génial, et j'accepte volontiers le défi que
tu me lances : te conquérir comme la première fois.
Tu fondras sous mon charme naturel, j'en suis persuadé ;)]

On sent dans ses messages une pointe d'humour qui me plaît déjà énormément. J'ai le sentiment qu'on pourrait bien s'entendre, lui et moi. Aussi, je réponds, plus amusée que je ne m'y étais attendue :

[Eh bien bon courage alors ! Parce que je ne
suis pas si facile que ça !]

[C'est quand tu veux, ma belle.]

[Viens ce soir au club Le Libertin.
J'y serai à partir de 21 heures.]

[Je viendrai sans faute.
Me reconnaîtras-tu ? ^^]

[Probable que non. Mais toi,
tu ne me louperas pas,
je te le garantis.]

7

J'ai choisi une tenue ultra-sexy pour ce soir, histoire d'en foutre plein la vue à ce fameux Vincent. Je ne me souviens certes pas de notre nuit d'amour, et il se pourrait bien qu'il ne soit pas le super plan cul qu'il aimerait être, mais j'ai comme l'impression qu'il pourrait devenir un peu plus que ça… Un ami, par exemple. Alors, c'est sur un petit nuage que je vole presque jusqu'au Libertin.

Comme à mon habitude, première étape : le bar. Kév est toujours tout sourire ; il m'accueille d'un clin d'œil, et me sert mon verre très rapidement. Ce mec-là me donne la banane rien qu'à le regarder : il n'est pas très grand, mais son visage est plus qu'amical, toujours souriant. Aujourd'hui, il porte ses cheveux coiffés en brosse, et ses pointes rouges pètent dans la nuit. Ses bras sont nus et dévoilent le début d'un tatouage, qu'il tient pourtant d'ordinaire caché sous ses vêtements. Je sais qu'il en a d'autres, mais je n'ai jamais eu l'occasion d'approfondir la découverte. Il a un putain de charme, et sa gentillesse n'est pas pour me déplaire.

On papote quelques minutes, histoire de faire la causette, parce que mine de rien, je l'aime bien ce Kév. C'est un homme sans prise de tête, avec qui parler est très agréable. Il a toujours le mot pour rire. Il ne fait pas vraiment « homme idéal », et les mères fuiraient devant son look décalé, mais c'est un super pote.

Je sens que quelque chose le travaille, et je lui demande si tout va bien.

– Oh ! il n'y a rien que tu pourrais arranger d'un coup de baguette magique, ma belle.

J'imagine que ça joue des poings avec Mélanie, sa chérie. Elle n'est pas des plus avenantes, ces derniers temps. Je ne l'ai jamais vue, mais j'en ai beaucoup entendu parler. Et vu comme Kév semble accro, j'imagine qu'elle doit être particulière, elle aussi.

Je descends mon verre cul sec et lui adresse un grand sourire avant de foncer vers la piste de danse. En bonne chauffeuse de salle que je suis, je me mets à gesticuler en rythme, entraînant les gens dans mon sillage.

Vincent viendra-t-il ? Je l'espère. J'ai l'impression que je me donne à fond, sans compter, comme si sa potentielle présence me boostait. Bientôt, je me laisse carrément prendre au jeu et j'oublie tout. L'ambiance est joyeuse, les gens dansent et rient. Je retrouve Kév pour me faire offrir un nouveau verre, car je suis assoiffée et toute guillerette. J'engloutis rapidement ce qu'il me sert puis je me hisse sur le comptoir. Un des chauffeurs de salle me rejoint à son tour.

C'est un jeune homme qui vient à peine de débarquer, mais qui trouve très bien ses marques parmi nous. Nous n'avons jamais été présentés, mais j'adore sa bouille d'ado parfait, et je décide illico de le rebaptiser Gueule d'Ange. Tant qu'à faire, je décrète également que je l'aime bien. Nous dansons côte à côte, en hurlant par-dessus la musique, et ses gestes assurés sont presque sensuels. Il imprime à mon corps un déhanché tout à fait naturel, et je m'éclate comme une folle.

Bientôt, il se penche et attrape un pichet d'eau. Il n'en faut pas plus pour que je comprenne ce qu'il attend de moi. Je m'accroupis à ses côtés et continue de bouger, jouant à faire voler mes cheveux en tous sens. Au moment où je me penche en arrière, il verse l'intégralité du pichet sur ma tête, accompagné des hurlements de la foule.

Merde, l'eau est gelée. Heureusement, au Libertin, on a tous le sang chaud, et je me réchauffe très vite. Je suis trempée, je glisse sur le comptoir, mais je maîtrise chacun de mes mouvements.

J'entends soudain quelqu'un qui éclate de rire à côté de moi. En baissant les yeux, je tombe sur un homme, le regard pétillant, qui me fait un clin d'œil. Il est brun, bien bâti, et très beau. Quand il m'offre son profil, je reconnais celui de mon amant de cette nuit.

– Vincent ?

Il hoche la tête en riant de plus belle.

Je prends appui sur ses épaules solides et redescends du comptoir. Merde, c'est qu'il est costaud ! Les muscles de ses épaules roulent sous mes doigts, et c'est carrément plaisant. Là, je l'entraîne sur la piste de danse.

– Qu'est-ce que tu fais là ? me demande-t-il, en pointant ma tenue trempée.

Il a une belle voix grave dans laquelle je sens une pointe de malice. Ses mains sont larges entre les miennes, et plutôt douces pour celles d'un homme. Il fait une bonne tête de plus que moi. Pour ne rien gâcher, il est plus baraqué que je ne l'aurais cru, ce matin. Et son beau regard ambre pétille de malice. Il semble avoir sensiblement le même âge que moi.

– Je travaille ! lui réponds-je par-dessus la musique.

– Quoi, ici ?

Je hoche la tête en souriant.

– Mais tu fais quoi ?

– Chauffeuse de salle !

Il reste interdit en plein milieu de la piste. Ma main posée sur son bras, je commence à lui tourner autour, et mes doigts glissent sur le tissu de son polo.

– Ça te gêne ? demandé-je enfin.

– Absolument pas !

Il a un très beau sourire alors qu'il m'attrape par les hanches et commence à danser contre moi. Je me laisse faire. Il est doué, pourquoi s'en priver ? Je crois comprendre ce qui m'a attiré chez lui, même inconsciemment, quand j'étais bourrée.

– Pourquoi chauffeuse ? me demande-t-il bientôt.

Je hausse les épaules, lui présente mon dos et ondule des fesses.

– Parce que je suis douée ? Et parce que ça m'amuse !

On danse encore collés-serrés quelques minutes, mais il faut bientôt que je change de partenaire, au risque de me faire prendre. Malgré tout, je me sens bien, et je ne veux pas quitter ses bras.

Au moment où je m'apprête à m'éloigner, Vincent me hurle à l'oreille, par-dessus la musique :

– Tu as un admirateur !

Je suis habituée à ce qu'on me regarde quand je suis au Libertin, du coup, je n'y prête pas trop attention. Je hausse les épaules et je m'écarte de lui. Lorsque je me détourne, je me sens happée par un regard profond, accroché à moi. Un regard que je reconnais immédiatement, et qui fait chavirer mon cœur.

Putain de traître.

L'inconnu de la dernière fois.

Je marque un temps d'arrêt tandis que l'on se dévisage, les yeux rivés l'un à l'autre, comme si son simple regard m'avait clouée sur place, plongée dans un autre univers. Plus rien d'autre n'existe que lui. Je me noie littéralement en lui et il me faut plusieurs secondes pour réaliser que je ne sais toujours pas à quoi il ressemble vraiment. Mon regard, happé par le sien, n'a pas une seule fois ripé sur une autre partie de son corps.

Je romps moi-même le contact visuel à contrecœur pour avoir une vue d'ensemble. Je dois absolument savoir de quoi il a l'air.

Et je ne suis pas déçue.

La petite trentaine, il doit faire une tête de plus que moi, tout au plus. Ses cheveux bruns lui tombent presque devant les yeux en de petites boucles folles tout à fait charmantes. Il a un visage bien dessiné, la mâchoire carrée et la bouche pleine. Son teint semble hâlé, mais rien n'est moins sûr dans la lumière tamisée du club. Il porte une chemise blanche dont les manches sont remontées sur des avant-bras galbés. Quelques boutons sont ouverts et laissent entrevoir le haut de son buste.

Je ne vois rien de plus : les nombreux danseurs me bouchent la vue.

Un de mes collègues m'attrape brusquement par le bras et, dans un tourbillon, me colle contre lui. Il me faut plusieurs secondes pour réaliser qu'il s'agit de Gueule d'Ange. Il empoigne ma main droite, et pose la sienne sur ma hanche avant de m'imprimer un mouvement circulaire en arrière. Je joue le jeu mais cherche quand même mon inconnu des yeux. Je l'aperçois brièvement avant de faire de nouveau face au petit jeunot.

Même si je ne le vois plus, son regard me brûle et me chamboule. Ça ne devrait pas être le cas, bordel ! Pourtant, j'en suis là, à espérer l'approcher, peut-être même le toucher.

Lorsque mon partenaire colle mon dos à lui et improvise un zouk, j'imagine que ce sont les hanches de l'autre contre mon cul, et j'accentue le mouvement. Je sens qu'il me contemple fixement, et quand mon regard croise de nouveau le sien, je vois qu'une étincelle s'est allumée dans ses yeux.

Du désir.

Bordel. Le pire, c'est que ça me plaît !

Il est là, il ne fixe que moi, et j'aime ça. Je suis la seule qui compte, à cet instant : j'en ai conscience, et c'est super excitant. Mon rêve me revient en mémoire : celui où il me prend contre un mur, ici même, devant tout le monde. Je ferme les yeux et le laisse de nouveau me transporter. J'ai conscience de danser de manière de plus en plus langoureuse.

Quand Gueule d'Ange m'abandonne pour trouver une autre compagne de danse, je me retrouve seule, perdue dans la foule, à bouger les yeux fermés. Je caresse mon corps en imaginant les mains de mon inconnu sur moi, je me laisse transporter par la musique, et j'ai bientôt la sensation d'être en transe.

Quand je sens des mains se poser sur mes hanches, remonter le long de mes flancs, je sais que c'est encore mon songe, et j'aime cette sensation. Les mains remontent encore, et me frôlent bientôt la poitrine.

J'ouvre les yeux.

Cette sensation est tout à fait réelle.

Je me détourne et tombe sur un vieux pervers sans gêne qui me pelote comme un morceau de viande. Je n'en reviens pas ! Il ne manque pas de culot, celui-là !

Ni une ni deux, le sang me monte aux joues et je ne peux retenir mon geste : j'empoigne ses couilles à pleines mains et les serre juste assez pour lui faire lâcher prise.

– Ça te plaît, on dirait ! m'exclamé-je. On continue la danse ?

Non mais oh, il se croit où, lui ?

Il se plie en deux alors que je serre encore un peu. Je l'entends gémir malgré la musique assourdissante, et je jubile.

– Espèce de petite salope, grince-t-il.

C'est qu'il est dur de la feuille, le con !

– J'ai pas très bien entendu, réponds-je en lui broyant littéralement les roubignoles.

Il essaie de se libérer, tente de m'attraper, mais j'esquive son geste. Je le lâche uniquement pour lui flanquer la paume de ma main dans le pif. Au même instant, Kév m'attrape par les hanches et m'éloigne du gros pervers. Je lui aurais bien flanqué la rouste de sa vie, histoire de lui montrer que les femmes aussi peuvent avoir de la poigne, mais Kév me retient fermement. Il sait que je risque ma place. Paul m'a déjà dans le collimateur.

Voilà que le client se met à pisser du sang par le nez, ce qui me file la banane pour le reste de la soirée. On l'escorte aux toilettes, et Kév ne peut pas résister à l'envie de me pincer la joue lorsqu'on se retrouve seuls.

– Tu peux pas t'empêcher de faire du grabuge, vipère !

Et il s'éloigne dans un sourire.

***

À 4 heures du matin, lorsque je sors du Libertin, Vincent m'attend, adossé contre sa voiture. Il s'approche, un sourire aux lèvres.

– De plus en plus intéressante, avance-t-il sans préambule.

Et il m'attrape par les hanches.

– Et si nous reprenions nos petits jeux ? J'avoue que tu es archi-bandante quand tu t'énerves.

Je vous l'accorde, je suis en rogne. Paul m'a passé un savon, mais il a laissé pisser pour cette fois. L'attouchement, ça a du bon, parfois… Après mon coup d'éclat, je n'avais plus trop la tête à bosser, j'étais préoccupée, malgré le plaisir de voir l'autre con pisser le sang, sans trop savoir pourquoi. Et mon inconnu n'a plus reparu. J'espérais ne pas l'avoir fait fuir, mais il semblerait que la tigresse qui sommeille en moi ne plaît pas à tous.

J'ai les nerfs à vif. Il faut absolument que je me défoule. Et ma foi, une partie de jambes en l'air ne serait pas de refus ! Après tout, Vincent et moi n'en sommes plus aux présentations !

Je l'attrape par le col de son polo et l'attire à moi :

– Allons vérifier tes compétences en la matière, qu'on rattrape la soirée perdue.

Il déverrouille à la va-vite les portières de sa caisse et je le pousse sur la banquette arrière. Coucher dans une bagnole n'a jamais été ma tasse de thé, mais je n'ai pas envie d'attendre. Je lui descends pantalon et caleçon sur les chevilles. Monsieur est déjà au garde-à-vous. J'ai envie de sexe bestial, celui qui fait mal, celui qu'on ressent jusqu'au plus profond de nous, et qui nous laisse pantois tant la douleur peut être délicieuse. Pas besoin de préliminaires, je suis prête. Après avoir déroulé un préservatif le long de sa verge, je m'embroche sur lui sans ménagement. Et sous mes yeux clos, je ne vois plus qu'un regard ardent qui pénètre au plus profond de mon âme.

8

Je suis rentrée bien tard, ce dimanche matin, si bien que je suis restée au lit jusqu'à midi passé. J'étais complètement épuisée. Ma semaine chez Holding Corporation a été longue et éreintante ; Daniel Sanders ne fait jamais dans la demi-mesure…

Même si le Libertin, c'est mon moment de détente, je dois dire que danser jusqu'au bout de la nuit n'est pas des plus reposants. La soirée d'hier a pourtant dépassé toutes mes espérances ! Entre la présence de Vincent et celle de mon mystérieux inconnu, j'ai fini dans tous mes états.

Aujourd'hui, je me prélasse dans mon lit. Je m'étire avec langueur, le sourire aux lèvres. J'ai très bien dormi, et mon corps est fourbu des ébats d'hier. Je repousse finalement les draps, et enfile un shorty et un top à bretelles. Dans le salon, j'allume la chaîne hi-fi pour écouter ma compil' pop rock. En me déhanchant, j'empoigne mon téléphone, l'allume, rejoins la cuisine et me fais couler un café. Puis je consulte mes messages. Seule une enveloppe clignote, un message de Vincent avec un seul mot :

[Alors ?]

J'éclate de rire. J'engouffre une tartine de pain beurré avant de lui répondre :

[Alors je crois qu'on va en rester là. ;)]

Je suis en train de boire mon café quand il me répond :

[Merde, c'était à ce point-là ?
Tu me brises le cœur… =D]

[Tu n'es pas très convaincant.]

J'avoue que je l'apprécie de plus en plus, ce petit con. Pour un coup d'un soir, il a été excellent. Mais je n'ai pas envie de prolonger l'expérience. Le plaisir était là, c'était indéniable, mais il n'y avait rien de plus. Je ne peux m'empêcher de rechercher une étincelle particulière, que seul un homme est parvenu à allumer en moi, pour l'instant…

J'en suis là de mes réflexions quand Vincent me répond :

[Tu penses peut-être que
ton admirateur ferait mieux ? ;)]

Merde. J'en avale ma tartine de travers.

Étais-je si transparente ? Ça, ça m'emmerde royal. J'aurais souhaité que cet inconnu reste mon secret, et que personne ne le remarque. Mais on dirait bien que Vincent est perspicace, et je ne peux pas lui mentir.

[Mouais… C'est la deuxième fois
que je le vois, mais il passe simplement
son temps à me mater.]

[Et tu aimerais plus ?]

Si j'aimerais plus ? Peut-être bien. Mais une part de moi s'y refuse obstinément. Règle numéro un : ne jamais, jamais, mélanger le plaisir et le boulot. Le Libertin, c'est le boulot. Point.

Comme je ne réponds pas, Vincent finit par m'envoyer un nouveau message :

[Tu veux mon avis ? Je pense
que tu t'imposes trop de règles,
ma jolie. Profite juste.]

Je vois brusquement rouge… Merde ! Pour qu'un mec que je ne connais ni d'Ève ni d'Adam me dise que je suis coincée, c'est que je cache vraiment mal mon jeu. Moi qui me pensais bonne comédienne…

[Ça te dit un café ?]

[Ça marche.]

Je n'ai pas réfléchi plus longtemps pour accepter, et nous nous filons rencard dans une brasserie du centre-ville. Comme toute gonzesse qui se respecte, j'arrive à la bourre, près d'une heure et demie plus tard. Lorsque j'entre dans le restau, il est déjà attablé dans un angle, côté fenêtre. De jour, il a une allure tout à fait différente, mais il n'en reste pas moins charmant, quoiqu'à bien y regarder, il n'est pas vraiment mon style.

Ce qui m'avait déjà frappée la veille au Libertin, c'est la largeur de ses épaules. On sent à sa carrure qu'il est massif, mais là, en plein jour, et vêtu d'un polo à manches courtes, c'est encore plus visible. Ses biceps sont archi-balèzes, et on aperçoit le bout d'un tatouage qui se faufile sous la manche. Hier, il a gardé toutes ses fringues, excepté pantalon et calbute, du coup, je ne l'avais pas remarqué. La petite curieuse que je suis aimerait en voir davantage, maintenant.

Malgré tout, je n'aime pas trop son charme de rugbyman. Il a le visage pourtant très amical, le sourire taquin ; la gueule d'ange parfaite qui, mêlée à son corps d'athlète, ferait fondre n'importe quelle calotte glaciaire.

Je dois avoir un problème.

Je n'en reste pas moins une femme, et dire que je n'ai pas apprécié nos petits jeux sexuels serait mentir. Vincent est sûrement le plus beau spécimen de mon tableau de chasse… certes, très peu fourni. Mais ça, c'est une autre histoire.

Il se lève et m'embrasse au coin des lèvres. Après tout, pourquoi pas ? On n'est plus à ça près ! Et puis, jouer la vierge effarouchée me sied mal.

– Alors ? demande-t-il en se rasseyant.

– Alors, on ferait mieux d'en rester là, réponds-je dans un clin d'œil.

Il éclate de rire. Je pourrais même lui sortir la pire des vacheries qu'il en rirait.

Non mais je vous jure ! Ce mec doit être maso.

– Et si madame expliquait au simple d'esprit que je suis ce qu'elle gagne à être chauffeuse de salle ?

– Trop peu, réponds-je du tac au tac.

Il rit encore. Ma repartie lui plaît, on dirait.

– C'est un boulot à temps plein ? enchaîne-t-il.

C'est à mon tour de pouffer. Il faudrait être fou pour ça : j'ai bien d'autres ambitions dans la vie que de m'amuser tout le temps.

Le serveur vient prendre notre commande, et j'attends qu'il soit parti pour lui répondre :

– Il se trouve en fait que tu as devant toi l'assistante personnelle du P-DG d'une boîte de commerce international !

Je fanfaronne un peu, je l'avoue.

– Assistante personnelle, hein ?

– Oui, monsieur ! Mais il n'y a aucun extra, si c'est à ça que tu penses.

– Il ne sait pas ce qu'il rate, le P-DG.

– Tais-toi ! m'exclamé-je en lui bousculant l'épaule.

Mais je ris aussi, parce que ça fait toujours du bien de savoir qu'on est un bon coup. On vient nous servir nos boissons. J'empoigne mon verre, sirote un peu, puis lui explique :

– En fait, le Libertin, c'est mon passe-temps. Je me détends là-bas deux fois par semaine. Mais Holding Corporation, c'est mon avenir.

C'est étrange, je ne parle jamais de Holding aux inconnus, habituellement. Je n'aime pas révéler ma double vie. Mais je dois lui faire confiance, parce que l'info m'a échappé.

– Holding Corporation ? Tu parles de la nouvelle start-up rue des Acacias ? demande-t-il soudain.

Fait chier, faut que j'apprenne à tourner ma langue sept fois dans ma bouche avant de parler… Je m'étrangle de surprise.

– Tu connais ?

– Mon club de gym est plus bas dans la même rue. Certains de mes clients travaillent avec toi.

– Tes clients ?

– Oui. Je suis coach sportif.

Je dois faire la grimace parce qu'il éclate de rire. C'est une sacrée coïncidence, tout de même, que son club de gym soit à proximité de mon boulot…

– Ne t'en fais pas, je ne suis pas un tueur en série qui repère ses proies et les suit à la trace !

– Merci de le préciser. J'aurais pu me poser la question…

Je bois une rasade, plus pour avaler la pilule que pour m'imbiber.

– Donc, monsieur est coach sportif…

– Entre autres.

– Ah ?

Je l'interroge du regard.

– Le reste du temps, je suis barman dans un café à deux pâtés de maisons d'ici.

– Eh bien, quelle vie de ministre !

– Me dit celle qui cumule deux boulots ?

– Touchée.

J'imagine qu'avec tout ça, il n'a pas de temps à consacrer à une petite amie. Cela explique sûrement pourquoi il m'a mise dans son lit. Littéralement.

– J'ai faim ! m'exclamé-je brusquement.

Il pige immédiatement le message et se lève :

– Allez, viens ! On va se balader un peu. Et te trouver une boulangerie, histoire que tu ne deviennes pas rachitique.

Ça, y a pas de risque.

9

Quand j'arrive au Libertin, la soirée bat déjà son plein. Pourtant, j'ai fait l'effort d'arriver un peu plus tôt, aujourd'hui. Tant pis. Je ne suis pas réputée pour ma ponctualité.

Première étape : Kév.

Alors que je traverse la foule jusqu'au bar, je me sens épiée.

Mon cœur palpite brusquement dans ma poitrine, le traître. Une seule personne est capable de me faire ressentir sa présence, même sans se montrer. Et si je croyais m'en moquer éperdument, je m'aperçois que je l'attends en fait chaque jour un peu plus.

Fait chier.

Je ne l'ai pas revu depuis le vieux pervers, et quelque part, j'en suis toute chamboulée. Moi qui pensais que mon numéro l'aurait fait fuir, je suis malheureusement contente de constater qu'il est toujours là.

Pourquoi me fait-il un effet de tous les diables ?

Argh ! J'enrage.

Et me voilà à rouler du cul jusqu'au bar, sous prétexte qu'un beau mâle contemple la chatte en chaleur que je suis… Je suis toute guillerette quand je rejoins Kév, à qui je confie mon blouson.

– Alors, ma belle ? m'interroge-t-il du regard.

Je sais qu'il ne me demande pas la météo, mais comment je vais réellement. Ma boisson favorite, il la connaît déjà depuis longtemps. Je lui souris de toutes mes dents. En ce moment, tout roule, il doit bien s'en rendre compte.

– Allez, barman ! m'exclamé-je en frappant le comptoir de la paume de ma main. À boire !

Il sourit et me sert un verre.

– Et ta copine, elle va comment ? enchaîné-je.

– Et la tienne ? demande-t-il sans se départir de son sourire.

Voilà une manière très habile de détourner la conversation… Je hausse un sourcil.

– Carrie ? Elle a besoin d'un mec comme toi, qui prendra soin d'elle, au lieu de tous ces nases qu'elle croise au Libertin. Et ta copine ? insisté-je.

– Ça peut aller, me répond-il, évasif.

Bon, je comprends qu'il veut en rester là. J'imagine que la Mélanie n'est toujours pas tendre avec lui. Est-ce que c'est sérieux ? Ça commence à durer.

– Allez, raconte à tata Emma ce qui va pas !

Je crois être beaucoup trop joyeuse pour la conversation que l'on s'apprête à avoir, mais tant pis. Kév me connaît bien, il sait que je ne fais jamais les choses à moitié.

– Eh bien écoute, rien de nouveau sous les étoiles : les femmes viennent de Vénus, il paraît. La mienne, ça doit être le cas, parce que je la comprends plus du tout.

– Les bébés, mon pauvre, les bébés. Elle en veut un et toi, tu restes planté là, ta bite à la main. Il serait temps d'y songer aussi, si tu veux mon avis.

– Comment tu veux que j'élève un môme avec le boulot que j'ai ?

– Et la reconversion, t'y as pensé ?

– Pfff, et pour faire quoi ? Je ne sais faire que ça de mes dix doigts. Autant faire les choses bien, et les faire à fond. Je ne veux pas d'un métier de gratte-papier simplement pour avoir une famille. Et puis, avec la tête que je me paie, tu crois vraiment qu'on m'embaucherait dans un bureau ?

– C'est que tu dois pas l'aimer assez, ta femme…

Je n'ai pas pu m'en empêcher.

Il ne s'offusque jamais de mes remarques, mais je pense que là, j'ai fait mouche : avec mon manque de tact habituel, j'ai mis les pieds dans le plat, et il n'aime pas ça.

– Au lieu de te préoccuper de ma vie sentimentale, tu ferais bien de t'en trouver une, toi. Ça t'évitera les commérages !

– Non merci ! réponds-je, catégorique. J'aime ma vie de célibataire, et je ne veux pas d'un homme pour tout gâcher.

– Ah ! La gent masculine a du mouron à se faire, avec toi, de toute façon. Tu ne griffes plus, tu mords. Et fort.

Je grogne comme un chat en faisant la grimace.

Il sourit.

Tout est pardonné.

Bon, il est temps d'attaquer. J'avale mon verre en vitesse et me détourne avant de m'accouder au comptoir. Je fouille alors du regard la foule hagarde de danseurs. Comme toujours, les gens paraissent en transe ; ils sont en mode chien, à la recherche d'un compagnon avec qui finir la nuit. Et bordel, ça se sent ! Ça pue les phéromones à plein nez. Ça se tripote à tout-va.

Quelques fois, je me demande vraiment ce que je fous là : j'ai l'impression d'être une extraterrestre à une *happy hour*.

Et d'autres fois, je sais parfaitement pourquoi je fais ce boulot. Je souris.

Pile face à moi, mon mystérieux inconnu me contemple, les mains dans les poches, une épaule négligemment appuyée contre un pylône de ciment. Il ne me quitte pas du regard, et je fais de même. C'est la première fois qu'on s'observe réellement, sans faux-semblants, et ça me plaît. Il sent le désir à plein nez, lui aussi, mais de sa part, ça ne me gêne absolument pas.

Son visage est fermé. J'ai du mal à savoir ce qu'il pense. Mais vu l'éclat dans son regard, j'imagine que ses pensées sont loin d'être catholiques. Et bordel ce que c'est bon ! J'espère qu'il a autant pensé à moi ces derniers jours que j'ai pu penser à lui.

Il est magnifiquement beau, ce soir, mais pas comme on pourrait le croire : il me semble si mystérieux, si sombre aussi, qu'il exerce sur moi un terrible attrait. Je me sens attirée par lui comme par un aimant.

Je me donnerais bien des claques pour me remettre les idées au clair, mais rien à faire : je n'ai plus qu'une envie, danser pour lui.

Je me redresse donc et je parcours la foule jusqu'au centre de la piste. Je le vois moins bien, là, mais toujours assez pour capter son regard chaque fois que je lui fais face. Il contemple le moindre de mes mouvements, et je sens la chaleur gagner mes tripes et contracter mes muscles du bas-ventre.

Plutôt que de le regarder, je préfère fermer les yeux et onduler sur la musique. Ça me permet de l'imaginer contre moi, à me tenir par les hanches et à se frotter à moi. J'imagine parfaitement la chaleur de son corps, l'odeur de son eau de toilette, et la pression de ses mains. Je sens presque la caresse de ses cheveux bouclés dans mon cou quand il s'y penche.

Mon imagination fait des miracles.

Quand j'ouvre les yeux, je suis trempée, excitée, et fiévreuse. Je bouge de manière de plus en plus lascive, simplement pour le plaisir de me donner en spectacle devant lui. Et ça fonctionne : il a entrouvert les lèvres, et son regard s'est fait plus sombre encore, chose que j'imaginais impossible. Il semble s'être contracté, et j'espère juste une chose : que ce soit le signe de son désir pour moi. Parce que moi, je suis tout humide rien qu'à l'idée de l'avoir comme spectateur.

Il passe bientôt la langue sur ses lèvres, avant de trépigner d'un pied sur l'autre. Si je l'observe bien, il a l'air de plus en plus à l'étroit dans ses vêtements : il tire sur le col de sa chemise pour le desserrer.

Plus de doute possible.

Ça me file une de ces niaques !

Pourquoi ne vient-il pas plus près ? Jamais un homme n'a tenu ses distances avec moi, et non seulement ça m'intrigue, mais ça me donne encore plus envie de jouer. Mais au lieu d'accéder à mes prières, le voilà qui fouille dans la poche de son pantalon. Il en sort son téléphone, et à la manière dont il le tient, j'imagine qu'il me regarde à travers l'objectif. Il doit sûrement prendre une photo, et ma foi, je le laisse faire.

Il suit avec intérêt le moindre de mes faits et gestes, et je ne sais plus si ce sont des photos ou un film. À vrai dire, je m'en fiche. J'espère simplement qu'il s'en servira ce soir, en pensant à moi. Mais rien que pour lui, je danse encore plus langoureusement, enfin je crois. Je ne me rends plus bien compte de ce que mon corps fait réellement : ma tête semble s'être fait la malle, et plus rien ne peut me retenir.

***

Je n'ai pas beaucoup bu hier soir, pourtant je me réveille en sursaut avec la gueule de bois. Je file dans la salle de bains et fais la grimace à mon reflet : j'ai les cheveux hirsutes, comme si je m'étais amusée à ne les crêper que d'un côté ; mon maquillage dont je n'ai pas réussi à me débarrasser a coulé et mes yeux sont cernés. Rien de bien anormal, en somme, après une nuit au Libertin. Mais rien de normal pour Emma, jeune femme à l'avenir brillant, qui doit se rendre dans moins d'une heure chez Holding.

Hors de question de garder cette gueule en vrac !

Avec une rapidité dont je ne me serais jamais crue capable dans mon état, je prends une aspirine puis file sous la douche. Lorsque je prends mon petit déjeuner, ça tambourine toujours dans ma tête, mais quand même moins. Je consulte ma montre et m'affole. L'heure tourne et je suis toujours à moitié nue. Et si la Emma de tous les jours n'est jamais à l'heure, celle qui taffe chez Holding a la conscience pro beaucoup trop développée pour arriver à la bourre. J'y mets même un point d'honneur : je dois systématiquement arriver avant Daniel et repartir après lui. Quand j'échoue, ça me gâche le reste de la journée.

Lorsque j'accroche mon blouson dans mon bureau, j'entends Daniel qui hurle à travers le combiné du téléphone. C'est loupé pour cette fois.

Merde.

Il parle en anglais, et je perçois les mots « Berlin », « Bohman » et « 800 000 euros ». C'est un gros contrat qui se prépare. Jusqu'à présent, je n'ai entendu que très rarement parler de ce contrat Bohman, mais j'ai cru comprendre que c'était le contrat de l'année. Toutes les filiales se le disputent, et Sanders ne lâchera pas le morceau.

Je m'assois à mon poste et allume mon ordi. Il y a déjà plusieurs dossiers sur mon bureau. Je sens que la journée va être longue…

Quand Sanders raccroche, je n'entends plus rien pendant plusieurs minutes, puis :

– Emma !

Ouh là… Son ton est des plus autoritaires et il a l'air en colère.

Ça va être ma fête…

Je me lève, lisse ma jupe et mon chemisier, puis j'inspire profondément et le rejoins.

Il est assis derrière son bureau, ou plutôt avachi, les pieds croisés sur l'un des angles. Un dossier ouvert sur les genoux, il se mord l'ongle de l'index en le lisant. Quand j'entre, il redresse les yeux et s'exclame, avec son putain d'accent anglais tout à fait charmant :

– Ah ! Entre. Assieds-toi.

Il m'invite à prendre place sur le siège face à lui, de l'autre côté du bureau. Je m'y installe sans un mot. Après quelques secondes, il se redresse, repose les pieds au sol, et jette le dossier à côté de moi.

– Sais-tu ce qu'est le dossier Bohman ? Une nouvelle boîte de sidérurgie va être construite en Chine, et les cinq plus grosses entreprises commerciales sont en lice pour obtenir ce contrat. Je le veux, Emma.

Il s'arrête et se penche par-dessus son bureau.

– Il y aura un meeting avec les Chinois dans trois semaines, à Berlin.

– Quel jour ? demandé-je.

– Le week-end du 25.

Aïe. Ce week-end-là, Daniel doit se rendre aux États-Unis pour un dossier en cours. Il ne peut absolument pas louper la clôture de ce contrat, ça fait des mois qu'il y travaille. En même temps, il ne peut pas s'asseoir sur le dossier Bohman.

Je n'ose pas lui demander ce qu'il va faire.

– Bon, Emma, il y a un souci, comme tu peux le constater. Je ne peux pas être à deux endroits en même temps. Mais toi, tu peux me remplacer.

– Moi ?

Je m'étrangle presque. Merde, merde, merde ! Clôturer le contrat à sa place, c'est une tâche risquée ! Si je me loupe, cette erreur marquera mon dossier jusqu'à la fin de ma vie. Je serai la petite conne qui aura fait perdre la face à Holding, et je ne suis pas sûre de vouloir endosser de telles responsabilités. Je ne suis pas prête.

Merde, je sais que je veux atteindre les étoiles, mais je n'ai que 27 ans ! Je suis une perfectionniste et j'ai besoin d'être préparée. Ce dossier, ce n'est pas moi qui l'ai géré, je risque de me planter en beauté…

Respire, Emma, respire.

– Ça fait maintenant cinq ans que tu travailles pour nous, et deux ans que tu es sous mon aile. Je t'ai vue gravir les échelons rapidement, et je sais que tu en es capable.

– Mais aller aux États-Unis à votre place n'est sûrement pas une bonne idée. Je ne connais pas bien le dossier.

– Tu ne vas pas aller aux États-Unis, Emma. Ce dossier, je suis obligé de le clôturer moi-même. C'est pourquoi je vais te laisser le dossier Bohman.

Je manque de m'étouffer.

Le dossier Bohman ?

Mon cœur palpite, et je crois avoir perdu toutes mes couleurs. Mais je tente de faire comme si de rien n'était. J'avale difficilement ma salive et l'invite à continuer.

– Écoute, si je le pouvais, je ne ferais appel à personne. Je n'ai confiance qu'en moi, mais si quelqu'un est capable de me remplacer, c'est bien toi. Tu connais mon mode de fonctionnement, on prépare ensemble tous les dossiers, et tu retapes chacun de mes rapports. Tu connais absolument tout. Ce dossier, je sais que tu peux le gagner. Et c'est un tremplin magnifique pour toi.

Tu m'étonnes ! Bordel de merde, c'est une opportunité en or !

Oh. Putain… J'ai envie de hurler, de rire, de sauter et de pleurer. Tout ça en même temps. Mes hormones dansent la gigue et sont prêtes à me faire dégueuler. Mais je me force à rester immobile, même si ça bouillonne en moi. Je reste calme, parce que c'est l'image que tout le monde connaît de moi, ici. Mais je dois me mordre l'intérieur de la joue pour ne pas lâcher prise.

– Qu'attendez-vous de moi ?

Je suis étonnée que ma voix n'ait pas tremblé.

Bien, Emma, tu déchires !

– Gagne ce foutu contrat, c'est tout ce que je veux. Toutes les commissions seront à toi.

Mais… ça va tripler mon salaire, ça !

Je me sens défaillir. Je dois être livide.

– À partir d'aujourd'hui, tu lâches tout ce que tu fais. Je te veux exclusivement sur ce contrat. Je vais te prendre une secrétaire pour te remplacer.

– Sauf votre respect, à part moi, personne n'est capable de vous supporter. Vous ne pouvez pas vous passer de moi.

Il sourit avant d'éclater franchement de rire.

– Voilà pourquoi c'est à toi que je vais confier cette secrétaire ! s'exclame-t-il.

Ah ! Au temps pour moi. Ma tête me dit merde. Je ne comprends pas la moitié de ce qu'il me dit…

– Je vais embaucher une secrétaire pour faire ton boulot actuel, pendant que toi tu travailleras sur le dossier Bohman. Mais je veux que tu fasses le relais entre elle et moi. Si tu es là pour arrondir les angles, j'espère qu'elle aura les nerfs assez solides pour rester parmi nous.

– Vous pouvez compter sur moi.

– J'espère bien !

Il fait glisser le dossier sur le bureau jusqu'à mes mains. Je l'empoigne. Mes doigts tremblent imperceptiblement et je lutte pour ne pas le montrer.

– Allez, au boulot, Emma. Je te laisse prendre connaissance du dossier. Établis-moi un *business plan*, trouve-moi les failles de cette affaire, et propose-moi des solutions. Je le veux pour vendredi.

Le salaud, il ne me laisse que trois jours.

– Bien, monsieur.

Je me lève et prends congé.

Dans mon bureau, je pose le dossier délicatement à côté de mon clavier d'ordi, lisse de nouveau ma jupe pour me donner une contenance quelconque et sors dans le couloir. Là, je tente de rester stoïque et de garder le contrôle de mon corps qui tremble, alors que je traverse les bureaux du cinquième étage. Je décide d'emprunter les escaliers : je n'arriverais pas à attendre l'ascenseur en gardant mon calme… Dans la cage d'escalier, je monte à toute allure jusqu'au dernier étage, là où je suis sûre que personne ne me connaît, et je traverse les locaux comme si de rien n'était. Le bâtiment présente l'avantage d'avoir tous ses étages conçus de façon identique. Du coup, je trouve les toilettes facilement. Je m'accroupis et vérifie que les cabines sont toutes vides avant de fermer la porte à clé. Puis je m'enferme dans un cabinet.

Je tourne en rond, les mains dans mes cheveux, en trépignant.

Punaise, punaise, punaise. C'est la chance de ma vie !

Brusquement, j'explose : je hurle, je pleure et je tremble de partout.

10

Lorsque je sors des toilettes, mon reflet me fait sursauter. J'ai les cheveux hirsutes et emmêlés de les avoir trop tripotés, mes larmes ont fait couler mon maquillage et mes yeux sont injectés de sang.

Oh merde... Je ferais peur à papi dans son mausolée.

Je tamponne mon visage d'eau fraîche et nettoie les traînées noirâtres sur mes joues. Avec les doigts, je peigne tant bien que mal mes cheveux et les lisse sur le dessus de mon crâne. Mon reflet me semble un peu plus présentable.

J'inspire profondément et revêts de nouveau mon masque impénétrable, et je rejoins enfin mon bureau.

Lorsque j'en pousse la porte, Carrie m'attend, debout en plein milieu de la pièce, tout sourire. Elle tient entre ses mains un carton rempli de dossiers et de fournitures.

– Je m'installe où ? me demande-t-elle.

Je dois la regarder comme deux ronds de flan parce qu'elle éclate de rire avant de me féliciter pour ma promotion.

– Les nouvelles vont vite ! m'exclamé-je.

– Et comment ! Daniel m'a demandé de venir dans ton service. Il paraît que tu as besoin d'une secrétaire. Ce n'est que provisoire, hein !

Il doit avoir bon cœur, finalement, ce Sanders, pour avoir choisi la seule personne qui m'apprécie. Je suis persuadée que c'est sa manière à lui de m'apporter son soutien… Carrie et moi passons le reste de la matinée à lui aménager un coin pour travailler. Dans le local à fournitures, nous lui avons déniché un bureau simple mais fonctionnel, ainsi qu'un ordinateur qui n'a pas dû fonctionner depuis des lustres. Alors qu'elle est enfin installée, je la laisse prendre connaissance de tous mes dossiers et de ce qu'on attend d'elle tandis qu'un informaticien met en réseau son nouvel ordi.

Il est bientôt midi quand mon téléphone sonne. Merde, c'est ça qu'il faut qu'on lui trouve également. Carrie décroche avant moi, répond brièvement, puis me dit :

– Il y a quelqu'un pour toi à la réception.

– Ah ?

Qui ça peut bien être ? Avant que je puisse poser la question, Carrie raccroche et me dit :

– Ils l'ont fait monter.

– C'est qui ?

Elle hausse les épaules.

– Ils n'ont pas cherché à le savoir.

– Ce sont des quiches, dis-moi ! Depuis quand on laisse entrer n'importe qui ici ?

– Depuis toujours, ma belle. Il n'est stipulé nulle part que nos locaux sont interdits aux visiteurs.

– Ah bon ?

Voilà que j'en apprends une bonne. Je l'ignorais, c'est pas croyable.

Je suis en train de trier mes papiers pour faire place nette quand on toque à la porte. En redressant la tête, je me décompose littéralement.

Vincent m'adresse un énorme sourire du pas de la porte.

Immédiatement, je sens que Carrie est intéressée par ce nouveau venu. Faut dire qu'un mec canon qui passe me voir, ça n'arrive pas souvent. Jamais, en fait.

Je jette des regards inquiets à la porte mitoyenne qui me sépare de Daniel. Il est toujours là, aussi, je fais le tour de mon bureau et m'approche précipitamment de Vincent avant de le houspiller à voix basse :

– Putain, mais qu'est-ce que tu fous là, bordel ? On t'a jamais appris à appeler avant de te pointer à l'improviste ?

– Bah quoi ? me répond-il innocemment. Je te fais une simple visite de courtoisie. Je m'étais dit que nous pourrions déjeuner ensemble ? Le mercredi, c'est mon jour de repos au bar, du coup, je travaille au club de gym. C'était une super occase de passer te voir.

Je le pousse hors de mon bureau avant qu'il n'y mette un pied.

– Je n'ai pas le temps, va-t'en !

Carrie m'a rejointe à l'entrée et m'interroge du regard. Comme je ne fais pas les présentations, elle s'en charge elle-même. Elle lui tend la main et empoigne celle que lui présente Vincent :

– Carrie Novavitch. Enchantée.

Elle lui fait son sourire archi *white* auquel il répond avec plaisir.

– Vincent.

Comme je ne dis toujours rien, Carrie me dévisage avec insistance et me demande :

– Et vous vous êtes rencontrés… ?

– Au bar l'Amarante, répond Vincent à ma place.

C'était donc là que nous avions pris cette satanée cuite…

– La soirée beuverie, Carrie… murmuré-je.

– Ah ! s'exclame-t-elle. C'était toi ! Excuse-moi, je ne t'avais pas reconnu, en plein jour !

Merde, un petit décibel en plus, Carrie, je crois qu'à l'autre bout de l'étage, ils ne t'ont pas bien entendue.

Elle me donne un petit coup d'épaule hyper (pas) discret et me murmure :

– Je ne savais pas, petite cachottière.

OK, là, c'en est trop.

Les gens nous dévisagent dans le couloir, et je suis très mal à l'aise. À eux deux, ils sont en train de m'user les nerfs, et il se pourrait bien que j'explose rapidement ma couverture s'ils ne bougent pas leurs culs, parce que putain, j'ai envie de les insulter très cordialement.

– Va-t'en, répété-je en bousculant Vincent. Et toi, dis-je à l'intention de Carrie, retourne à l'intérieur. Tout de suite.

– J'y vais, j'y vais, pas la peine de t'énerver, répond-elle en levant les yeux au ciel.

Elle a de la chance que je l'aime, parce que là, je l'aurais bien étripée. Carrie partie, Vincent me dit :

– Je voulais t'inviter à déjeuner.

– Tu n'avais qu'à appeler. Ça ne se fait pas de débarquer comme ça.

– Je ne vois pas où est le mal. Alors, ce déjeuner ?

– Va-t'en, j'ai plein de boulot.

Je chuchote toujours, mais j'ai de plus en plus de mal à garder mon calme.

– Et ce déjeuner ? Qu'on se le dise, je ne partirai pas d'ici tant que tu n'auras pas accepté.

– Putain, mais c'est quoi ce plan, Vincent ?

Je sens que je vais exploser…

Il sourit puis me dévisage des pieds à la tête. Et là, c'est comme s'il me voyait pour la première fois. Il regarde mes cheveux, mes vêtements, et la tension qu'il sent en moi doit l'aiguiller enfin, car il demande brusquement :

– Mais c'est quoi cet accoutrement, Emma ?

Ça y est, j'explose :

– Mais bordel, casse-toi !

Je crois que dans le couloir, tout le monde s'est arrêté.

Merde, on me dévisage.

Les gens semblent interloqués. Les bouseux qui m'emmerdent habituellement sont les plus estomaqués, puis ils se mettent à ricaner. Emma-coincée-du-cul vient de péter les plombs, et ça va jaser.

J'inspire profondément pour reprendre mon calme, j'essaie d'ignorer mes collègues et je dis :

– Va pour un restau, ce midi. Carrie sera là. Maintenant, va-t'en. On se rejoint dans une demi-heure dehors.

Puis je claque la porte derrière moi.

***

Carrie est morte de rire. Nous sommes tous les trois installés à une table en terrasse, et Vincent et elle se poilent bien sur mon dos. Ma petite scène, somme toute banale pour d'autres, a amusé la galerie : pour la première fois en cinq ans, Emma a perdu la face devant tout le service, et bordel, ça leur plaît bien. Mais je ne vais pas me laisser faire.

En attendant, Vincent me demande, une fois calmé :

– Pourquoi tu joues la comédie ? Sois toi-même, c'est comme ça que tout le monde t'adore !

– Alléluia ! s'exclame Carrie en levant les bras au ciel.

– Laissez-moi tranquille, vous deux ! Je veux juste faire mon boulot sans qu'on me prenne la tête. Ici, c'est mon territoire : au boulot, les gens ne connaissent rien de moi, et je veux que ça dure. Ils ne sauront rien d'autre que ce que je leur montre.

– Tu veux cacher ton vrai visage de peur qu'on ne te prenne plus au sérieux, nuance, réplique Carrie. Mais tu n'as jamais pensé qu'au contraire, ça pourrait t'aider ? Tu es intrépide, et tu n'as pas la langue dans ta poche. Quand quelque chose te déplaît, tu le dis ouvertement, en te fichant éperdument de la forme que tu y mets. Je suis sûre que si les gens te savaient un caractère aussi fort, ça leur plairait. Tu as la niaque, Emma ! Sanders cherche des gens de caractère, et il t'a trouvée, sans même savoir la perle qu'il a sous la main.

– Franchement, ta copine a raison, continue Vincent.

– Vous m'emmerdez, tous les deux. Le sujet est clos. Point.

– OK, OK. Alors fêtons au moins ta promotion.

Carrie empoigne son verre et le porte au-dessus de sa tête. Vincent l'imite. Ma tête de cochon doit bien les amuser, parce qu'ils se moquent ouvertement de moi, alors que je bougonne. On dirait que ça ne sert à rien. Du coup, j'empoigne à mon tour mon verre et porte un toast.

– Que vous arrêtiez de me faire chier ! m'exclamé-je, avant d'avaler le contenu de mon verre, cul sec.

Ils éclatent de rire, me félicitent et boivent à leur tour.

Je sens que la semaine va être très, très longue…

11

Le projet Bohman est difficile à mettre en place et me demande beaucoup de boulot. Hier, je suis partie de Holding très tard. Carrie, en super copine qu'elle est, est allée nous acheter de la bouffe chinoise et nous avons mangé toutes les deux dans mon bureau. Je stipulerai à Daniel toutes les heures sup' qu'elle a faites, j'espère qu'il la paiera en conséquence.

En rentrant, je me suis mise directement au lit.

Aujourd'hui, la journée a été tout aussi longue. Si bien que je n'ai pas une seule fois eu le temps de penser à mon rendez-vous du soir. Parce que non, je n'ai pas oublié que Jules m'a filé rencard ce soir pour une séance de prises de vue. Nue.

Je n'avais pas envie de renouveler l'expérience d'une douche dans sa salle de bains, si bien que lorsque je sors du boulot, je file chez moi pour me laver. J'enfile mon plus bel ensemble de sous-vêtements et me rhabille. Ensuite, je prends la route.

Je n'ai pas eu le temps d'appeler Vicky, mais j'espère qu'elle me rejoindra rapidement chez lui. Quand j'arrive devant son immeuble, je me gare et j'emprunte le monte-charge jusqu'à son appart'. Là, je sonne.

– C'est ouvert ! hurle-t-il de l'intérieur.

J'actionne la poignée, mais il me faut donner un coup d'épaule dans le battant pour ouvrir la porte.

Jules est au salon. Je suis frappée par sa tenue. Il n'est pas mal fagoté, non, mais il porte un pantalon noir de survêtement et un marcel noir qui moule parfaitement son buste. On en mangerait bien, s'il était libre. Il est pieds nus, à asticoter l'objectif de son appareil. Il le chouchoute tellement que ça en devient presque salace.

– Salut ! s'exclame-t-il en venant me faire la bise.

– Salut, réponds-je en observant autour de nous. Vick n'est pas encore là ?

Il s'éloigne, étonné :

– Vicky ne vient pas ce soir.

Pardon ? Pourquoi donc ?

– Elle n'est jamais là durant les séances photo pour ne pas nous déconcentrer, répond-il, comme s'il avait lu dans mes pensées.

Merde. Je me sens brusquement mal à l'aise.

– Tu peux aller dans la salle de bains, si tu le souhaites. Tu connais le chemin.

– Non, c'est bon, merci. J'ai pris une douche avant de venir.

– Eh bien commençons, alors !

Il m'invite à monter sur l'estrade blanche, devant laquelle il cale son appareil photo. J'ôte mon blouson et mes chaussures. Puis, sous son regard, je commence à me déshabiller. C'est extrêmement déroutant, comme situation. Et un rien malsain.

Et dire que j'étais persuadée que Vicky serait là ! Me déshabiller devant son mec, c'est tout de suite plus difficile quand elle n'est pas là pour m'encourager.

Merde, je suis couillue, après tout ! Je n'ai peur de rien !

Sur cette pensée, j'achève d'enlever mes vêtements. Je ne garde que ma culotte et mon soutif, que Jules me demande de conserver dans un premier temps. Je monte ensuite sur l'estrade et le laisse faire ses réglages.

Une bonne dizaine de minutes et quelques clichés plus tard, la séance commence véritablement. Je lui rappelle que je souhaite préserver mon anonymat, ce qu'il n'avait pas oublié. Il me fait ensuite poser selon ses propres désirs. Je le laisse me guider.

Il me met tellement à l'aise que j'en oublie presque le but réel de cette séance. Aussi, quand il me demande d'ôter le reste de mes vêtements, j'ai un temps d'arrêt. Le moment est venu. Et j'ai l'impression d'être une jouvencelle pudique.

Merde, c'est quoi ce délire ? Je n'ai jamais été comme ça.

Je dégrafe mon soutien-gorge et fais tomber les bretelles. Jules m'observe en silence, et c'est vraiment déstabilisant. Je détourne le regard en enlevant le bas.

Je suis nue, devant lui, et j'ai l'impression qu'il perd un peu son masque de pro. Ses yeux papillotent brièvement, puis il reporte son attention sur l'objectif. Quand il me regarde à travers son appareil photo, je relâche mon souffle. Je n'avais pas réalisé que je retenais ma respiration. Je me sens très bizarre. D'avoir un beau mâle qui m'observe nue m'excite incontestablement, mais le fait que ce soit Jules, le mec de Vick, a tendance à me refroidir aussi sec.

La séance reprend. Les poses que Jules me fait prendre sont plus lentes à mettre en place : il s'assure constamment que mon sexe et mon visage n'apparaissent pas sur ses clichés. Il réaménage également l'estrade, y rajoute du mobilier, le change, le bouge. Et plus les poses sont sensuelles, aguichantes, plus la température grimpe. Je ne sais pas si c'est moi ou lui, et ça me pose un cas de conscience.

À un moment, Jules réclame un break, que j'accepte volontiers. Sans me regarder, il m'apporte un peignoir de soie dans lequel je me drape. Puis il s'éloigne, rejoint la cuisine et attrape une bouteille d'eau dans le frigo. Quand il revient avec un verre à la main, il me le tend sans me regarder, encore une fois.

Merde, c'est quoi son problème ?

– Les clichés que tu as pris te conviennent ?

– Certains sont déjà bien, mais je n'ai pas eu de coup de cœur.

Alors que je bois mon verre, il s'active sur l'estrade et commence à y installer son sofa. Il retape les coussins, installe un plaid. Quand on reprend la séance, il me fait m'asseoir et me donne ses directives.

Je le laisse faire et j'obéis scrupuleusement à ses requêtes. Au bout d'un certain temps, je réalise que Jules a définitivement laissé tomber le masque du professionnel. Ses yeux me semblent soudain dilatés, et pour un peu, j'aurais l'impression que quelque chose ne tourne pas rond.

Il s'approche de moi pour la énième fois, manipule mon corps pour me faire prendre une position, et ses doigts s'attardent un peu trop sur ma jambe.

Peut-être n'est-ce qu'une illusion ?

Je prie en silence pour que cette séance prenne rapidement fin. C'est une véritable torture. Je me sens terriblement mal à l'aise. Je ne suis pas la seule, d'ailleurs. Aussi, quand Jules me contemple avec insistance, et laisse traîner ses doigts sur ma peau plus longtemps qu'il ne faudrait, il n'y a plus de doute possible.

Il ne manque pas d'air, celui-là ! Se souvient-il que sa copine, c'est *ma* meilleure amie ?

Je le regarde à mon tour en haussant un sourcil, attendant le premier débordement. Je suis chacun de ses mouvements avec intérêt. Je me ferais un malin plaisir de lui remettre les idées au clair ! Ce que je fais quand ses doigts ripent malencontreusement sur ma poitrine.

Je bondis sur mes jambes :

– Ça suffit pour aujourd'hui, la séance est finie. On va dire que ce qui vient de se passer était un accident et on oublie tout.

Mais si tu t'avises de me toucher une nouvelle fois, faudra aller pointer à la morgue.

Il lève les mains en signe de reddition, comme pour me signifier qu'il est innocent. Mais son sourire est enjôleur, et dans ses yeux pétille la malice.

Qu'à cela ne tienne ! Je t'aurai la prochaine fois.

***

Même si le comportement de Jules m'a mise en rogne, je suis dans un drôle d'état pour le reste de la soirée. Disons qu'effectivement, ses gestes déplacés furent des accidents, et je ne pense pas le dire à Vick.

Au-delà de ça, me faire mater par un beau mec, même si c'était Jules, était carrément excitant. Et je suis toute trempée quand je plonge dans mon lit.

Bordel, j'ai envie de m'envoyer en l'air.

J'essaie de trouver le sommeil, mais l'envie qui me tenaille les tripes est plus forte que le reste : elle me tient en haleine, et ne me lâchera pas tant que je ne l'aurai pas assouvie. C'est si difficile d'y résister que je finis par céder : je roule dans le lit, fouille dans un tiroir de la table de chevet et en sors mon vibromasseur. Je préfère de loin les contacts charnels, mais pour ce soir, ça fera l'affaire.

***

J'avoue ne pas être de super compagnie le vendredi, au boulot. J'ai les nerfs en pelote.

Le dossier Bohman me file une pétoche de tous les diables, et mes tripes ont décidé de m'emmerder. La présentation du projet devant Daniel Sanders est pour ce soir, et je pourrais bien me planter en beauté. Mon *business plan* est fait, mais il n'est pas des plus florissants, et le capital-risque est trop important…

Pour ajouter à mon stress grandissant, j'ai très mal dormi, cette nuit : j'ai rêvé (encore une fois) de mon bel inconnu du Libertin. Il modelait mon corps comme on sculpte de l'argile, et ses doigts parcouraient ma peau de bronze, ils me malaxaient, redessinaient les courbes de mes seins, celles de mes hanches. C'était terriblement excitant, et en même temps carrément frustrant. J'en ai perdu la tête, et au réveil, j'étais trempée et en pétard.

Vers midi, Vincent débarque dans mon bureau. Quand je le découvre sur le pas de la porte, j'explose :

– Putain, mais on n'est pas mercredi, pourtant ! Merde, c'est une manie chez toi ! Combien de fois faudra-t-il que je te le répète ? Appelle-moi au lieu de passer à l'improviste !

Il éclate de rire.

– C'est tellement plus amusant de te mettre en rogne, me chambre-t-il. Allez, viens déjeuner.

– Allons-y ! s'exclame Carrie. Tu as besoin de te détendre.

Et sans me demander mon avis, elle me pousse vers la porte, où je tombe dans les bras de Vincent. Derrière lui, des secrétaires passent en chuchotant. À leurs regards, je comprends immédiatement qu'elles ne seraient pas contre un tête-à-tête avec lui. Rien que pour ça, j'empoigne le bras de Vincent avec un peu trop d'insistance. Encore un peu, et je leur montrerais bien mon majeur, à ces connasses, juste pour la frime.

Arrête tes enfantillages, Emma…

Je le relâche, non sans m'insulter de tous les noms. Vincent m'attrape par les épaules et me pousse devant lui. Il est beaucoup plus fort que moi et je n'arrive pas à me libérer. Quand on passe devant le bureau de Samuel, le plus con de tous les connards de la planète, je l'entends ricaner :

– On dirait que la mal baisée s'est trouvé un gigolo !

Je lui lance un regard étincelant, et si Vincent ne me tenait pas aussi fermement, je me jetterais sur lui comme une tigresse. Au lieu de quoi, on dépasse son bureau. Carrie, dans notre dos, s'arrête brièvement, lui adresse un joli majeur manucuré, puis repart comme si de rien n'était.

J'enrage. Je hais ce con de Samuel ! Le plus mal baisé des deux reste sûrement lui, ça, j'en suis sûre. Il a le visage anguleux, et des bouclettes rousses sur le dessus du crâne. En plus de tout le reste…

Je rêve de lui enfoncer mon talon aiguille dans son globe oculaire.

Oh oui ! Quelle jouissance ce serait ! Qui a dit que le meurtre n'était pas d'intérêt public ?

Tout le monde me remercierait de débarrasser la planète d'un microbe puant comme lui. On m'offrirait même une médaille.

Je devrais penser à une reconversion, je suis sûre que je ferais fureur !

Je pense encore à lui au restaurant, et je massacre mon steak haché à coups de fourchette.

– Laisse ce pauvre animal tranquille, me souffle Carrie. Il ne t'a rien fait.

– Putain, je vous jure qu'un jour, ce sera la tête de ce connard de Sam que je m'offrirai sur un plateau !

Je m'esclaffe à cette pensée, mais mon rire n'a rien d'amical.

– Ne t'en fais pas, Emma, me répond Carrie. Un jour, ça arrivera. Et peut-être plus vite que tu ne le crois.

C'est sûr qu'à ce train-là, ce jour arrivera très vite. Je ne suis pas particulièrement calme de nature, mais Samuel me fait irrémédiablement sortir de mes gonds.

Un jour, j'aurai sa tête.

Pour l'instant, cette idée me soulage.

12

La présentation a été un franc succès. Daniel Sanders n'a rien trouvé à redire quant à la forme que j'y ai mise. Et mon *business plan*, bien que très coûteux, lui a également convenu. La semaine prochaine, nous devrons discuter ensemble des moyens possibles pour réduire nos coûts. Je dois préparer un rapport pour mardi après-midi et si je m'en sors encore bien, il pense me laisser gérer seule ensuite.

Sanders a quitté nos locaux depuis quelques heures maintenant. Carrie et moi sommes seules à mon bureau, à blaguer. Et à travailler, bien entendu… La journée est bientôt finie, et franchement, qu'il est bon d'être bientôt en week-end !

Carrie est en pleine retranscription d'un rapport quand son téléphone vibre. Elle le sort de son sac et ouvre sa messagerie tandis que je m'active de mon côté à terminer de retaper les conclusions de la réunion.

Il me faut quelques minutes pour réaliser que l'atmosphère de la pièce a changé. Je redresse la tête à temps pour voir les premières larmes couler sur ses joues. Elle tente de les ravaler.

– Carrie ?

Je me redresse immédiatement et la rejoins. Ses frêles épaules sont secouées de tremblements.

– Qu'est-ce qui t'arrive ? demandé-je encore en posant ma main sur son bras.

Elle relève les yeux et son regard larmoyant me serre l'estomac.

Putain, à qui dois-je foutre une beigne ?

Carrie renifle fort et s'essuie les joues en riant :

– C'est stupide, je viens de me faire larguer.

Larguer ? Mais par qui ? Carrie est célibataire, à ce que je sache.

Comme je dois avoir l'air de tomber des nues, elle s'explique :

– Julien vient de m'envoyer un SMS.

– C'est qui, ce Julien ?

– Tu sais, le mec du Libertin.

– Quoi, ton coup d'un soir ?

Elle lève ses yeux embués au ciel. Carrie déteste que j'assimile ses relations à des histoires de coucheries. Malheureusement, c'est souvent le cas.

– J'ignorais qu'il s'appelait Julien, continué-je, comme pour me faire pardonner.

Elle hoche simplement la tête en reniflant.

– Que s'est-il passé ?

Elle hausse les épaules.

– Fais voir ses messages, lui ordonné-je.

Carrie me tend simplement son portable en regardant ailleurs. J'ouvre sa messagerie et je clique sur le nom de Julien. Son dernier message s'affiche immédiatement :

[C etai une ereur. Je veu plus
kon se voi. Me recontacte plu.]

Quel goujat ! Envoyer bouler une nana comme ça, sans le lui dire en face ! Il ne sait même pas parler français, en plus, ce petit con !

Je vois instantanément rouge. Sans réfléchir, je fais défiler la conversation jusqu'au premier message, envoyé par Carrie.

[C'était génial. Merci pour cette nuit magnifique. Quand remettons-nous ça ?]

Bordel, du Carrie tout craché. Elle n'a jamais compris qu'il fallait les faire languir… En plus, son message porte à confusion. Je suis persuadée que dans son esprit, elle pensait juste à le revoir, sans rien d'autre. Mais lui a dû mal l'interpréter.

La réponse de Julien s'est fait attendre. Elle est arrivée trois jours plus tard :

[Jai envi de toi. Voyon nous ce soir]

Quel con, ma parole !

Et Carrie qui lui répond immédiatement :

[Où ?]

Je l'adore, la Carrie, mais sérieusement, aujourd'hui, je la secouerais bien comme un prunier pour lui remettre les idées en place !

Les messages suivants ont tous été envoyés par Carrie, qui se plaint de ne plus avoir de nouvelles. Jusqu'à ce dernier message expéditif de Julien.

– Ma pauvre bichette ! m'exclamé-je enfin. Tu es tellement naïve ! Ton Julien, il ne voulait que ton cul !

Cette simple phrase la fait fondre en larmes.

Merde, je ne suis vraiment pas douée ! Comme d'habitude, je fonce la tête la première et mets les pieds dans le plat… Je me précipite vers elle, un mouchoir à la main, et je la prends dans mes bras.

– C'est qu'un petit con pour ne pas avoir remarqué la chance qu'il avait d'être avec toi.

Nouvelle explosion de larmes.

OK, Emma, ferme-la.

Je la serre dans mes bras, lui frotte le dos, mais rien ne semble l'apaiser. Elle murmure enfin :

– Je croyais que c'était l'homme de ma vie !

Je me retiens de justesse de lever les yeux au ciel, agacée. Parfois, elle a le don de me taper sur les nerfs…

– Bon, c'est fini pour aujourd'hui. Allons-nous-en.

Je ramasse son sac, y fourre son téléphone, attrape sa veste que je lui mets sur les épaules, et récupère en vitesse mes propres affaires. Puis nous quittons le bureau, en laissant tout en plan.

Sur le parking, je traîne Carrie jusqu'à ma voiture. Nous viendrons récupérer la sienne demain. Alors que nous l'atteignons, j'entends ricaner dans mon dos :

– Alors pète-sec, on va retrouver son gigolo ?

Je m'arrête net. Putain, ce mec, en plus d'être un connard, est franchement con. Venir me faire chier un vendredi soir, à la sortie du boulot, alors que je suis avec Carrie, c'est pas malin du tout.

– Il est carrément trop canon pour toi ! s'exclame-t-il alors. Combien tu le paies ?

C'est qu'il a de l'humour aussi ! J'en suis presque bluffée.

Mais manque de bol pour lui, ce n'était pas le jour.

Je me détourne et laisse Carrie seule à côté de ma voiture. Puis je reviens sur mes pas. Je marche droit vers Samuel qui sourit, fier de sa repartie. Il n'imagine pas un seul instant que je puisse l'envoyer au tapis, du coup, il ne me voit pas venir. Quand j'arrive à son niveau, je l'attrape par l'oreille et le projette contre une voiture. Sa tête vient heurter la vitre avec fracas. Pas de pot, elle ne s'est pas brisée.

J'y mets autant de force que possible alors que je maintiens sa tête prisonnière.

– Qu'on soit bien clairs, toi et moi. C'est la dernière fois que tes potes et toi, vous vous payez ma tête. OK ? Parce que tu vois, là, je suis pas d'humeur.

Mon ton est parfaitement calme, mon visage impassible. Je suis froide et calculatrice. C'est sûrement ce qui doit lui faire peur, parce que brusquement, Sam se tait.

– J'ai l'impression que tu m'as enfin comprise, continué-je en souriant. Maintenant qu'on parle la même langue, pas un mot de tout ça à qui que ce soit. Imagine ce que ton ego prendrait si on venait à savoir qu'Emma-la-mal-baisée t'a foutu une raclée. Alors je compte sur toi !

J'appuie un peu plus sur sa tête. Il est à présent tout rouge, et à part gémir, il ne peut rien dire. Je me penche à son oreille et murmure :

– La prochaine fois, je ne serai pas aussi gentille.

Je me redresse et le relâche, dégoûtée. Samuel rebondit sur son cul, soudain effrayé.

– Maintenant, dégage, avant que je ne change d'avis.

Il me regarde avec effroi, comme s'il me voyait pour la première fois. Je crois qu'il m'aurait donné plus de fil à retordre s'il n'avait pas senti la rage en moi. Oui, je suis sérieuse, et carrément plus forte que lui. Contre moi, il n'a aucune chance, et il le sait.

Il se relève sans un mot. Je remarque alors que son arcade sourcilière est fendillée. Bien fait pour lui !

Quand il s'éloigne en courant, Carrie m'a rejointe. Entre deux sanglots, elle éclate de rire :

– Tu vois, ce jour n'était pas si lointain que ça ! s'exclame-t-elle.

Puis elle s'effondre.

***

Carrie est emmitouflée dans une grosse couette sur le canapé de mon salon. Elle a arrêté de pleurer depuis longtemps maintenant, mais je soupçonne mon pot de Häagen-Dazs, goût Macadamia Nut Brittle, de l'y avoir grandement aidée. Voilà qu'elle s'empiffre d'un second pot – c'est qu'elle n'y va pas de main morte ! – en pestant devant les beaux mecs en chaleur à la télé, et je n'ose pas la retenir. Tant pis pour ses futures aigreurs d'estomac !

Nous avons regardé plusieurs films d'action, je n'ai malheureusement rien d'autre à proposer, et Carrie a fini par s'endormir sur mon sofa. Avant de me coucher, j'envoie un SMS groupé à Vicky et Vincent :

[Urgence : Carrie est au fond du trou. Demain,
19 heures à la maison. Venez bien habillés,
on file au Libertin après dîner.]

Les deux me répondent par l'affirmative moins de dix minutes plus tard, du coup, je m'endors le cœur plus léger.

À mon réveil, Carrie dort toujours. J'en profite pour prendre mon petit déjeuner et me préparer pour mon entraînement hebdomadaire de taekwondo. Quand je pars, Carrie n'a toujours pas émergé. Je lui laisse donc un message sur la table basse.

À mon retour, trois heures plus tard, elle est installée sur le canapé, les genoux repliés contre la poitrine, à regarder une niaiserie de téléréalité qui me hérisse le poil. J'y suis allergique, et ça doit se voir sur mon visage, parce qu'elle éteint immédiatement le téléviseur. Elle me saute dessus, tout enjouée, et on pourrait presque oublier sa crise de larmes de la veille.

Je file sous la douche pendant qu'elle dresse la table, puis nous préparons le déjeuner en papotant de la pluie et du beau temps. Ce n'est qu'une fois à table, alors qu'on mangeait en silence jusqu'à présent, qu'elle s'exclame enfin :

– Tu as vraiment fichu la tête de Sam dans la vitre d'une voiture ?

J'explose de rire. De toute la soirée, c'est tout ce dont elle se souvient…

– Ça m'a fait un bien fou !

– J'en reviens pas que tu aies osé.

Elle retourne pour la énième fois la nourriture dans son assiette. Je sens qu'elle veut dire quelque chose, elle cherche ses mots. Je ne la brusque pas.

– Tu voudrais pas emplafonner la caisse de Julien ?

– Tu préférerais pas que j'emplafonne son petit minois, plutôt ? réponds-je du tac au tac.

Elle sourit. Puis éclate de rire.

– C'est vrai que c'est tentant.

Elle tâte ses aliments du bout de la fourchette puis pousse un gros soupir. Brusquement, elle semble épuisée :

– Je pensais réellement que cette fois-ci, ce serait différent.

13

Il est 19 heures quand Vicky arrive à la maison, toute pomponnée, magnifique, comme toujours. Carrie et moi sommes déjà prêtes. Pour l'occasion, je l'ai bichonnée, maquillée à fond, et je lui ai prêté une minijupe ultra-moulante et des talons aiguilles. Elle a intérêt à nous dégoter un mec !

Vincent ne tarde pas non plus. Vicky se souvient vaguement de lui, mais je fais de nouveau les présentations. Puis nous dînons tous les quatre, au rythme des conversations entraînantes. Carrie ne manque pas de leur raconter ma mésaventure avec Sam, dans les moindres détails. Ils sont tous morts de rire, et je dois avouer qu'après coup, je ne suis pas peu fière.

Après le dîner, Vicky et moi montons dans ma vieille guimbarde, tandis que Carrie et Vincent nous suivent dans une seconde voiture. Ils n'auront pas besoin de m'attendre pour lever le camp, comme ça.

Arrivés au club, je les emmène directement au bar, où Kév nous accueille d'un large sourire.

– Salut, ma belle !

– Salut ! m'exclamé-je.

Il a l'air d'aller mieux. Sûrement s'est-il rabiboché avec madame. Parfois, je suis déçue de ne pas avoir plus de temps à lui consacrer. Note pour moi-même : les inviter, lui et sa dulcinée, à dîner.

En attendant, Vincent et Kév semblent s'entendre à merveille ; je les entends rire alors que Kév nous sert nos verres. C'est l'avantage de travailler ici : au bar, je suis toujours prioritaire.

Les filles, elles, font du repérage dans la salle. Elles contemplent tous les beaux partis potentiels.

Quand les boissons sont servies, ils se réunissent autour de moi.

– Bon allez, Carrie. Ce soir, tu dois simplement t'amuser, déclaré-je.

– Ça marche.

– Et interdiction de tomber amoureuse du premier péquenaud qui passe !

– Promis, me répond-elle avec un sourire.

Malgré sa promesse, je sais qu'elle n'en fera rien. Elle a un cœur d'artichaut, elle palpite pour tous les beaux mâles qui croisent sa route.

Vincent commence à la coacher sur le comportement des mecs, sur les signes avant-coureurs qui doivent la faire fuir, sur la manière d'interpréter leurs regards et leurs sourires. Un vrai pro, très consciencieux. Il lui fait faire des moues censées être aguicheuses, mais qui sont finalement plutôt ridicules. Carrie n'arrive pas à rester sérieuse. Et quand il la fait défiler devant nous, elle roule tellement du cul qu'on éclate de rire.

Mais ça semble fonctionner, certains mecs se retournent sur elle. Ils regardent clairement sous la ceinture, mais après tout, qu'importe ? Il faut lui trouver un gus intéressant pour rattraper le fiasco Julien.

Vicky s'exclame brusquement :

– Tu as vu ce beau mec ? Il n'arrête pas de te mater, Carrie ! Allez, fonce ! Va lui parler.

– Lequel ? demande Vincent en fouillant du regard la masse des clients.

Pour un peu, il pourrait prétendre au titre de meilleure commère de la région, cet imbécile ! Vicky lui montre ledit mâle d'un signe de tête.

– Ah non, les filles. C'est le prétendant d'Emma. Chasse gardée.

– Quoi ? s'exclament-elles en chœur.

Mon cœur a raté un battement. Le con ! Il pourrait prévenir, tout de même, que je me mette en condition !

Je fais nonchalamment volte-face, comme si de rien n'était. Mon bel inconnu est effectivement là, comme toujours, fidèle au poste, à me contempler. Toujours égal à lui-même, avec cet air mystérieux.

– Em ? m'interroge Vicky.

Je hausse les épaules. De toute façon, qu'est-ce que je pourrais dire ? Cet homme m'attire, certes, mais nous ne nous sommes jamais approchés. Et même si c'était le cas, il n'y aurait rien de plus entre nous que mes fantasmes pervers : le boulot reste le boulot, même au Libertin, et je ne mélange jamais boulot et plaisir. Règle numéro un.

J'essaie d'ignorer les palpitations du traître, je finis mon verre puis leur dis :

– Bon, je vous la confie ! Pas de bêtises que je ne ferais pas ! Moi, je vais bosser.

– Ça marche ! s'exclament-ils.

***

Il doit être près de 1 heure du mat'. J'ai à plusieurs reprises croisé mes amis, avec lesquels je me suis autorisée à faire quelques pas de danse. Autrement, j'ai fait ce pour quoi je suis payée : bouger mon cul, chauffer la salle, allumer mon monde. Il y a bien eu un ou deux malotrus qui ont tenté plus que ce à quoi ils sont autorisés, mais un regard glacial de ma part les a vite remis à leur place.

J'évolue au milieu de la foule et, en me détournant, je croise de nouveau les yeux de mon mystérieux inconnu. Il accroche mon regard et ne le lâche plus.

Il est diablement sexy et je n'arrive plus à feindre l'indifférence, quand les autres ne sont plus là. Je ne parviens pas à savoir ce qu'il a en tête. Bientôt, il sort son téléphone portable et suit chacun de mes gestes. Cette fois-ci, j'en suis sûr : il me filme.

Ça m'excite encore plus.

Je le laisse faire. Je danse pour lui, tout simplement. Il semble de plus en plus excité. Son visage est sombre, ses yeux presque noirs dans la nuit, et je ne vois de lui que sa mâchoire qui se crispe. Quand il range son portable sans me quitter des yeux, j'en suis presque déçue. La fin est proche, mais j'aimerais que ce jeu ne cesse jamais. En même temps, je suis frustrée de cette distance qu'il instaure entre nous.

J'en suis là de mes réflexions quand il se redresse et fait un pas dans ma direction.

Puis un autre… Et encore un…

Bordel…

Il avance lentement, se frayant un passage à travers la foule compacte qui danse, sans jamais me quitter du regard. Il bouscule les clients sans s'excuser et me rejoint lentement, trop lentement. Il s'approche encore, et chacun de ses pas fait irrémédiablement monter la pression en moi. J'ai chaud, mon ventre se contracte. Mon cœur s'est mis à jouer des castagnettes dans ma poitrine et je retiens mon souffle, sans même m'en apercevoir.

Nous n'avons jamais été aussi proches, et j'ai l'impression qu'il prend un malin plaisir à faire durer le supplice.

Plus il s'approche, mieux je le vois : il me semble encore plus beau que je ne l'imaginais. Ses pupilles sont dilatées, et son regard est assombri par des cheveux délicatement bouclés qui lui tombent sur le front. Il a le nez droit et les lèvres pleines, juste assez pour donner envie de les manger. Des traits carrés, irréguliers, mais diablement séduisants.

Il est enfin à ma hauteur, et je suis obligée de lever la tête pour garder mes yeux rivés aux siens. Sans rien dire, il cale une de ses mains sur mes reins, et l'autre traîne autour de mon visage, sans jamais me toucher. Je sens simplement sa proximité, et je brûle d'envie qu'il pose enfin ses doigts sur moi.

Bordel, fais quelque chose !

L'odeur de son after-shave me monte à la tête : c'est carrément enivrant.

Nous nous dévisageons encore, sans vraiment bouger. J'ai tout oublié : plus rien d'autre que lui n'existe, et putain que c'est bon !

Son visage est si près du mien qu'il est tentant d'approcher la main. Mon corps est tendu à l'extrême, en attente d'un geste, d'un mot, n'importe quoi qui me sortirait de ma torpeur. Mais on dirait qu'il aime me malmener. Ses yeux sondent les miens, ils fouillent au plus profond de mon être, et je songe à toutes les fois où je l'ai imaginé se caresser en me matant. Aujourd'hui encore, j'aimerais que ce soit vrai.

Son souffle me semble saccadé alors qu'il approche imperceptiblement ses lèvres des miennes. Je suis à deux doigts de craquer définitivement… Toutes les molécules de mon corps lui hurlent de se pencher davantage.

Et il répond enfin à ma prière silencieuse.

Ses lèvres frôlent les miennes, dans ce qui pourrait être un baiser électrique : mon cœur palpite, mes poils se hérissent sur ma peau. C'est comme si quelque chose éclatait en moi. C'est si intense que ça me fait brusquement revenir sur terre.

Merde, qu'est-ce que je fous ?

Je le repousse vivement. Il ne doit pas comprendre, mais je suis si affolée que je ne remarque pas l'expression de son visage. La panique me fait trembler.

Ne jamais, jamais, mélanger plaisir et boulot ! Putain, Emma, qu'est-ce que tu fous ? Tu oublies tous tes principes pour un mec que tu ne connais même pas ! Ce mec te fait littéralement perdre les pédales, et alors ? Reprends-toi, nom de Dieu !

Alors qu'il tente de me retenir par le poignet, je me libère et je fends précipitamment la foule, qui finit par m'engloutir.

***

Je me suis réfugiée aux toilettes le temps de reprendre contenance. J'ai l'impression que mon amour-propre est resté quelque part sur la piste de danse, et je chancelle un peu en ressortant des W.-C. Je me fraie un passage jusqu'au bar. J'ai besoin d'un bon remontant.

– On dirait que tu as vu un fantôme, ma belle ! s'exclame Kév en me servant un verre. Tu es bien pâle.

– Tu n'aurais pas quelque chose d'un peu plus fort ? demandé-je en repoussant son cocktail.

Il s'exécute sans rien dire, mais son regard en dit long.

Une main claque sur mon cul et me fait sursauter. Ce n'est vraiment pas le moment, je sens que je vais craquer. Je me détourne comme une furie, prête à bondir sur le malotru. Mais ce n'est que Vincent, qui m'adresse un large sourire.

– Alors, Emma, ce baiser ?

Merde, ce mec est incroyable. J'ai une soudaine envie de lui foutre mon poing dans la gueule, ce que je ferais d'ailleurs, si je n'étais pas sûre de perdre face à lui… À mon air morne, il doit comprendre que cette conversation est loin de m'amuser.

Je parcours la foule du regard. On dirait que mon bel inconnu a disparu. À sa place, je serais partie aussi. Alors que j'avale mon verre d'un trait en grimaçant, Vicky nous rejoint. Elle se glisse sous le bras de Vincent en lui tapotant le ventre.

– Où est Carrie ? demandé-je, comme pour me changer les idées.

Vicky nous la montre du doigt, perdue dans la foule des danseurs, prise en sandwich entre deux mecs. On dirait qu'elle est un peu faite, mais bon, si ça lui permet de se sortir Julien de la tête, tant mieux.

– Julien est ici, me sort brusquement Vicky, comme si elle lisait dans mes pensées.

– Quoi ? hurlé-je presque.

– On l'a croisé sur la piste de danse. Carrie s'est crispée, j'ai vu qu'elle tentait de retenir ses larmes. Il était dans les bras d'une nana à qui il roulait un putain de patin.

Je dépose mon verre comme une furie, mon regard fouille la foule à la recherche de ce connard, et je suis prête à bondir, toutes griffes dehors, quand Kév m'attrape par le poignet par-dessus le comptoir.

– Ne fais pas ça, ma belle. Le client est roi, ici. Tu sais bien que Paul ne te lâchera pas, après ça.

Merde…

– Où il est ? demandé-je toutefois à Vicky.

Elle le retrouve avant moi, me le pointe du doigt. Il est en compagnie d'une nana qui titube sur ses jambes. Elle est mignonne, mais sans plus.

Il manque vraiment pas de culot, le mec, de se pointer ici avec une autre. J'ai des envies de meurtre, sûrement décuplées par la rage qui bouillonne en moi. Je m'en veux terriblement, et j'ai besoin d'un punching-ball pour me décharger de cette colère.

Finalement, on dirait que la chance tourne.

Je vois Julien se frayer un passage dans la foule compacte, entraînant derrière lui la nana éméchée. Ils rejoignent l'entrée du club.

Bien, bien, bien… Je n'ai peut-être pas le droit de m'en prendre aux clients dans l'enceinte du bar, bien que je ne m'en prive jamais, mais il n'est stipulé nulle part qu'il en va de même sur le parking ! Avant qu'on me retienne, je m'éloigne comme une furie. J'écarte sans ménagement les corps sur mon passage et je rejoins l'entrée le plus rapidement possible. Quand je débouche dans la rue, les gens sont amassés le long du trottoir dans une queue qui n'en finit pas.

Je regarde à gauche, à droite, mais ne le vois nulle part. Je l'ai perdu… Merde !

J'entends soudain un rire de petite fille, et sans vraiment réfléchir, je m'élance à sa suite. En m'approchant, je retrouve Julien au bras de son plan cul du soir.

– Hé ! Julien ! hurlé-je dans son dos.

J'entends qu'on m'appelle, mais rien ne m'arrête. Quand Julien se retourne, je suis déjà sur lui. Je lui fous mon poing dans la tronche si fort qu'il en tombe sur le cul. La nana se met à hurler sans savoir quoi faire.

– Ça, c'était pour Carrie, expliqué-je en crachant mes mots.

Au même instant, Vicky et Vincent m'ont rejointe. Mon amie m'attrape par les bras, comme pour m'empêcher de me jeter sur ce misérable con, qui me regarde, l'air hagard, en se tenant la mâchoire. Il a l'air stupide et totalement surpris, si bien qu'il n'articule aucun son.

– Ne remets plus jamais les pieds ici ou je te jure que tu le regretteras !

Je le rouerais bien de coups, mais il est sans défense au sol, et ça ne me soulage pas du tout. Sans lui laisser le temps de répliquer, je me défais de l'étreinte de Vicky et je tourne les talons.

La soirée n'est pas encore finie, je dois retourner au club.

Mais je ne suis pas sûre que mes nerfs tiennent encore longtemps…

14

On a dû prendre mon appart' pour un baisodrome, ma parole ! Au réveil, après avoir découvert que Vincent s'était invité dans mon lit, je trouve trois autres personnes empêtrées pêle-mêle dans mon salon, à même le tapis, la bouche ouverte.

Merde, trois ? C'est quoi ce délire ?

Je scrute les visages. Il y a Vicky et Carrie, Dieu merci. Mais j'ignore qui est le dernier mec, à moitié nu. Il est plutôt petit, poilu et joufflu. Rien de bien affriolant, si vous voulez mon avis.

Ne me dites pas que c'est le nouveau jules de Carrie ? Ah non, ma poulette, là, t'as franchement merdé.

– Allez, debout ! m'exclamé-je en bousculant tout ce beau monde.

Vincent est le premier à ouvrir les yeux et à me rejoindre dans le salon. Il n'est vêtu que de son pantalon et offre à tous la vue sur ses magnifiques tablettes de chocolat. Histoire de bien commencer la journée, quoi. Il m'adresse immédiatement un grand sourire.

Je crois que ce petit imbécile pourrait choper la pire des saloperies qu'il sourirait encore…

– Vous pouvez m'expliquer ce que vous foutez tous chez moi ? demandé-je.

J'aurais bien aimé pouvoir passer une journée – rien qu'une journée, est-ce trop demander ? – toute seule. La semaine a été des plus éprouvantes, et celle à venir s'annonce de la même couleur. J'ai besoin de faire un vrai break, de prendre un bain, par exemple, de me détendre avec un bon bouquin, ou devant un film d'action, tiens ! Mais ce qu'il me faut avant tout, c'est une coupure, et j'aimerais bien qu'ils se cassent tous de chez moi. Sans vouloir jouer la rabat-joie.

Vincent a passé un bras autour de mes épaules et me serre contre lui, l'air de dire « déstresse ». Son sourire amical me tape sur les nerfs. Je le repousse sans ménagement et bouscule de nouveau ceux qui sont encore par terre. Quand Carrie ouvre les yeux, je lui lance un regard plus qu'éloquent en zieutant son nouveau coup. Elle aurait quand même pu mieux choisir…

Elle hausse les épaules avec une petite grimace et me sourit.

La catastrophe continue quand le cher et tendre ouvre la bouche. En plus d'être laid, il est inintéressant. Rien pour rattraper le désastre. Carrie devait être bien imbibée hier pour avoir ramené le pire des bouseux.

– Sans paraître désagréable, vous voulez bien foutre le camp ? demandé-je une nouvelle fois.

Mon ton est sans doute plus calme, mais il fait éclater de rire mes trois amis. L'autre me regarde d'un air ahuri. On voit bien qu'il ne me connaît pas. N'empêche, je suis sérieuse, et on dirait bien que les gens s'en moquent.

Qu'est-ce que je dois faire pour les faire déguerpir de chez moi ? Les pousser par la fenêtre ?

Au fait, pourquoi Vincent était-il fourré dans mon lit ? Est-ce qu'on a… ? Merde, c'est encore le gros trou noir.

Je le regarde et demande de but en blanc :

– Dis donc, toi, on n'avait pas dit qu'on ferait mieux de s'en tenir là ?

Il éclate de rire, d'un rire clair et musical qui remonterait le moral à un dépressif, puis il lève les mains en signe de reddition.

– Rassure-toi, ma belle, nous n'avons rien fait, à mon grand dam. Tu as passé toute la nuit à ronfler.

– Et pourquoi tu m'as laissée boire autant ? le houspillé-je, en réalisant que j'ai occulté la fin de la soirée.

Lui et moi savons très bien que je suis assez grande pour ne plus avoir besoin de chaperon, et qu'il est *très* difficile de m'interdire quoi que ce soit. Mais à cet instant, j'ai besoin d'un bouc émissaire.

– Il me semble que tu avais besoin de cuver un peu ta stupidité. Après avoir repoussé ton bel étalon et flanqué la rouste de sa vie à Julien, tu as terminé le nez dans l'alcool. Sûrement en te maudissant d'être aussi conne, je suppose.

Ça pour l'être, je le suis carrément.

Mais qu'aurais-je pu faire ? L'embrasser, le laisser me baiser et ensuite disparaître comme une voleuse ? Peut-être que c'est ce qu'il aurait désiré, en définitive, mais c'était hors de question.

Les extras ne font pas partie de mon contrat.

***

Ils ont fini par partir, à mon grand soulagement. Vincent a eu la bonté de ramener Carrie chez Holding, où sa voiture l'attendait toujours. Et j'ai pu enfin me poser. J'ai passé le reste de ma journée à glander. J'ai pris soin de moi, me suis détendue dans un bain moussant entouré de bougies, et suis allée me coucher tôt.

Le lundi, j'arrive de bonne heure au bureau : les locaux sont encore presque vides, et oh ! victoire ! Daniel Sanders n'est pas encore là. Ça me laisse le temps de faire un peu de ménage, étant donné qu'on a tout laissé en plan vendredi dernier. Vers 9 heures, Carrie arrive, toute pimpante et de bonne humeur.

Alors qu'elle ôte sa veste et s'installe derrière son bureau, elle déclare sans préambule :

– Alors, dis-moi, c'est qui ce mec ?

– Quel mec ? demandé-je innocemment.

– Emma, pas de ça avec moi. Je t'ai vue dans ses bras. C'était carrément chaud bouillant. Et tu l'as laissé tomber avant même que ça devienne intéressant.

Je hausse les épaules, feignant l'indifférence. Mais je dois me rendre à l'évidence : je suis loin de l'être. Je bouillonne de l'intérieur. Il me fait chier, tout de même, lui. Je n'ai rien demandé à personne, j'étais tranquille, avec un plan de carrière en tête, deux boulots que j'adore, et voilà qu'un mec s'invite dans tout ça.

– Vincent nous a dit qu'il te tournait autour depuis quelque temps, continue-t-elle sans se soucier de mon air renfrogné.

– Et après ?

– Et après ? répète-t-elle, sidérée. Emma, je te connais depuis pas mal de temps, maintenant. Et c'est la première fois que je te vois comme ça. Tu es carrément accro, ma belle. Ça ne sert à rien de le nier.

Je vais pour protester quand Daniel Sanders entre dans le bureau. Pour atteindre le sien, il doit passer devant nous, aussi, nous nous taisons illico. Il est temps de bosser sérieusement. Mais je sais que Carrie est loin d'en avoir fini.

***

La semaine a été très longue. Le projet Bohman m'a pompé toute mon énergie. Sanders a apprécié ma présentation et mon plan d'action. Il a décrété qu'il m'abandonnait définitivement le projet. Je devrai toujours en référer à lui, mais c'est moi qui mène le projet, et je dois dire que c'est très excitant. Cette nouvelle prise de responsabilités n'a pas été sans une augmentation de mes heures de travail.

Le mardi, je suis arrivée tout juste à l'heure au Libertin ; j'ai dû assister à une réunion en fin d'après-midi qui s'est éternisée. La soirée s'est déroulée sans anicroche. Mon inconnu était encore là, et comme toujours, il n'a fait que me regarder, mais de loin, cette fois. Il n'a plus cherché à m'approcher, il n'a même pas sorti son téléphone. Et je dois dire que sur le moment, j'ai été très déçue. Mais l'attraction qu'il exerce sur moi est toujours aussi forte, et je commence à me poser des questions.

Quant à cette imbécile de Carrie, elle s'est entichée d'un nouvel homme, pleine d'espoir ! Mais c'est dans mes bras qu'elle a fini la soirée…

Il a fallu que je me jette à corps perdu dans le travail pour oublier tout ça. Et je dois dire que ça fonctionne plutôt bien. J'en suis soulagée.

Vincent n'est plus reparu de la semaine, ce qui m'a fait des vacances. Mais sa présence m'a quand même manqué, et sa bonne humeur aussi. J'en serais presque venue à regretter qu'il ne passe plus à l'improviste, le midi, pour m'inviter à déjeuner. Mais les âneries qu'il continue de m'envoyer régulièrement par SMS m'ont détendue le reste de la semaine.

Dans les couloirs de chez Holding, j'ai croisé deux, trois fois Sam, qui n'a plus fait aucune remarque désobligeante à mon intention. Sage décision. On dirait bien que mon coup d'éclat de la semaine dernière a porté ses fruits. Et il semblerait que rien n'ait filtré dans la boîte. Il a tenu sa langue, ce dont je lui suis reconnaissante.

Quelle merde, voilà que j'en viens à remercier Sam. Même silencieusement, ça me troue le cul.

La fin de semaine a été des plus banales, elle aussi. Je suis allée au Libertin seule samedi soir. Vous vous demandez peut-être si mon inconnu était présent : la réponse est non. Pour la première fois depuis des semaines, il n'est pas venu. Peut-être s'est-il lassé ? Je l'ai pourtant espéré toute la soirée, mais j'ai fini par me résigner.

Il en fut de même le mardi suivant, et il m'a fallu faire un gros effort pour garder le moral. Je me serais bien donné des claques !

Bordel, d'habitude, c'est moi qui fais espérer les mecs, et non l'inverse !

Le mercredi, j'ai une réunion matinale avec Daniel Sanders. Nous devons préparer mon départ pour Berlin. Mon dossier est béton, j'y ai travaillé comme une forcenée. Je dois maintenant trouver les arguments vendeurs à présenter aux Chinois, et Daniel est là pour ça. Il veut ce contrat plus que tout, et il est hors de question que je me plante. Il me le fait d'ailleurs très bien comprendre et ça me fout une pression monstre.

À mon retour de réunion, je suis encore plus tendue que la ficelle d'un string. Je jette mes dossiers sur mon bureau et fais un nouveau point sur les chiffres de l'affaire. Je suis tellement plongée dans mon projet que j'entends à peine Carrie se racler la gorge.

– Emma ?

– Hmm ? réponds-je, sans lever l'œil de ma paperasse.

Comme elle reste silencieuse, je finis par redresser la tête et l'interroge du regard. Elle me fait alors un léger signe de tête vers la porte du bureau.

Oh. Mon. Dieu.

Mes yeux s'agrandissent de stupeur, et le sang a quitté mes joues. J'ai l'impression de manquer d'air tandis que mon cœur loupe un ou deux battements.

Mon bel inconnu, que je pensais disparu à jamais, se tient dans l'embrasure, les mains enfoncées dans ses poches, une épaule appuyée nonchalamment contre le chambranle de la porte.

Je me redresse précipitamment et je fais basculer ma chaise qui tombe avec fracas.

– Mais… Mais que… Comment… ?

Je le rejoins sur le pas de la porte.

– Qu'est-ce que tu fais là ?

Je dois me calmer.

Inspire. Expire. C'est bien, Emma. Recommence.

– C'est le barman du Libertin, me répond-il simplement.

Oh putain, sa voix suave et profonde me fait frissonner.

Le barman du Libertin ? Oh non, Kév n'aurait pas osé, tout de même ?

Mon inconnu regarde Carrie par-dessus mon épaule. Il semblerait qu'il veuille avoir un peu d'intimité. Et brusquement, moi aussi.

Je l'attrape par le poignet et l'entraîne le long du couloir. Nous croisons bon nombre de regards curieux.

C'est le deuxième beau mec qui vient me voir chez Holding en moins de deux semaines, oui, et alors ? Ça vous pose un problème ? Moi pas.

Il reste silencieux alors que je le pousse dans les toilettes. Je vérifie leur disponibilité et ferme la porte derrière moi.

Je réalise soudain que nous sommes seuls, lui et moi, dans des toilettes désertes. Et qu'il pourrait bien arriver n'importe quoi.

Je maintiens une distance entre nous.

– Pourquoi tu es venu ? chuchoté-je.

C'est ridicule, personne ne peut m'entendre. Mais c'est plus fort que moi.

– Tu me rends fou, Emma.

Je me décompose.

Comment connaît-il mon prénom ? Je me focalise dessus, de

plus en plus perturbée. Il me faut quelques secondes pour réaliser que Carrie l'a prononcé devant lui plus tôt. Et... Quoi ? Il vient bien de m'avouer son attirance ? Mon cœur se met à palpiter encore plus fort que d'habitude.

Mais tu vas te taire, petit con ? Je ne m'entends plus penser.

Récapitulons : le mec qui me fait fantasmer depuis des semaines est venu jusqu'à moi pour m'annoncer que je le rendais fou. C'est plutôt bien, non ?

Non, non, non, ce n'est pas bien du tout.

M'enticher d'un gars n'est pas prévu au programme. Je dois gravir les échelons pour devenir plus tard P-DG de ma propre société. Je dois m'installer dans une vie respectueuse de femme d'affaires. Il n'y a pas de place pour quoi que ce soit de plus dans mon planning. J'ai décidé il y a longtemps que tout ce qui se rapproche de près ou de loin à l'amour n'est pas pour moi.

Il fait un pas dans ma direction, et ça me fait flipper. Je recule. Ça ne semble pas le perturber plus que ça.

– Et je pense que c'est réciproque, continue-t-il de sa voix qui me fait fondre.

Je secoue la tête, mais lui comme moi savons que je ne suis pas très convaincante. Il s'approche encore, et je me retrouve bientôt acculée contre un lavabo. Il pose ses mains de part et d'autre de mon corps, me bloquant définitivement le passage. Mon cœur s'affole, mon cerveau se fige. J'ai l'impression que je ne peux plus formuler la moindre pensée cohérente.

Il se penche bientôt sur moi. Son souffle vient me chatouiller le cou, et je sens son corps faire pression sur moi. Ce contact est délicieux, mais j'empoigne le rebord du lavabo que je serre très fort pour ne pas perdre pied.

– J'aimerais qu'on reprenne les choses où elles se sont arrêtées, murmure-t-il au creux de mon cou.

Sa voix me fait frissonner.

Vite, de l'air, il me faut de l'air !

J'ai besoin de reprendre mes esprits, et pour ça, il faut absolument que nous nous éloignions l'un de l'autre.

– Je te veux, Emma. Et j'obtiens toujours ce que je désire.

Il se penche encore plus. Si je ne l'arrête pas, il sera définitivement trop tard. Mon instinct reprend le dessus et, avant que je ne m'en rende compte, je l'attrape par les épaules et lui flanque mon genou dans l'estomac.

Généreuse que je suis, j'ai évité les bijoux de famille.

Il se plie en deux, le souffle court. Je n'y suis pas allée de main morte. N'empêche, ça m'a fait reprendre pied dans la réalité, et je réalise enfin qu'il me laisse une ouverture pour fuir. Ce que je fais sans tarder. Mais tandis que je déverrouille la porte des toilettes, je l'entends lancer :

– Tu seras à moi, Emma.

Je n'attends pas la suite et le laisse en plan.

Non mais il se prend pour qui, le goujat ? À lui ? Il rêve ! Je n'appartiens qu'à moi-même. Jamais aucun homme ne me possédera !

15

Je traverse le couloir de l'étage à folle allure.

J'ai du mal à apaiser les palpitations de mon cœur chamboulé. Je dois bien l'admettre : malgré la colère que cet inconnu fait naître en moi, je n'ai jamais autant désiré quelqu'un...

Je ne suis pas particulièrement attentive à la beauté physique, mais c'est indéniable : cet homme possède un charme fou. Quelque chose d'attractif, de captivant, qui m'attire comme un aimant.

Je déteste fondre ainsi, ça ne me ressemble pas. Et lui, sur ses grands chevaux, qui se prend pour le plus bel étalon que la terre ait porté ! Quel con !

Et pourtant... Pourtant... ce que je ressens à cet instant est si grisant que j'en perds la tête. Jamais encore on ne m'avait courtisée de la sorte. De manière presque bestiale, obsédante.

Soudain, je réalise qu'il m'obsède.

Quand je reviens des toilettes, je dois avoir une mine de déterrée parce que Carrie se précipite sur moi.

– Que s'est-il passé ?

– Je lui ai flanqué mon genou dans l'estomac.

– Quoi ?

Elle me regarde comme si j'étais démente.

– Mais t'es complètement folle !

C'est bien ce que je pensais...

– Pourquoi t'as fait ça, Emma ? T'es vraiment incorrigible ! Un mec que tu kiffes se déplace spécialement pour te voir, et toi, tu lui laisses la jolie empreinte de ton genou dans le ventre ?

Elle me secoue comme un prunier, sans se préoccuper du bruit qu'elle fait. Daniel ne doit pas louper une miette de notre conversation, et je dois dire que ça ne m'enchante pas. J'essaie de la faire taire, mais voyant que c'est peine perdue, je prends mon sac et attrape Carrie par la main. Elle me suit dans le couloir sans s'arrêter de maugréer. J'en prends pour mon grade. Elle me tape tellement sur le système qu'après avoir appelé l'ascenseur, je me retourne et j'explose :

– Tu vas la fermer, à la fin ?

Elle se tait, alléluia.

Je me détourne avec rage et appuie de nouveau plusieurs fois sur le bouton d'appel. Putain qu'il est long ! Ah ! Enfin, le voilà. Carrie et moi nous engouffrons dedans, et j'appuie encore plusieurs fois sur le bouton du rez-de-chaussée. Alors que l'ascenseur commence sa descente, je trépigne d'un pied sur l'autre. J'inspire et j'expire profondément.

Et je réalise brusquement ce que je viens de faire.

À bout de nerfs, j'appuie sur le bouton d'arrêt d'urgence et l'ascenseur s'arrête. J'agrippe mes cheveux et tourne en rond. Carrie me regarde sans rien faire.

– Mais qu'est-ce que j'ai fait ? demandé-je soudain. Et le pire ? C'est que j'ai loupé ses couilles.

Là, elle éclate de rire. Comme je la contemple, outrée, elle se force au sérieux et m'attrape par les épaules :

– OK, calme-toi, ma chérie. Et raconte-moi tout ce qui s'est passé.

– Il n'y a pas grand-chose à dire, vraiment. Il était là, il m'a fait flipper, et sans que je comprenne ce que je faisais, mon genou est parti tout seul.

– Mais il ne t'a rien dit ?

– Si, bien sûr.

Et je me tais. Elle me regarde avec insistance, attendant que je lui révèle notre conversation. Mais je ne sais pas bien quoi dire. Elle insiste malgré tout et je finis par céder, en levant les yeux au ciel :

– Il m'a dit que je le rendais fou et que je lui appartiendrai.

– Alors, si j'ai un conseil à te donner : profite. Pour une fois qu'un mec te plaît, Emma, fais-moi une faveur : fonce. Fonce sans te poser de questions.

***

Je suis une conne.

Cette histoire m'a tellement chamboulée que je n'ai absolument pas été productive du reste de la journée. Et mon rendez-vous berlinois qui approche à grands pas…

Argh ! Je m'en mords les doigts.

Voyant qu'il ne sert à rien de persister, je décide de partir plus tôt, ce soir-là. Et pourtant, nos bureaux sont déjà à moitié vides.

Alors que je traverse le hall d'entrée pour rejoindre ma voiture, quelqu'un se lève et avance vers moi. Je m'arrête net.

Merde, il est encore là. N'allez pas me dire qu'il a patienté toute la journée ici, tout de même ! Il est complètement fou, ce mec !

Je reprends mon chemin et je passe devant lui sans lui adresser un regard. Quand j'arrive à proximité de la porte coulissante, je me précipite dehors. Tandis que je trottine en direction de ma voiture (mettez des talons aiguilles, tiens… quelle bonne idée !) je fouille dans mon sac à main.

– Emma !

Je l'entends qui m'appelle, et sa voix me fait flancher un bref instant. Mais je continue ma route.

– Emma, arrête-toi, s'il te plaît. J'aimerais qu'on discute, tous les deux.

– Il n'y a rien à dire, réponds-je.

Bien, Emma ! Ta voix n'a pas flanché. Tu as raison, sois ferme !

J'ai décidé que je devais absolument mettre fin à ce manège. Il me retourne tellement la tête que je n'arrive plus à faire mon boulot, et ça, je ne le tolère pas.

– Dis-moi Emma, continue-t-il sur un ton complètement différent. Est-ce que les gens savent, ici, ce que tu fais deux soirs par semaine ?

Je m'arrête net.

Est-il en train de faire ce que je crois ?

Le temps que je me détourne, il m'a rejointe et il se tient à moins de deux pas de moi.

– Qu'est-ce que ça veut dire ? demandé-je alors en fronçant les sourcils.

– Pas grand-chose. Je me demandais simplement si tes collègues étaient au courant de tes… occupations.

Je ne réponds rien, mais mon silence est éloquent. Il est évident que personne ne sait !

– Il serait dommage que ça vienne à se savoir, tu ne crois pas ? murmure-t-il.

Sa voix est mielleuse, mais elle crache du venin.

– Est-ce que c'est du chantage ?

Il hausse les épaules.

Il se croit où, lui, avec sa belle gueule et son regard sombre ? S'il croit que je cède aux menaces, il se fourre le doigt dans l'œil ! Sans réfléchir, je lui balance une droite dont il se souviendra.

Mais il intercepte mon geste et bloque fermement ma main. Je ne peux plus bouger.

– Un coup pour aujourd'hui, ma jolie, ça suffit, déclare-t-il dans un sourire.

Putain, que j'aimerais effacer ce sourire malicieux de son visage ! Sous ces quelques menaces à peine voilées, il me fait du charme. Que cherche-t-il, au juste ? Mon beau connard, tu crois peut-être que je suis comme tes autres conquêtes, mais tu ne sais pas à qui tu as affaire !

Je vais pour lui faucher les tibias de mon talon aiguille quand il m'imprime un mouvement rotatif en tirant sur mon bras prisonnier, si bien que je me retrouve déséquilibrée. Je serais tombée s'il ne m'avait pas emprisonnée complètement entre ses bras.

Je sens son corps contre mon dos, mais je ne peux plus bouger.

– Tout doux, murmure-t-il. On range les crocs.

– Tu es un être abject, grincé-je entre mes dents.

– Disons plutôt que je ne recule devant rien pour parvenir à mes fins.

– C'est ce que je dis, abject.

Il rit, le salaud. Non seulement il me tient, mais il trouve ça drôle en plus ? J'enrage en tentant de me libérer de son emprise.

– Dîne avec moi, ce soir.

– Jamais !

– Ah, je crois que tu n'as pas bien saisi les termes de notre marché. Si tu veux que tes activités restent cachées, dîne avec moi.

– Et si je refuse ?

– J'ai quelques vidéos plutôt compromettantes que tes collègues seraient sûrement heureux de découvrir.

Mais quel connard !

Il doit sentir que je bouillonne, parce qu'il enchaîne :

– Je ne te ferai aucun mal, Emma. Je veux juste dîner avec toi. Mais calme-toi, si tu veux que je te lâche.

J'acquiesce en silence, à contrecœur. Quand il me libère, je lui fais face comme une furie. Si mes yeux pouvaient lancer des éclairs, il serait foudroyé sur place.

– Je vais te dire ce qu'on va faire, continue-t-il sans se formaliser. Tu vas rentrer chez toi prendre une bonne douche et te détendre. Je passerai te chercher dans une heure. Fais-toi belle.

Il se fout de qui, lui ?

Il sort soudain de ses poches un calepin et un stylo qu'il me tend. Je les empoigne rageusement et je commence à écrire.

– Ce n'est pas la peine de me donner une fausse adresse et un mauvais numéro de téléphone, ajoute-t-il. Je sais où tu travailles.

Je redresse la tête, toujours aussi mauvaise. Il me fait un clin d'œil en souriant. En plus, il se croit malin.

Merde.

Je rature mes mots si fort que je fais un trou dans la feuille, puis j'écris mes vraies coordonnées, cette fois. Il éclate de rire.

Je lui jette presque son calepin et son stylo à la poitrine et je fais volte-face.

16

Je sors de la douche quand un numéro inconnu m'appelle. Je suppose que c'est lui. Je décroche :

– Je suis en bas.

Il est plutôt expéditif. Même pas un « bonjour » ni un « comment tu vas ? » Remarque, on s'est vus il y a moins d'une heure. Je décide de l'imiter :

– J'arrive.

Je lui raccroche au nez et retourne dans la salle de bains. Là, je prends le temps de me tartiner de crème. Puis je démêle mes cheveux humides que je ne fais pas sécher. Dans ma penderie, je récupère un jean bas de gamme, un tee-shirt aux manches courtes uni blanc et j'enfile une paire de baskets.

Si je me souviens bien, il n'a pas précisé dans quelle tenue il voulait me voir débarquer, non ? Il m'a juste dit de me faire belle, et pour cela, je n'ai pas besoin de grand-chose. L'avantage d'avoir été gâtée par la nature. Autant en profiter.

Je me trouve plutôt maligne sur ce coup-là. Je vais m'enfoncer dans mon canapé et je pose mes pieds sur la table basse, la banane aux lèvres. J'attrape la télécommande et je zappe de chaîne en chaîne pendant dix bonnes minutes.

Je sens au plus profond de moi que ce gars-là n'est pas méchant. Tout au plus un emmerdeur de première. Mais à bon emmerdeur,

emmerdeur et demi ! Et pour emmerder le monde, je suis plutôt douée. Demandez donc à la matrone ce qu'elle pense du fruit de ses entrailles…

Certains me taxeraient de tarée, je le sais, mais est-ce si absurde qu'une part de moi trouve cette situation plutôt amusante ? Faut bien admettre que si ce mec ne possédait pas d'enregistrements douteux de moi, je le trouverais presque sympathique…

Je laisse passer encore cinq minutes : je vais lui apprendre, moi, qu'on ne joue pas impunément avec Emma. Quand j'estime l'avoir fait poireauter assez longtemps, je sors enfin de chez moi.

Il est garé sur le bas-côté, juste devant la porte de mon immeuble. Je prends tout mon temps et me drape du masque de la rancœur, même s'il n'est pas totalement sincère. Mais j'ai décidé d'emmerder monsieur jusqu'au bout de la nuit, s'il le faut.

Il doit bien gagner sa vie, ce mec, parce qu'il est au volant d'une jolie Mercedes de flambeur, de celles qui roulent si vite qu'on se croirait dans un cercueil roulant. Je dois dire qu'elle est jolie, cette caisse. Un modèle coupé cabriolet tout à fait affriolant.

J'essaie de ne pas m'extasier sur la carrosserie et je m'installe sur le siège passager sans lui adresser le moindre regard. Je sens toutefois le sien sur moi et bientôt, il éclate de rire :

– Tu as fait quoi pendant une demi-heure ? J'imagine que ce n'est pas te pomponner qui t'a pris tout ce temps.

Je hausse les épaules avec désinvolture.

– Y avait un truc intéressant à la télé.

Il rit de plus belle.

Merde, on dirait bien que pour l'instant, j'ai tout faux. Au lieu de l'emmerder royal, je l'amuse…

Pendant qu'il conduit, je ne peux m'empêcher de le regarder. Je suis frappée par son sourire, qui étincelle dans la nuit. Une barbe de trois jours ombrage ses joues, et ses yeux pétillent. Il est carrément canon dans sa chemise crème. Elle souligne la forme de ses épaules et marque la naissance de ses pectoraux, si bien que mon esprit s'égare un bref instant.

– Quoi ? demande-t-il en me regardant. Tu m'admires ?

– Tu prends tes rêves pour des réalités, réponds-je du tac au tac.

Puis je reporte mon attention sur la route. Mais je ne peux m'empêcher de remarquer que mon impertinence lui plaît. Elle lui plaît même beaucoup trop.

Récapitulons : il m'a vue broyer les couilles d'un vieux pervers au club et allumer mon petit monde comme une pute, passe encore ; mais aujourd'hui, je lui ai carrément écrasé mon genou dans l'estomac, j'ai failli le tarter, et chaque fois que je l'ouvre, c'est pour lui cracher mon venin. Ou bien ce mec est maso, ou bien il a un grain.

Mais je dois avoir un grain également… Plus le temps passe, plus il m'est difficile de feindre la colère. Étrangement, je me sens à l'aise dans cette voiture, à côté d'un parfait étranger, qui plus est maître chanteur.

Bientôt, nous pénétrons dans le parking souterrain d'une petite résidence.

– Nous ne devions pas aller dîner ? demandé-je.

– Si. Mais tu n'es qu'une petite effrontée qui a fait l'impasse sur sa tenue. Alors j'improvise.

– Minute ! Nous avions convenu d'un dîner. Je ne veux rien faire d'autre avec toi.

– Ce n'est pas parce que nous n'allons pas au restaurant que nous ne dînerons pas.

– Et donc ? Tu veux dîner… où ?

– Chez moi.

Mon Dieu. Ne me dites pas que c'est dans son parking que nous nous garons… Non, non, ça ne peut pas être vers son appartement qu'il m'entraîne. Ce n'est pas possible. Lui et moi, dans la même pièce, seuls au monde… Comment je vais m'en sortir ?

Mon cœur s'affole soudain. Mais pas de peur. Non, bizarrement, c'est surtout l'appréhension qui me broie les entrailles. Jusqu'à présent, j'ai toujours plus ou moins réussi à garder la distance nécessaire entre l'inconnu et moi. J'ai peur que mon cerveau ne se fasse de nouveau la malle quand nous nous retrouverons seuls…

Putain Emma, à trop vouloir jouer, tu vas finir par te brûler les ailes !

Dans l'ascenseur, il appuie sur le bouton du quatrième étage. Les quelques secondes qui suivent, je retiens mon souffle sous son regard de braise, alors qu'un petit sourire narquois étire ses lèvres. Une fois sur le palier, il sort un trousseau de son pantalon noir et introduit une clé dans la serrure d'une des trois portes de l'étage. J'en profite pour regarder le nom inscrit sur la sonnette. Montant.

Bon, c'est déjà ça. Si ce mec est un tueur en série et qu'il a décidé d'abréger ma vie, je saurai qui venir pourrir jusqu'à la fin des temps.

Je parie qu'il doit avoir un prénom à coucher dehors, du style Albert. Ou Maurice. Marcel ? Je me poile à lui trouver les pires prénoms possibles, désuets et hors du temps, alors qu'il s'efface pour me laisser passer.

L'entrée est claire. Face à la porte, il y a un grand miroir, au-dessus d'une commode de bois, qui me renvoie mon reflet. Mes cheveux ont séché n'importe comment. Au moins, le maître mot, ce soir, c'est naturel !

Une longue étagère est accrochée au mur et court tout le long du couloir qui part sur la gauche. Il y a tout un tas de bibelots qui semblent venir des quatre coins du monde, des livres, des statuettes. Entre deux bouquins, il a coincé quelques enveloppes.

J'attrape la première.

Ethan Montant.

Bon, il n'a clairement pas un prénom ridicule… Il est même plutôt joli. Pour ne pas dire carrément canon. En fait, il lui colle parfaitement à la peau.

– Ethan, donc ?

Il suit mon regard, m'enlève l'enveloppe des mains et la remet à sa place.

– La politesse aurait été de se présenter, continué-je.

– La politesse aurait été de demander, me répond-il.

En même temps, il m'a prise de court. Et puis, on demande rarement au mec qui nous fait du chantage de nous raconter sa vie.

Et surtout, commence par la petite enfance !

Il y a quelques photographies dans le couloir, mais Ethan me guide si vite jusqu'au salon que je n'ai pas le temps de m'y attarder.

Le séjour est spacieux, lumineux et très simple. Un canapé de cuir, une table basse, un tapis persan gris clair, un téléviseur à écran plat pour le moins imposant et une grande table rectangulaire.

Peut-être un peu grand pour lui tout seul, non ?

Il ôte sa veste, retrousse ses manches et m'invite à me mettre à l'aise. Comme il enlève ses chaussures, je fais pareil, bien avant de me souvenir que mon job est de l'emmerder.

– Puisque tu as décidé d'être chiante jusqu'au bout de la nuit, tu vas m'aider à faire la cuisine.

– Ce n'était pas stipulé dans le contrat, réponds-je en croisant les bras sur ma poitrine.

– Le contrat a changé à l'instant où tu as décidé de n'en faire qu'à ta petite tête.

Vu qu'il le prend sur ce ton, je le suis dans la cuisine en bougonnant. Là, je fouille tous les placards comme si j'étais chez moi, j'attrape un paquet de nouilles instantanées que je jette sur le plan de travail.

– Voilà ! C'est prêt.

Il sourit et secoue son index.

–Tu ne vas pas t'en tirer à si bon compte.

Il se lave les mains et sort du frigo des légumes qu'il se met à éplucher. Pour lui montrer encore plus à quel point cette soirée m'ennuie, je grimpe sur le plateau et pose mon cul, comme une reine. Et je passe les dix minutes suivantes à le regarder faire sans l'aider. Je le gêne même un peu dans ses mouvements, histoire d'en rajouter une couche.

– Si je comprends bien, la cuisine n'est pas une de tes spécialités ? me demande-t-il enfin.

Quoi qu'il en soit, elle semble être une des siennes. La dextérité avec laquelle il découpe les légumes en rondelles m'épate. Une infime part de moi l'imagine découper en petits morceaux de jolies jeunes femmes avec la même virtuosité, mais cette image est si ridicule qu'elle m'arrache un sourire. Plus le temps passe, plus Ethan – puisque tel est son prénom – me paraît inoffensif. Juste un tantinet abusif.

Je ne réponds pas à sa question. Pour le coup, j'ai décidé de ne pas parler de moi. Non, mais oh ! Il croit quoi, lui ? Que je vais me livrer comme ça, après le numéro qu'il m'a fait ?

– Si tu voulais un rendez-vous, tu ne pouvais pas faire comme tout le monde ? Je sais pas, moi : m'offrir des fleurs, m'inviter à danser…

Je suis acerbe, encore une fois. On dirait que c'est plus fort que moi.

Il suspend son geste avant de plonger son regard dans le mien. Il est si intense que, pendant un bref instant, j'ai cessé de respirer.

– Ce n'est pas un rendez-vous que je veux.

Tout dans son regard, dans le timbre chaud et rauque de sa

voix, témoigne de ce désir sous-jacent que je tente désespérément d'occulter. Non, ce n'est pas d'un rendez-vous dont il a envie. Il me veut dans son lit.

Mais il peut toujours courir.

Il a posé son couteau et ses yeux plongent au plus profond des miens, comme toujours. Mon cœur s'affole tandis qu'Ethan laisse enfin courir son regard sur le reste de ma personne. Lentement, de la tête aux pieds. Puis il s'approche imperceptiblement de moi. Son regard est carrément érotique.

Ça me met dans tous mes états, mais je ne dois rien lui montrer. Aussi, je lève le mien au ciel, comme si j'étais exaspérée.

– Et puis, continue-t-il en s'arrêtant sur mes lèvres, il me semble qu'on a déjà dansé ensemble.

Quand je repense à cette soirée, au Libertin, j'en suis tout émoustillée.

– Tu parles d'une danse…

Il est maintenant tout près de moi, et il m'encadre de ses bras. Oh malheur… Ses yeux parcourent chaque centimètre carré de mon visage, ils s'attardent un peu trop sur ma bouche. Puis, son regard est attiré plus bas, vers ma poitrine. Mon cœur bat la chamade, mais je prie pour qu'il ne le remarque pas.

– Je pourrais te faire faire n'importe quoi, murmure-t-il en frôlant mon menton de ses doigts.

C'est vrai. Je n'avais pas encore réalisé qu'il pouvait exiger tout ce qu'il voulait. Et si son désir est bien visible, pour l'instant, il ne demande qu'un simple dîner. Ces vidéos qu'il a de moi sont carrément compromettantes, et je me maudis de l'avoir laissé faire, en dépit du plaisir jouissif qu'elles m'ont donné… Quelle stupidité !

Son visage est si près du mien maintenant que je sens son souffle sur mes lèvres. J'ai l'impression qu'il va m'embrasser, et comme une imbécile, je retiens ma respiration.

Putain, Emma, arrête tes conneries, envoie-le balader !

Au moment où ses lèvres se posent sur les miennes, je détourne le visage et il se prend ma joue :

– Mais tu ne serais pas aussi con, n'est-ce pas ? Faire du chantage pour un dîner est une chose. Le faire pour du sexe, une autre. Tu n'oserais pas descendre aussi bas !

Il plonge de nouveau son regard en moi, un regard sombre qui pétille d'une étrange lueur. Décidément ! Je n'arrive pas à savoir ce qu'il a en tête !

– Tu n'imagines même pas ce dont je suis capable pour t'avoir…

Cette simple phrase me fait frissonner, tout autant de plaisir que de peur. Une part infime de moi espère le découvrir très vite, tandis que l'autre me hurle de le faire taire. Il n'est qu'un mec arrogant.

– J'ai envie de toi, Emma. Tout de suite.

– Dans tes r…

– Mais je ferai en sorte que tu le veuilles aussi, me coupe-t-il. J'attendrai que tu ne puisses plus me résister.

– Je regrette, mais ça ne fait pas partie du plan.

– Ça pourrait le devenir.

– Hors de question.

Je le repousse sans ménagement et je saute du plan de travail.

– Ce fut un moment… fort agréable, merci ! m'exclamé-je, sarcastique. Maintenant, adieu !

Et je quitte la cuisine.

Il me suit dans le salon :

– Je regrette, mais ça non plus, ça ne fait pas partie de notre plan.

– Peut-être pas du tien, mais du mien, carrément.

– Emma, on va avoir un problème.

Mais merde, j'en ai marre !

Je me retourne d'un seul mouvement pour lui faire face :

– Qu'est-ce que tu veux, hein ? Moi ? Je suis là. Dîner ? Je suis venue ! Mais ça s'arrête là !

Je sens que ce chantage est bidon, qu'Ethan n'osera pas me faire le moindre mal. Il l'a dit lui-même : il me veut consentante, et jamais il n'obtiendra gain de cause en les diffusant. Mais c'est un parfait étranger, et je ne suis pas sûre d'être prête à courir le risque…

Il secoue la tête.

– Tu finiras dans mon lit, Emma. Je veux te voir nue. Je veux te voir jouir sous mes caresses. Je veux que tu hurles mon prénom, et que ce soit le seul qui hante toutes tes pensées. Je veux que tu m'appartiennes.

– Tu n'es qu'un sale pervers !

J'attrape mes baskets et je me rue dans l'entrée. Sans prendre la peine de refermer la porte derrière moi, je rejoins la cage d'escalier et je dévale les quatre étages à pied. Le sang bat si fort à mes tempes que je n'entends rien d'autre.

Je me retrouve rapidement pieds nus sur la chaussée. Merde, je ne sais pas où je suis. Je m'apprête à m'élancer au hasard quand on m'attrape par le poignet et qu'on me fait faire volte-face.

– Laisse-m…

Avant même de comprendre ce qui se passe, Ethan me coupe dans mon élan. Il m'a tirée violemment à lui et m'embrasse maintenant à pleine bouche. Ses lèvres sont douces et humides, et sa langue fourrage en moi.

Je perds totalement pied. Son baiser est tendre et impétueux ; il me fait fondre de désir. Encore un peu et je me jetterais bien à son cou. Sans m'en rendre compte, voilà que je me mets à l'embrasser à mon tour, avec envie, passion, comme jamais je n'ai embrassé un homme. Et il y répond avec ardeur.

Ça aurait pu durer toute la nuit que ça ne m'aurait pas dérangée. Mais un gémissement sorti du fond de mon ventre me fait reprendre pied dans la réalité.

Merde, je suis en train d'embrasser un connard de la pire espèce !

J'ouvre les yeux et le repousse vigoureusement, avant de fourrer mon poing dans sa magnifique gueule.

Oh mon Dieu !

Je ne réfléchis pas et je m'élance dans la nuit noire. Je traverse la rue, le laissant pantois sur le trottoir, et je me jette presque sous les roues des voitures. Je m'en fous. Au carrefour suivant, je trouve une borne de taxis, je m'engouffre dans l'un des véhicules et j'agresse pratiquement le chauffeur en lui donnant mon adresse. On part avant qu'Ethan m'ait rattrapée.

SOUFFLER
SUR LES BRAISES

17

Cette histoire va beaucoup trop loin…

Ethan en profite, le beau salop. Et c'est entièrement de ma faute. Jamais il n'aurait tant insisté si je ne l'avais pas allumé… Pour le repousser comme un malpropre.

Pourtant, je fulmine de rage dans le taxi qui me ramène à la maison. Je suis tellement en pétard que j'envoie un message à Vincent, sous le coup d'une impulsion :

[Les hommes sont tous des enculés.]

Sa réponse ne se fait pas attendre.

[Eh ben ça fait plaisir !]

Mais je suis trop énervée pour sourire de sa boutade. Je reçois bientôt un second message :

[Qu'est-ce qui s'est passé ma belle ?]

Par où commencer ? Je ne sais pas trop quoi dire. Et puis, pour l'instant, je souhaiterais garder cette histoire de chantage pour moi… Aussi, je lui réponds simplement :

[Je t'expliquerai.]

À peine mon message a-t-il été envoyé que j'en reçois un nouveau. Persuadée qu'il s'agit encore de mon ami, je l'ouvre sans faire attention.

Il n'y a qu'une vidéo qui s'enclenche automatiquement. Il fait très sombre, et la musique est assourdissante. Il y a une masse floue de corps. Et au centre, une jeune femme blonde, qui bouge son cul en rythme, les yeux fermés. Elle ondule de manière lascive, et parfois même carrément vulgaire.

Une vidéo de moi.

Merde.

Il est hors de question que cette vidéo finisse chez Holding. Je dois trouver une solution pour me dépêtrer de cette histoire.

J'ai beau me triturer les méninges, pour l'instant, je ne vois pas comment m'en sortir sans céder à tous ses caprices.

Le taxi me dépose enfin au pied de mon immeuble. Je paie la course et me rue dans ma cage d'escalier. Je n'ai plus qu'une hâte : m'enfermer chez moi, à l'abri. Là, je me débarrasse de mes chaussures, jette ma veste sur le dossier d'un fauteuil et sème mes vêtements en me rendant dans la salle de bains.

Le reflet que me renvoie le miroir ne me ressemble pas : mon visage est fermé, mes traits tirés et mes yeux froncés. Mon corps entier est encore tendu. Il faut vraiment que je me détende… J'attrape un élastique et noue mes cheveux en chignon, puis je m'asperge le visage d'eau fraîche. Ensuite, je rejoins ma chambre, fouille dans ma penderie, et en sors un short et un tee-shirt léger. Une fois vêtue, je rejoins le congélateur, sors une glace Macadamia Nut Brittle et allume la télé.

J'ai dû engouffrer la moitié du pot quand on sonne à la porte. Merde, pourvu que ce ne soit pas Vincent ! Sa bonne âme le perdra.

Exaspérée, j'ouvre la porte, prête à l'envoyer bouler.

Ethan se tient de l'autre côté du battant, la main sur le chambranle. Son visage est brusquement si près du mien qu'il me fait sursauter. Son regard est aussi fulminant que le mien pré-Macadamia. Sa mâchoire est crispée et j'ai l'impression qu'il va exploser. Même après lui avoir enfoncé mon genou dans l'estomac ou l'avoir claqué, il ne m'a jamais semblé aussi énervé.

Ça ne présage rien de bon.

La colère le rend magnifique. La noirceur de ses yeux se noie dans ses boucles brunes comme deux puits sans fond. Je tente de refermer la porte de mon appart' au nez d'Ethan, mais il la bloque de sa main, repousse le battant et me plaque contre le mur. Ses deux poings se referment autour de mes poignets, qu'il tient au-dessus de ma tête, et il plaque sa bouche contre la mienne, avant même de me laisser le temps de réagir. Son corps entier se presse contre moi, et je sens la ferveur de son désir contre mon ventre. Son baiser est fiévreux, il me fait tourner la tête, mais je sens en lui la colère qui se mêle à l'envie, et qui fait remonter mes propres démons.

J'ai l'impression d'être submergée par quelque chose que je ne contrôle plus. Ma tête s'est fait la malle, je n'ai plus ni la force ni l'envie de le repousser. Je me laisse ensevelir par la passion sauvage dont Ethan fait preuve, qui me brûle le ventre et fait remonter par vague celle que je tentais désespérément de taire. Je ne veux plus qu'une chose : lui.

Il s'éloigne de moi, mâchoires crispées, regard baissé. Les lèvres pincées, il inspire profondément, comme pour reprendre son souffle et calmer ses nerfs à vif. Mais cette distance qu'il instaure entre nous m'est brusquement insupportable.

Je réalise qu'il a lâché mes poignets uniquement lorsque je sens ses doigts dans mes cheveux, dont il enlève l'élastique. Avant même qu'ils ne cascadent autour de mon visage, je saisis Ethan par son blouson et l'attire. Je le veux. Ses lèvres, ses lèvres…

Je sens soudain quelque chose se briser en lui : cette espèce de réserve, qui l'obligeait à rester maître de lui-même, saute sous le farouche assaut de mes baisers. Sa bouche avide me fouille, son souffle rauque pulse au rythme de son cœur. Il agrippe mes cheveux, tire dessus, presse ma nuque. Son corps se colle au mien davantage, mais ce n'est toujours pas assez.

Bordel, ce mec fait naître en moi des milliers de sensations enivrantes, divines et jubilatoires. Quand ses doigts redescendent le long de mon flanc, c'est pour m'arracher des frissons. Ils se glissent sous mes fesses et, avant que je comprenne ce qui se passe, Ethan m'a soulevé. Je noue instinctivement mes jambes autour de sa taille.

Mon dos vient claquer violemment contre le mur, mais je m'en fous. La bouche d'Ethan a quitté mes lèvres et parcourt mon cou, m'arrachant des petits cris dont je ne me serais jamais crue capable. Elle redescend dangereusement vers ma poitrine, qu'il caresse par-dessus mes vêtements.

J'ai la tête qui tourne quand il revient à l'assaut de mes lèvres. Il me serre si fort contre lui que j'en perds presque mon souffle, alors que ses mains caressent mes cheveux, mon corps et que sa langue fourrage en moi.

Bordel, c'est si bon !

J'en veux tellement plus ! Je crois n'avoir jamais été aussi excitée de ma vie. Ce mec me fait totalement perdre les pédales !

Embrasse-moi encore, Ethan, embrasse-moi partout !

C'est presque une supplication que je garde silencieuse, incapable de prononcer le moindre mot.

Il s'écarte de quelques centimètres, le temps de reprendre son souffle. Il a la voix éraillée quand il murmure :

– Ne me repousse plus jamais, Emma. Je sais que tu me veux, toi aussi.

Oh oui ! Mais jamais je ne te l'avouerais. Quoique mon corps doit parler pour moi, car il répond positivement à la pression des hanches d'Ethan. Je sens les muscles de mon ventre se contracter, prêt à le recevoir. Et je suis si émoustillée par la profondeur de sa voix et ses paroles que je repars à l'assaut de ses lèvres.

Quand il me jette sur le canapé, je ne sais plus très bien où je suis tant j'ai du mal à réfléchir. Je réalise à peine que mon short et ma culotte gisent au sol, mais quand je sens Ethan s'infiltrer en moi, c'est comme une explosion. Une délivrance. Il me pilonne avec force, avec rage, et je m'agrippe à lui de toutes mes forces. Mes ongles s'enfoncent dans son dos et je crie à chaque fois qu'il revient à l'assaut.

Ce que je ressens est au-delà des mots, au-delà même de ce que j'ai déjà ressenti : ma tête tourne, je perds complètement pied. Le contrôle de la situation ne m'appartient plus du tout. Je crois qu'il ne m'a jamais appartenu. Ethan pourrait faire de moi ce qu'il désire que je ne l'en empêcherais pas. Je ne suis plus qu'une boule de désir, qui remonte par vague du plus profond de ma chair, un désir intense, décuplé par notre colère, par ce jeu auquel nous jouons depuis près de trois semaines.

Je m'abandonne totalement…

***

Quand Ethan est parti de chez moi, je n'avais pas encore bien réalisé ce que nous venions de faire. Je ne l'ai pas non plus réalisé en allant me coucher. Je me suis endormie presque immédiatement, et j'ai dormi comme un bébé jusqu'au réveil, le lendemain.

Et c'est là que l'information a fait son chemin jusqu'à mon cerveau.

Je me suis redressée d'un coup dans mon lit, complètement

sous le choc. Merde, j'ai couché hier avec Ethan. Ethan et moi avons fait l'amour, et c'était diablement bon. Ethan, que je déteste, Ethan que je n'arrête pas de repousser, a réussi à obtenir de moi ce qu'il voulait depuis le départ. Comme il l'avait prédit.

…

J'en reste pétrifiée.

Je sors du lit, irrémédiablement réveillée, et file sous la douche. *Merde, merde, merde* ! Je fais couler l'eau chaude et savonne rageusement mon corps, comme si ça pouvait faire disparaître les traces de son passage. Comment ai-je pu être aussi stupide pour le laisser faire ? Où était passée ma cervelle de moineau, hier, quand j'en avais besoin ? Mais quelle idiote j'ai été !

Je suis en pétard ! En pétard contre lui d'avoir réussi à me faire flancher, mais surtout contre moi d'avoir laissé un petit connard prétentieux me retourner la tête. La prochaine fois que je le vois, je lui fous mon pied dans les couilles, et cette fois-ci, je ne les louperai pas !

Mais soudain, je réalise : il n'y aura sans doute pas de prochaine fois. Ce qu'il voulait, c'était me mettre dans son lit. Et il y est parvenu. Enfin, plus ou moins, si on ne joue pas sur les mots.

Je sors de la douche rassérénée, et rejoins le séjour en sous-vêtements. L'emballage de capote qui traîne négligemment au sol me ramène irrémédiablement à la soirée de la veille. Bordel que c'était bon… Ethan a beau être un enfoiré de maître chanteur, y a pas à dire, il est doué.

Je ramasse l'objet du crime et l'emmène droit dans la poubelle de la cuisine. Puis je me fais couler un café, picore, me prépare et claque la porte de la maison, un énorme sourire aux lèvres.

Je me sens soulagée. Maintenant qu'Ethan a disparu de ma vie, je vais enfin pouvoir me reprendre en mains et arrêter de merder du tout au tout.

– Tu as l'air de bonne humeur ! ne peut s'empêcher de remarquer Carrie quand j'entre dans le bureau.

– Et comment ! je m'exclame, en pendant ma veste derrière la porte.

– Il s'est passé quelque chose d'intéressant hier ?

Je hausse les épaules en souriant toujours. À part que j'ai eu la meilleure partie de jambes en l'air de toute mon existence et que je peux enfin passer à autre chose, rien. Mais merci de le demander.

Pour la première fois de ma vie, je suis heureuse d'arriver après Daniel. Sa présence empêchera Carrie de me cuisiner avant l'heure du déjeuner.

Sanders nous fait venir dans son bureau quelques minutes seulement après mon arrivée. J'ai demandé à Carrie de vérifier son planning du week-end. Il part demain soir aux États-Unis, pour la clôture du contrat, et tout doit être en ordre.

J'avais moi-même pris les dispositions nécessaires pour son séjour, il y a déjà quelques semaines, mais elle a tout checké hier. Daniel assistera d'abord à un petit déjeuner d'affaires, en compagnie des Amerloques, avant de participer à un meeting. Le dimanche, ils se réuniront tous pour signer les derniers papiers et mettre un point final au projet, sur lequel nous travaillons depuis plus d'un an. C'est un grand moment pour Daniel, qui jouera les prolongations jusqu'au mercredi.

De mon côté, j'ai dû m'occuper de mes réservations pour Berlin, de la chambre d'hôtel aux rendez-vous avec les Chinois. Nous serons plusieurs représentants de firmes concurrentes, dès dimanche, et je ne veux rien laisser au hasard.

J'ai peaufiné mon speech, que je présenterai cette après-midi à Daniel. Mon dossier est prêt, j'ai toutes les cartes entre les mains. Je décolle dimanche matin à 8 heures. J'ai décidé d'écourter mon samedi soir.

Je suis très excitée de ce prochain départ. J'ai l'impression que les choses prennent enfin tournure à mon avantage. Si j'obtiens ce contrat, non seulement je ferai gagner des millions à Holding (certes, après lui en avoir fait perdre des milliers à l'achat…) mais j'aurai enfin une place garantie au soleil.

Et ça vaut tous les sacrifices.

18

Le vendredi midi, Vicky m'a filé rencard dans un restau du centre-ville. Je ne l'ai pas vue en tête à tête depuis un petit moment, et je suis heureuse de la serrer dans mes bras. Une fois à table, elle se met à parler de tout et de rien sans s'interrompre. Ça me fait du bien de voir un visage amical. Au détour d'une conversation, elle s'exclame :

– Tiens, au fait ! Jules a enfin une date pour son expo. Ce sera le 20 du mois prochain. Tenue de soirée obligatoire. Je te donnerai l'adresse quand je l'aurai.

– Ah…

J'avais presque oublié cette histoire d'expo de nus. Maintenant que la date est fixée à dans moins d'un mois, je suis soudain stressée.

– Il a promis de préserver mon intimité, hein ? je ne peux m'empêcher de demander.

– Oui, ne t'en fais pas ! me répond Vicky en éclatant de rire.

Puis elle sort une enveloppe et la pose sur la table :

– Tiens, il m'a fait un tirage du shooting. J'en ai fait faire un double pour toi.

J'attrape l'enveloppe et la range dans mon sac à main. Inutile de faire des vagues dans un restau huppé avec des photos hot ! Mais je suis curieuse, et je ne manquerai pas de les regarder à la première occasion.

Alors qu'on entame le dessert, je ne peux m'empêcher de demander :

– Est-ce que tout se passe bien avec Jules ?

– Oui, pourquoi ?

Parce que ton homme a tenté de me draguer. Est-ce que c'est une bonne raison ?

Ferme-la, Emma, ce n'est pas la peine de faire un esclandre pour une broutille.

– C'est courant que tu ne viennes pas lorsqu'il fait un shooting avec un autre modèle que toi ?

– Oui. Il m'a demandé au début de notre relation de ne pas interférer dans son travail. Je respecte ça. Après tout, il ne se pointe pas chez ma styliste quand je bosse !

– Et tu lui fais confiance ?

– Emma, c'est quoi ces insinuations ?

Elle me rabroue un peu…

– Eh bien disons que… J'étais persuadée que tu étais toujours présente. Mais imaginer Jules seul avec une autre femme nue, lors d'une séance photo, ça me laisse un peu perplexe.

– Il ne s'est rien passé avec toi, que je sache !

Non, c'est vrai, absolument rien…

– Non, tu as raison, je dis. La confiance, c'est important dans un couple. Ce n'est que mon scepticisme naturel.

– Alors, fais-le taire, je te prie.

– À vos ordres !

Elle sourit et nous mangeons notre dessert en silence. Alors qu'on attend l'addition, elle me demande soudain :

– Et alors, ce Vincent ? Tu ne m'as toujours rien dit…

– C'est parce qu'il n'y a rien à dire.

– Tu m'as quand même hurlé dessus ce fameux matin après ton réveil dans sa piaule !

C'est vrai. Et si c'était à refaire, je recommencerais.

– Disons qu'on est devenus amis, de fil en aiguille. Mais rien de plus.

– Comment tu peux être amie avec lui alors que vous avez baisé comme des lapins ! s'exclame-t-elle, incrédule.

– Eh bien, il se trouve qu'on a papoté, et que j'aime beaucoup sa conversation. Mais ça s'arrête là. Il ne m'intéresse pas du tout. Je ne me souviens même pas de cette fameuse nuit !

Je me garde bien de lui dire que cette première nuit a été suivie d'une deuxième, fort sympathique. Qui n'est rien en comparaison de ma dernière partie de jambes en l'air torride.

Il y a des choses qu'on ne doit pas forcément dire à sa meilleure amie, si vous voyez ce que je veux dire.

– Pourtant, il est mignon, continue-t-elle en souriant.

– Le genre rugbyman me branche pas des masses, en fait…

– Chacun ses goûts ! me répond-elle dans un clin d'œil.

Se pourrait-il que le rugbyman ait tapé dans l'œil de Vick ? Jules a du mouron à se faire !

***

Rien de mieux pour me flinguer mon aprèm que de recevoir un texto d'Ethan :

[RDV ce soir 19h, 18 avenue de la Liberté.
Tu me trouveras sur le toit. Toi et moi
on n'en a pas encore fini.]

Ragh ! Mais il veut quoi à la fin, ce mec ? Je croyais qu'il me laisserait enfin tranquille ! Il a eu ce qu'il voulait, merde ! Pourquoi insister ?

Je songe à le boycotter, ça lui fera les pieds. J'y pense en souriant quand je reçois un second message :

[Et je te conseille de venir. J'ai toujours
en ma possession des pièces à conviction ! ;)]

Fait chier. Il m'emmerde de plus en plus ce con. Parce qu'il est canon, il se croit tout permis. Ces vidéos commencent sincèrement à me courir sur le haricot. Pourquoi, bordel, pourquoi ai-je été assez stupide pour le laisser faire ? Même si je suis persuadée qu'Ethan n'aura jamais les couilles d'aller au terme de ce stupide chantage, je ne peux courir aucun risque... Si ces vidéos circulent chez Holding, je suis finie. J'en ai une foi de tous les diables.

Mais je refuse de laisser Ethan gagner la bataille... Va falloir que je lui remette les idées en place.

À 19 heures, je suis toujours au taf. Bah oui quoi, certains ont une vie ! Et avec mon prochain départ, je ne pouvais pas partir à la sauvette. Tant pis, il m'attendra. Si au moins je peux l'emmerder à mon tour, c'est déjà ça de pris.

À la demie, il m'appelle, alors que je suis dans ma cage d'escalier :

– Quoi ? j'aboie dans le téléphone.

Il éclate de rire, et son rire me file des putain de frissons.

– Tu n'essaierais pas de te défiler, par hasard ?

– Pas moyen, avec toi, je réponds. Tu marches au chantage, je te rappelle. Mais y en a qui ont une vie, et mon boulot passe avant toi, désolée de te l'apprendre.

– Tu penses être là dans combien de temps ?

J'en reste scotchée, si bien que j'ai un raté et je dérape sur une des marches, manquant de me casser la figure.

– Oh merde ! je peste en me rattrapant de justesse.

– Emma ?

Je ne lui réponds que lorsque je rejoins enfin le palier, saine et sauve :

– Tu t'es loupé d'un rien, Ethan. Encore un peu et tu avais ma mort sur la conscience.

– C'est trop d'honneur ! me lance-t-il.

En d'autres circonstances, il m'aurait fait rire. Mais je me retiens. Hors de question de lui faire cette joie.

– Je rêve où tu m'as demandé à quelle heure j'arrivais ? Je me serais attendue à autre chose de ta part, tout de même ! Tu me déçois beaucoup !

– Ah ? Et quoi ?

J'entends l'amusement dans sa voix alors qu'il attend une réponse, manifestement pour le moins intéressé.

– Je ne sais pas, moi, quelque chose du style « *Tu as intérêt à te pointer illico sur ce fichu toit ou je diffuse les vidéos* ».

J'essaie d'imiter sa voix, mais je crois que c'est raté.

– Désolé de te décevoir, ma belle.

La pointe d'humour perce toujours la sienne. Franchement, si ce mec n'était pas si détestable, j'aurais sûrement eu un coup de cœur. Heureusement, ce n'est pas le cas !

…

– Laisse-moi prendre une douche, je reprends.

Je suis sûre qu'il sourit. Je l'entends sourire. Merde. Avant qu'il ne dise quoi que ce soit, je lui raccroche au nez.

Il me faut trois quarts d'heure pour me préparer et le rejoindre. Cette fois-ci, je décide de faire un peu plus d'efforts, puisqu'il semble que mon manque de motivation lui plaise. Je me maquille légèrement mais mets des vêtements de ville. Quand je pousse enfin la porte du toit, une pointe d'excitation qui fuse dans mes veines, il est 20 h 15. Le vent me fouette le visage mais la nuit est plutôt douce.

Que va-t-il me réserver ce soir ? À chacune de nos rencontres, Ethan me surprend toujours davantage. J'ai l'impression d'être le pantin d'un marionnettiste qui jouerait des ficelles avec moi. Et pour la première fois de ma vie, perdre le contrôle me grise. M'envoûte totalement.

Mais jamais je ne le lui avouerai…

Dans un premier temps, je ne vois pas Ethan. Il se tient sur ma droite, les mains dans les poches, et contemple la rue en contrebas. Derrière lui, une table est dressée : il y a tout le toutim, nappe blanche, couverts, assiettes, plat sous cloche et même quelques bougies…

Il me fait soudain face, à l'instant même où j'éclate de rire. Littéralement. J'en ai tellement mal au ventre que je me retrouve pliée en deux.

– Emma ?

Comme je n'arrive pas à m'arrêter de rire, je lui fais signe d'attendre un instant, le temps de reprendre mon souffle. J'en pleure maintenant. Manquait plus que ça. Je respire un bon coup en m'essuyant les yeux.

– C'est quoi, ce plan ? je demande enfin.

Ma voix vibre encore et j'ai du mal à garder mon sérieux.

– Il me semble que tu me devais encore un dîner.

– Tu te la joues romantique, maintenant ?

Il sourit en haussant les épaules.

Si je pouvais lui élargir son sourire, je le ferais volontiers… Il est si craquant que ça en devient carrément injuste. Il a mis un polo à manche longue qui moule parfaitement son buste, sur un jean bleu foncé. Simple, mais très seyant. Ses cheveux sont toujours aussi mal peignés, mais c'est ce qui fait son charme. Son regard est noyé par la masse de ses boucles brunes. J'aime ce que je vois.

Mon imagination se met en branle et me ramène brusquement deux jours plus tôt, à cette fameuse soirée… Les images fusent dans mon esprit, et pour un peu, je sentirais presque encore son contact vigoureux et intrusif. Un contact qu'une part de moi espère toujours.

Malheur…

En le contemplant de plus près, je réalise qu'il a une petite ecchymose rouge sur la joue gauche. Là où il a pris mon poing en pleine face… Allez savoir pourquoi, la satisfaction réchauffe mon cœur et m'arrache un sourire.

– Je croyais qu'on en avait fini, toi et moi. Tu as obtenu ce que tu voulais, alors pourquoi ce numéro ?

– Oh, non ! On est loin d'en avoir fini.

– Mais qu'est-ce que tu veux, à la fin ?

– Je te l'ai dit… Toi.

Il a marqué une pause tout juste assez longtemps pour me faire frissonner de plaisir. J'ai la sensation que le chantage a peu à peu laissé place à un jeu de séduction auquel je résiste de plus en plus mal…

– Je veux que tu sois si folle de moi que tu n'aies plus que mon nom à la bouche, reprend-il, la voix rauque.

– À d'autres, Ethan, je m'étrangle. Ça n'arrivera jamais. Pas la peine de te fatiguer.

J'ai l'impression que mon assurance a foutu le camp. Ma voix chevrote légèrement, et j'espère qu'il ne s'en est pas rendu compte.

Il s'approche et ôte sa main de la poche de son jean :

– Tu n'as rien compris, Emma. C'est justement parce que tu me repousses autant que tu m'attires. Tu es un véritable défi pour moi. Dès l'instant où j'ai posé les yeux sur toi, au Libertin, je n'ai plus eu que ton visage en tête… Va savoir pourquoi, d'ailleurs. Tu es une véritable tigresse.

…

Comme je ne réponds pas, il s'avance encore d'un pas, réduisant encore l'espace qui nous sépare. Je sens presque son souffle sur ma joue quand il reprend :

– Quand vas-tu accepter l'idée que je te plais aussi ?

Je ris jaune en m'exclamant :

– Ça, jamais.

Il fait un pas vers moi. Je recule de même.

– Tu vois, Ethan, je n'aime pas les mecs imbus d'eux-mêmes.

Même si ce trop-plein d'assurance rend justement ce mec diablement sexy…

– Ah ? C'est ce que tu penses de moi ? s'exclame-t-il tout sourire.

– Carrément.

Il s'approche encore un peu.

– Attention, Ethan, j'ai un joli crochet du droit.

– Ça, merci, je l'avais remarqué.

Il sourit encore.

Merde, mais qu'est-ce que je dois faire pour lui faire perdre son calme ?

– J'ai l'impression que tu en redemandes… je murmure. Ta joue droite serait-elle en manque ? Je peux l'assortir à l'autre, s'il n'y a que ça pour te faire plaisir.

Il grimace, mais son visage n'a rien de méchant.

– Allez, assieds-toi avant que je m'énerve ! m'intime-t-il en rejoignant la table.

Je souris à mon tour en croisant les bras sur ma poitrine.

– Serait-ce des menaces ?

– Si peu.

Il me fait le sourire *white*, celui qu'il doit réserver à ses greluches, et ouah… Je dois dire qu'il est carrément à tomber. Sans vraiment le réaliser, je m'installe face à lui en m'exclamant :

– On ne t'a jamais dit que t'étais exaspérant ?

Je ne peux cacher l'humour qui fait vibrer ma voix. C'est à peine si je parviens déjà à masquer mon sourire.

– Si, tous les jours. Et toi ?

Il nous sert un verre de vin puis lève sa coupe pour trinquer. Je l'imite.

– Mais va pas croire que je t'apprécie !

– Jamais j'oserais…

J'avale mon verre d'un trait.

– Bon, juste un dîner et je rentre. J'ai un voyage d'affaires dimanche, j'ai encore beaucoup de choses à préparer avant de partir.

19

Ça me fait mal de l'avouer, mais la soirée se passe très bien. Encore un peu, et il se pourrait bien que j'en vienne à apprécier ce petit con. J'ai découvert qu'Ethan travaille en cuisine dans un restaurant trois-étoiles du centre-ville. Il est le second du grand chef, et il aime son boulot. Le repas de ce soir, par ailleurs délicieux, a été concocté par lui. J'en reste sur le cul. Bien sûr, nous mangeons froid, à cause de mon retard, mais qu'importe.

Durant tout le repas, je suis parvenue à lui faire parler exclusivement de son boulot, si bien que j'ai échappé aux questions embarrassantes. Mais je dois dire que j'apprécie de plus en plus sa compagnie, et j'en viens presque à oublier que je dois me lever tôt demain, et que j'ai encore une valise à préparer. En regardant l'heure, je m'affole :

– Je dois y aller.

– Pourquoi ne restes-tu pas ?

– Je t'ai dit que ça n'irait pas plus loin qu'un repas, Ethan. J'ai du boulot.

– Et si je ne veux pas que tu partes ?

– Tu vas faire quoi ? Me faire du chantage ?

– Peut-être bien…

À la moue qu'il fait, je comprends que ce sont des menaces en l'air. Je m'essuie la bouche dans une serviette immaculée et la jette sur la table avant de me redresser.

– Écoute, la soirée a été sympathique, ne va pas tout gâcher.

Il sourit et demande :

– Alors tu apprécies ma compagnie ?

Ragh, je retire ce que j'ai dit : je déteste ce mec.

Sans lui répondre, je tourne les talons et rejoins la porte du toit. Je l'entends juste s'exclamer, avant que j'en franchisse le seuil :

– Je ne laisserai pas tomber, Emma !

C'est bien ce qui me fait peur…

***

Carrie est en chasse depuis plusieurs heures maintenant. Son radar à beaux gosses me semble complètement bousillé, parce qu'elle ne danse qu'avec des loosers. Et quand elle laisse l'un d'eux lui rouler un patin, j'explose littéralement. Je fonds sur elle, l'arrache aux prises du gars, et l'entraîne jusqu'au bar. Je vire un mec assis sur un tabouret et force Carrie à poser son cul à sa place.

– Toi, tu bouges plus d'ici ! Interdiction de me ramener un énième inconnu sans conversation à la maison ! Une fois, ça m'a suffi.

– Mais…

Je la fais taire d'un regard et hèle Kév. Quand il nous rejoint enfin, je m'exclame :

– Surveille-la, je t'en prie ! Empêche-la de fourrer sa langue dans la bouche d'un inconnu, sauf si c'est un beau gosse gentil. Promis, je te revaudrai ça !

Carrie a déjà quelques coups dans l'aile, si bien qu'elle ne proteste pas vraiment. Certes, elle bougonne un peu, mais elle ne bouge pas de son tabouret.

– C'est quoi pour toi un beau gosse gentil ? me demande Kév, taquin.

Ça, c'est une bonne question… Sans vraiment réfléchir, je lui réponds :

– Un mec un peu comme toi. Autrement, à la benne ! Et fini les boissons alcoolisées !

– Ne t'inquiète pas, je gère.

– Merci !

Je me sens un peu soulagée en reprenant le chemin de la piste de danse. Mais en même temps un peu coupable de refourguer le paquet à mon collègue.

J'essaie d'oublier Carrie et ses déboires, mais ce n'est pas chose aisée. Elle me fait un peu de peine, à toujours courir après le grand amour. Derrière sa gaieté apparente, je sais que se cache une blessure à vif, une peur de l'abandon, de la solitude. Carrie est de ces personnes qui ne savent pas prendre soin d'eux.

Je zieute régulièrement dans sa direction pour m'assurer qu'elle ne s'est pas volatilisée, si bien que j'ai du mal à me concentrer. Voilà pourquoi je me laisse surprendre quand deux bras m'enserrent la taille, et que quelqu'un se colle à mon dos.

Je sursaute presque et me détourne, le regard incendiaire, prête à foutre mon poing dans la gueule de l'imbécile qui a osé… Ma colère retombe immédiatement face au sourire enjôleur d'Ethan. Mon cœur s'affole et me fait savoir qu'il frétille de la queue rien que de le voir ce soir.

Sale traître !

J'ai besoin de me rabrouer mentalement pour tenter d'apaiser l'incendie qu'Ethan a allumé. Pourquoi fait-il naître des sentiments si contradictoires en moi ?

– Emma, tu es tellement sexy… murmure-t-il en parcourant mon corps de la tête aux pieds.

C'est sûr, petit con, ça, ça va m'aider ! Car même si sa voix s'est pratiquement noyée dans la sono qui crache des décibels de musique, j'ai parfaitement perçu ses paroles. Elles sont là, qui flottent entre nous, et il me faut plusieurs secondes pour me rappeler que je suis censée l'envoyer paître.

– Qu'est-ce que tu fous là ? je souffle, toujours étonnée.

Génial.

Non mais sérieux, Emma ? Au lieu de l'envoyer griller en enfer, tu lui réponds d'une voix de crécelle ? C'est ça, t'as raison, montre-lui que tu es chamboulée par sa présence !

– Écoute Emma…

J'attends une suite qui semble ne pas vouloir sortir. Son regard doux, chaleureux, est teinté d'une pointe d'émotion que je ne lui ai jamais vue. Quelque chose qui assombri légèrement ses traits et le rend presque vulnérable. Mais très vite, il se reprend et avance, assez fort pour que je puisse l'entendre, mais dans un souffle si fluet qu'on croirait un murmure :

– Après la tournure de notre dîner, j'avais envie de te voir. Histoire de rattraper mes erreurs…

Je rêve où notre mâle Alpha est venu s'excuser ? Ça me choque tellement qu'il me faut quelques secondes pour lui répondre :

– Mais je bosse, vois-tu.

– Et alors ? Considère que je ne suis qu'un simple client, ce soir.

Bien sûr… Un simple client, avec lequel j'ai déjà couché, et qui a le pouvoir de me faire plier l'échine à son bon vouloir à cause d'un foutu chantage.

…

Et force est de constater que son attraction sur moi dépasse largement les cadres établis au début de ce deal foireux. Ethan me plaît. Ethan me plaît beaucoup trop, et je ne sais plus comment lutter contre ça…

Je déteste ce qu'il fait naître en moi !

Mon corps dit merde à ma tête ; me voilà en train de lui ouvrir les bras. Ethan ne se fait pas prier pour glisser ses mains sur ma taille, et, très discrètement, le bout de ses doigts vient se frayer un passage à la lisière de mon top, sur ma peau nue.

Et comme une conne, je le laisse faire.

Si la musique est rapide, je ne la remarque plus. Je laisse simplement Ethan me guider, à son propre rythme, sur un tempo lent et langoureux. Il imprime à mon corps des gestes sensuels, tandis que ses hanches contre les miennes bougent lentement. J'ai l'impression que nos corps fusionnent presque, fondus l'un dans l'autre. Les yeux d'Ethan sont plongés dans les miens, ils fouillent au plus profond de mon être, et je réalise brusquement qu'il pourrait bien faire de moi ce qu'il désire, honnêtement, je n'en aurais plus rien à faire.

Ce soir, je ne suis qu'une femme lambda qui danse avec un homme capable de faire fondre la calotte glaciaire, s'il le voulait. Ce soir, il n'y a que la pression de ses mains dans mon dos qui comptent, celle de son bassin contre le mien, et ce feu qui commence lentement à tout ravager en moi.

Son odeur m'enivre littéralement, un mélange musqué de parfum et de sa propre odeur ; je perds irrémédiablement pied. Dans ses yeux, le désir devient si intense qu'il semble soudain capable de me dévorer tout entière. Je ne crois pas en mener bien large non plus ; ma tête tourne et mon cœur tambourine avec force dans ma cage thoracique. Et j'aurais beau vouloir me rabrouer qu'il est trop tard : j'ai atteint le point de non-retour…

Je ne sais pas trop combien de temps nous dansons ainsi, fondu l'un dans l'autre, à ondoyer à contre-tempo, mais j'ai l'impression que ça dure des heures. Et je voudrais que jamais ça ne s'arrête.

Ethan laisse courir ses doigts partout sur moi, de manière sensuelle, langoureuse. Ses mains sur mes joues me semblent avides tandis qu'il hume mon parfum, ses lèvres si près des miennes qu'elles en deviennent tortionnaires. Il fait monter crescendo la passion dans mes veines, qui menace d'exploser à tout instant.

– Emma, tu me rends fou... articule-t-il silencieusement.

Je n'entends rien d'autre que mon cœur qui tambourine à mes oreilles ; la salle, les gens, tout a disparu autour de moi. Il ne reste que cet homme qui me fait littéralement perdre les pédales. Lui et moi, dans mon univers étriqué. Lui que je déteste, lui qui fait fondre mon cœur et battre le sang à mes tempes. Lui qui me liquéfie sur place.

Ethan aurait pu dire n'importe quoi, en définitive, parce que mon cerveau n'analyse plus clairement la situation. Il lui prête sûrement des mots, des actes, à l'opposé de ce que je perçois, comme si chacun de mes désirs modulait la réalité.

Pourtant, quand Ethan rompt le contact, j'ai le sentiment qu'il est à la limite de la rupture, lui aussi. Sans un mot, sa main brûlante se cramponne à la mienne et il m'entraîne à sa suite. Nous fendons la foule compacte et rejoignons le seul couloir du club, celui qui mène aux toilettes, où la musique est déjà un peu moins forte. Nous dépassons la foule qui s'entasse devant la porte des sanitaires et bifurquons au bout du couloir, dans une impasse. À l'autre extrémité, les clopeurs vont et viennent dans l'arrière-cour enfumée, mais ni Ethan ni moi ne les remarquons.

Là, dans ce corridor exigu, il me plaque contre un mur. Ses mains s'agrippent à mon visage, à mes cheveux, tandis qu'il se presse tout entier contre moi et part à l'assaut de mes lèvres. La chaleur de ses gestes me fait littéralement perdre le peu de jugeote qu'il aurait pu me rester et je suis définitivement foutue. La situation m'échappe totalement, mais en ai-je déjà eu le contrôle ?

Là, debout dans ce couloir lugubre, légèrement masqué par les ombres clignotantes d'une ampoule en fin de vie, Ethan et moi faisons l'amour passionnément, avec une fougue nouvelle dont jamais je ne me serais crue capable. Je m'accroche à lui, désespérée, comme si ma vie en dépendait. Mon corps en partie caché par le sien, nous laissons la passion tout dévaster, au mépris total du brouhaha ambiant. Ce soir, je ne lui ai opposé aucune résistance, et franchement, je m'en fous totalement. Car en cet instant, il n'existe plus que nos deux corps pressés l'un contre l'autre, ravagés par le désir, et qui laissent s'exprimer leurs plus bas instincts.

Ce soir, il n'y a plus qu'un homme et une femme qui se laissent dévorer par une passion destructrice.

20

J'atterris à Berlin à 9 h 40. Mon bagage ayant été en cabine avec moi, j'ai simplement à trouver un taxi et à rejoindre mon hôtel. J'y arrive une petite heure plus tard. Je dois dire que je suis super excitée. Mon rendez-vous avec les Chinois est à 17 heures. Avant ça, j'ai prévu de faire un dernier point dans ma chambre, et si possible, de me reposer un peu, d'autant plus que la nuit a été courte.

Ma chambre est jolie, spacieuse et moderne. La salle de bains est plutôt grande aussi : tout en granite clair, elle est munie d'une douche spa grand luxe, d'un lavabo surmonté d'un grand miroir et d'un W-C. Je bénéficie aussi d'un lit double dans lequel j'ai déjà envie de me lover. Les draps sentent le propre, ils sont soyeux et doux au toucher. Je me jette dessus comme une gamine et ris aux éclats. Merde, si Daniel était présent, il me rabrouerait sans aucun doute.

C'est génial de voyager en affaires… Si la vie de patron ressemble à ça, je signe illico.

Je laisse mes affaires dans la chambre et me rends au restaurant de l'hôtel, dans lequel je suis très bien accueillie. Je n'ai jamais parlé allemand, aussi, je discute avec le personnel en anglais. Leur accent est si prononcé que j'ai du mal à les comprendre, mais qu'importe.

Je monte un plateau-repas sur lequel quelques viennoiseries et un café serré me remettent d'aplomb pour travailler. Quand j'ai pour la énième fois refait le tour de l'entretien qui se profile, je m'octroie une petite sieste.

Après le déjeuner, je décide de m'offrir un petit luxe : je prends rendez-vous pour une séance de massage dans le spa de l'hôtel. À mes frais, bien entendu. Je n'ai pas spécialement envie que Daniel découvre les extras sur la note.

À l'accueil du spa, on me donne un peignoir blanc ainsi qu'un numéro de casier. Dans les vestiaires, je me change, enfile le string en coton que j'ai trouvé dans le peignoir, puis me drape dans ce dernier, avant d'aller ranger mes affaires dans le casier qu'on m'a attribué. Dans la grande salle d'attente, quelques personnes, hommes et femmes, sont déjà en train d'attendre, un magazine entre les mains. Je m'installe et attends mon tour.

Quelques minutes plus tard, une femme avec un fort accent allemand prononce mon nom. Je me lève et la suis dans une cabine. Elle m'ôte mon peignoir, l'accroche derrière la porte et me fait m'allonger sur une table de massage. Puis elle s'en va.

D'accord. A priori, ce n'est pas elle qui s'occupera de moi…

Je suis là, comme une conne, à attendre que quelqu'un vienne, n'importe qui. Je me tourne les pouces sans trop savoir ce que je fais vraiment là, les seins à l'air. La pièce est plutôt petite, et elle sent fort les produits de beauté. Deux bougies sont allumées pas très loin de ma tête. Je contemple le plafond. Ah, tiens, une tache d'humidité. Faudrait peut-être le leur signaler.

Je crois attendre depuis super longtemps quand on pousse enfin la porte de ma cabine. Ah, bien ! C'est enfin mon tour. Heureusement, parce que je n'aimerais pas louper mon rendez-vous pro.

– *Hello* !

Je redresse précipitamment la tête en entendant cette voix grave. Un jeune homme me sourit sur le pas de la porte. Il porte un jogging et un marcel blancs. Il s'approche de moi, et, tandis qu'il se lave les mains, s'exclame dans un anglais parfait :

– Je m'appelle Adam. Je serai votre masseur.

J'avale ma salive de travers. D'accord, d'accord, un jeune homme tout à fait charmant avec un accent anglais à couper au couteau se tient devant moi, alors que j'ai le cul et les seins à l'air. Et moi, pauvre sotte, je ne sais plus où me mettre.

Mais merde, Emma, reprends-toi ! Ce n'est qu'un professionnel. Pas la peine de rougir comme une prude !

– Prête ? continue-t-il dans la même langue.

Il n'empêche qu'il est carrément séduisant. J'en ferais bien mon quatre-heures. Je hoche la tête, des images pas très catholiques en tête. Je souris à mon songe érotique, mais, oh mon Dieu ! quand il pose ses mains sur moi, je reviens à la réalité. C'est juste incroyable. Il a les mains douces et assurées du professionnel. Il appuie juste ce qu'il faut sur mes muscles tendus, et ça me fait un bien fou. Je m'oublie totalement durant son massage.

Je jurerais qu'il y prend autant de plaisir que moi, et cette idée me fait sourire. Son pantalon est étrangement tendu. J'y mettrais bien la main pour aller vérifier, malgré son jeune âge. Je ne lui donnerais pas plus de 22 ans.

La séance touche à son terme beaucoup trop vite. Il m'aide à me relever, après avoir touché chaque centimètre carré de mon corps, et m'apporte mon peignoir. Dans un immense sourire, je m'exclame à mon tour en anglais :

– Merci beaucoup, en insistant bien comme il faut sur le beaucoup.

En m'aidant à me rhabiller, il me frôle la main un chouïa trop longtemps. Je sais reconnaître des signes de désirs quand j'en vois, surtout avec le boulot que je fais, et je mettrais ma main au feu que cet Adam n'est pas indifférent à mes charmes. Faut dire qu'il ne lui reste quasiment plus rien à découvrir de moi...

Il me raccompagne dans le couloir, et je chavire presque quand il me salue une dernière fois. Je le regarde s'éloigner pour rejoindre sa prochaine victime, et mon imagination s'emballe une nouvelle fois.

Alors que je sors mes affaires de mon casier, je découvre un message sur mon téléphone. Quand je reconnais le numéro d'Ethan, je ne peux m'empêcher de sourire. *Merde, merde, non, Emma*. Aussitôt, je lève les yeux au ciel et feins d'en avoir marre.

[Alors, comment se passe ce RDV pro ?
Est-ce que tu penses à moi ? Tu hantes
mes pensées ça me rend dingue ! J'arrive
pas à occulter la soirée d'hier. Putain Emma
j'en bande encore. J'ai tellement envie de toi !]

Mais quel charmant garçon ! Allez savoir pourquoi, je vois immédiatement rouge. Peut-être parce qu'il me rappelle ma faiblesse de la veille. Jamais ça n'aurait dû se produire. Et même si c'était une sacrée baise au goût de passion, je ne supporte pas l'idée d'avoir été si peu maîtresse de mon corps.

Mais peut-être est-ce également parce que j'aime l'emmerder, et que mon esprit de contradiction me pousse à lui rentrer dans le lard.

Je pense à tout ça quand je lui réponds :

[Mon RDV n'est que dans quelques heures.
En attendant, non, je ne pense pas à toi.
Pour tout te dire, je viens de me faire masser

par un fabuleux Berlinois, et il m'attend pour
la plus belle partie de jambes en l'air de ma vie.
Alors à bientôt. Ou pas.]

Tiens, prends-toi ça dans les dents. J'espère que ce message te fera les pieds ! Je me crois hyper maligne, mais sa réponse, qui ne se fait pas attendre, me désarçonne totalement :

[Prouve-le-moi.]

C'est clair, concis, et fichtrement déconcertant.

[Tu veux quoi ? Une photo ?]

Je lui demande, sarcastique. Mais il semblerait qu'il ne le prenne pas sur ce ton-là.

[Oui]

Il essaie de me piéger, je le vois bien. Et il se pourrait bien qu'il y parvienne… Merde, comment je vais me sortir de là ?

Je récupère toutes mes affaires et rejoins l'hôtesse d'accueil.

– Excusez-moi, je m'exclame dans un anglais peu assuré. Je suis vraiment, vraiment désolée, mais je crois que j'ai perdu mon collier. Il est vraiment très important pour moi.

Je feins les larmes, et l'hôtesse ne sait plus où se mettre.

– Allons madame, calmez-vous. Qui vous a massé ?

– Hum…

Je réfléchis, puis m'exclame, comme si je m'en souvenais brusquement :

– Adam ! Oui, je crois que c'est son nom.

Elle me fait un signe de tête et m'invite à la suivre dans le couloir. Arrivées devant la cabine où je me suis fait masser, elle entre sans frapper. Adam n'est plus là.

Nous cherchons un collier qui n'existe pas puis la pauvre secrétaire me regarde, l'air navré :

– Je suis vraiment désolée.

– Peut-être qu'Adam l'a récupéré par inadvertance ?

– Peut-être. Normalement, Adam doit être en pause déjeuner. Mais je peux aller voir dans les vestiaires du personnel, si vous voulez.

– Laissez. Je vais essayer de le trouver. Merci.

La pauvre, j'ai dû lui retourner le cerveau. C'est bien ma veine. Adam parti, comment vais-je pouvoir prouver à Ethan que je m'amuse bien sans lui ?

Je rejoins les vestiaires. Je vais pour me changer lorsque je vois une porte, dans le fond du couloir, avec écrit « *Staff only* ». Avec un peu de chance, Adam doit encore y être. S'il est sorti déjeuner, il s'est sûrement changé.

Ni une ni deux, me voilà à violer l'interdiction : j'entre furtivement. Je suis dans un long couloir blanc. J'entends l'eau qui coule. On dirait des douches. Je longe le couloir sur la pointe des pieds. Au bout, je me penche en avant pour regarder de l'autre côté du mur : j'ai l'impression d'être dans les vestiaires du personnel. Sur la droite, de nombreux casiers et, au milieu, des bancs ; à gauche, des douches communes et quelques cabines.

Une femme me passe devant. Je me redresse précipitamment et fais comme si de rien n'était. Mais elle ne semble pas me prêter attention. Je continue mon chemin, mais quand elle a disparu, je reviens sur mes pas.

Sous une des douches, il y a un jeune homme quasiment nu qui se rince les cheveux. Il porte un maillot de bain et, ma foi, il est à croquer. Quand il se retourne, je réalise que c'est Adam.

Miam… Il est foutrement bien bâti, pour quelqu'un d'aussi jeune ! Des épaules larges, des tablettes de chocolat à se damner, et ne parlons pas de ses pectoraux. Il a le ventre ferme, et des cuisses d'athlète. Et je donnerais n'importe quoi pour lui ôter son maillot !

Oh. Mon. Dieu. On dirait que j'ai été exaucée. Le voilà qui retire de lui-même son slip de bain. Je savais que les Allemands n'étaient pas pudiques, mais je n'aurais jamais imaginé à quel point ! Le voilà qui se lave le sexe, et j'en ai des bouffées de chaleur.

Je reste fixée quelques secondes, la bouche sèche, à crever d'envie de lui prêter mes mains, avant de me souvenir de la raison de ma présence. Sans réfléchir, je saisis mon téléphone et prends une photo de lui. Je m'arrange pour qu'on réalise qu'il est nu, sans pour autant montrer tout son attirail à mon connard de maître chanteur.

À l'instant où chose est faite, une jeune femme aussi blonde que les blés et super bien roulée passe du vestiaire à la douche, tout aussi nue que l'est Adam… Mais qu'est-ce qu'ils ont avec la pudeur, ici ? Je m'éloigne précipitamment avant qu'elle ne se pose des questions. Mais quand je l'entends rire, ce son cristallin pique ma curiosité.

Je reviens de nouveau sur mes pas et j'ai juste le temps de la voir attirer Adam dans une cabine de douche privée.

Ils ont au moins la décence de faire ça en toute intimité !

N'empêche, je me serais bien jointe à eux, parce que je suis trempée et j'ai le ventre noué.

Je sors précipitamment de là, rejoins les vestiaires et me change.

Assise sur le banc, j'envoie un message à Ethan, auquel je joins la photo :

[C’était hot !! =D Une vraie bête de sexe,
sauvage et tendre. J’en suis encore
tout émoustillée. La douche s’impose !]

Satisfaite, je sors de là et rejoins ma chambre d’hôtel.

21

Mon rendez-vous avec les Chinois pour le dossier Bohman s'est passé comme sur des roulettes. Nous nous sommes réunis dans une petite salle de conférences, au sous-sol, et, au terme de plusieurs heures, nous nous sommes enfin mis d'accord. Holding prendrait en charge soixante-dix pour cent du financement de l'entreprise, en contrepartie de quoi Daniel Sanders deviendrait le P-DG. Je pense que les offres de nos concurrents doivent être tout aussi alléchantes, mais de ce que j'ai pu comprendre, Holding Corporation reste leur premier choix.

Je sais que traiter avec une femme, qui plus est l'assistante du patron, n'a pas forcément été du goût de tous, du coup, j'ai tenté de rester ferme et professionnelle, pour qu'ils ne doutent pas un seul instant de mes capacités. J'imagine qu'ils auraient préféré avoir un entretien avec Sanders en personne, mais ils ont dû se contenter de moi.

J'espère qu'ils ne changeront pas d'avis !

Je leur ai laissé un exemplaire du contrat, et ils doivent me recontacter en milieu de semaine prochaine, après avoir rencontré les trois autres firmes qui se bataillent le projet.

Après leur départ, j'avais besoin de décompresser, du coup, je suis allée faire quelques longueurs à la piscine de l'hôtel, puis j'ai filé au restaurant, le ventre creux.

De retour dans ma chambre, j'allume la télévision et je zappe sur une chaîne allemande. Je n'y comprends strictement rien, mais ça me tient compagnie. Après quelques minutes, je ne peux pas m'empêcher de regarder si Ethan m'a envoyé un message. Mais rien.

Je n'avouerais jamais que son absence me pèse. Même sous la torture.

Je décide d'aller prendre une douche. Ça me changera peut-être les idées. J'en ai marre de penser à lui. Je fais couler l'eau et plonge mon visage sous le jet. Les yeux fermés, je repense à Adam, nu comme un ver, dans les douches communes du personnel. Il était si appétissant ! Je revois ses mains qui parcourent son corps et j'en suis tout émoustillée. C'était si érotique ! Mes cuisses tremblent et mon ventre se contracte au souvenir de son sexe nu.

J'ai terriblement envie de m'envoyer en l'air, là, maintenant. Tout ça à cause de ce con d'Adam. Je ne peux pas m'empêcher de glisser les mains sur mon corps, en imaginant qu'elles sont à ce jeune Berlinois. Mes pensées s'égarent tout autant que mes doigts et, les yeux fermés, je commence à me soulager.

Mais ce sont finalement les gestes, les actes et les baisers torrides d'une autre personne qui parviennent à m'arracher la délivrance.

***

Quand j'atterris à Paris en fin de matinée, je suis juste déçue d'avoir dû quitter l'hôtel. J'étais bien là-bas, dans une petite bulle en dehors de la réalité.

Je prends le chemin de la douane un peu à reculons. Je reprendrais bien l'avion pour Berlin, moi. Je passe les portes du débarquement et m'engage en direction du parking pour choper un taxi. Mais à peine ai-je fait quelques pas dans le terminal à moitié vide que je tombe des nues : Ethan m'attend, les mains plongées dans les poches de son jean. Il m'a repéré bien avant que je ne l'aperçoive, et les yeux qu'il pose sur moi sont infiniment sombres.

Je ne fais plus un geste. L'étonnement m'a coupé les jambes et j'ai l'impression que ma cervelle est brusquement vide. Les bras ballants, je ne sais plus quoi faire alors qu'il s'approche de moi, le visage crispé. Il est énervé, et l'orage qui sous-tend ses traits ne présage rien de bon.

Quand il arrive à mon niveau, il saisit la poignée de ma valise et fait demi-tour. Je le suis bêtement, sans parvenir à arrêter mes pieds.

Une fois au parking, nous rejoignons sa voiture dans le coffre de laquelle il range ma valise. *Merde, tu ne peux pas rester là, Emma. Va-t'en !* Je me mords les ongles sans savoir quoi faire. Puis je décide d'écouter cette petite voix de ma conscience qui me dit de prendre mes jambes à mon cou. Je m'éloigne.

J'ai à peine fait quelques mètres quand je réalise que mes dossiers sont dans cette foutue valise. Je ne peux pas partir sans. Je reviens donc sur mes pas, incapable de me décider. Ethan me contemple, l'avant-bras posé sur le capot.

– Emma, monte dans cette voiture.

Son ton est ferme et il m'inquiète un peu. Jamais encore je ne l'ai vu si énervé. Pas même la première fois qu'il m'a rejoint à la maison. J'ai l'impression qu'il a cessé de jouer… Mes jambes grimpent d'elles-mêmes à bord et me voilà installée sur le siège passager.

Le trajet s'effectue dans un profond silence. Je ne sais pas où Ethan m'emmène, et à vrai dire, je m'en moque éperdument. Il a la mâchoire crispée, et pas une seule fois je le vois desserrer les dents. Ses jointures ont blanchi autour du volant tant il serre fort.

L'évidence me frappe soudain : serait-il jaloux ?

Dans mon dernier message, je lui montrais le corps magnifiquement bien sculpté d'un autre homme. Son ego a dû en prendre un sacré coup. Allez savoir pourquoi, cette certitude me fait sourire de satisfaction. J'ai l'impression que les rôles s'inversent enfin : je sens tout le pouvoir que je peux avoir sur lui. Et c'est jouissif.

Au bout d'une bonne demi-heure, nous franchissons le portail qui mène à son parking. Ethan descend de voiture et verrouille les portières avant qu'on ait récupéré ma valise. Je suppose que c'est son moyen de pression pour s'assurer que je ne mettrais pas les voiles comme la dernière fois.

Il est toujours aussi silencieux quand on pénètre dans son appartement. Je suis à nouveau soucieuse. Brusquement, j'ai peur d'avoir dépassé les bornes. Je n'aime pas son silence. Je n'aime pas sa mine morne. J'ai envie de revoir l'espièglerie dans son regard, cette pointe de malice qui me met hors de moi. Je veux ce sourire en coin qui m'agace tant, et entendre une de ses répliques cinglantes.

Je veux Ethan. Je veux cet Ethan qui s'est imposé à moi et qui jure de me faire craquer.

Je veux cet Ethan qui me manque soudain énormément...

Dans le salon, il ôte sa veste et la jette sur le dossier du fauteuil. Ses gestes sont nerveux, et il cache de plus en plus mal la colère qui sous-tend ses muscles. Quand il me fait face, sa mâchoire est crispée, son regard infiniment sombre. Je le contemple avec envie. Son tee-shirt noir, pourtant des plus simples, souligne à la perfection les formes de son torse, et mon esprit divague fatalement.

Quand Ethan plonge de nouveau son regard dans le mien – un regard de braise, assombri par sa colère mais profondément beau – je me sens extrêmement mal. Il est énervé, et même si c'est à raison, ça m'insupporte. Pourquoi les choses prennent-elles cette tournure ? Gênée, je détourne les yeux, incapable de soutenir le poids de son accusation muette. Je fouille la pièce du regard, fuyant littéralement sa présence.

Il me faut quelques secondes pour réaliser que, sur l'écran de la télé, dont le son est coupé, une image un peu floue est figée sur une femme blonde en train de se déhancher. Une femme blonde qui me ressemble étrangement.

À l'époque où ce film a été fait, je dansais volontairement pour lui. Je voulais l'aguicher, et je l'imaginais se masturber en matant ces images. Aujourd'hui, je regrette un peu ça. Je ne sais plus où me mettre, je suis mal à l'aise. Pourtant, je n'arrive pas à détourner le regard.

Ethan s'est approché de moi sans même que je m'en aperçoive. Il se tient si près que lorsqu'il avance les mains, ses doigts se glissent sous ma veste et la font tomber de mes épaules. Je le regarde sans rien faire, le cœur battant la chamade, le souffle court.

– Je ne supporte pas de te savoir avec un autre, Emma.

Sa voix est infiniment basse et rauque, comme s'il tentait désespérément de contenir sa colère.

– Ça t'a peut-être amusée, mais moi pas, continue-t-il sur le même ton.

Ses mains se sont posées sur mes joues et son regard de feu fouille en moi comme au plus profond de mon âme. C'est terriblement intime et sérieusement déconcertant.

– Il ne s'est rien passé.

Les mots m'ont échappé sans que je parvienne à les retenir. Au point où j'en suis, je décide de tout avouer :

– Je voulais simplement te faire taire. Ethan, je ne suis pas ta chose. Tu te crois tout permis et ça me fout littéralement hors de moi. Adam s'est juste trouvé au bon endroit, au bon moment. Et même s'il est vrai qu'il est carrément canon, je n'ai pas couché avec lui.

Ses mâchoires se crispent, et son regard s'obscurcit plus encore. Je n'aurais jamais cru ça possible… À croire que mon aveu l'énerve plus encore. Il semble se livrer une bataille inconsciente, partagé entre désir et colère. Quand il se penche vers moi et m'embrasse fiévreusement, presque sauvagement, je suis soulagée que le premier ait pris le dessus.

Pourtant, très vite, ce qui est feu se transforme en tendresse. Et c'est bien la première fois qu'il est si doux…

Dans un premier temps, je ne réagis pas, trop surprise pour esquisser le moindre geste. Mais très vite, l'excitation prend le pas sur tout le reste, et me voilà à me pendre à son cou comme n'importe quelle greluche sans intérêt.

Bordel, Emma, tu fais chier…

Avant de perdre totalement le contrôle, je le repousse sans ménagement :

– Ne crois pas pouvoir disposer de moi comme tu l'entends ! Ce n'est pas où tu veux, quand tu veux ! Tant que tu me feras du chantage, jamais je ne serai à toi !

Il hausse les sourcils tandis que la colère reprend le dessus.

– Parce que si on mettait cette histoire de côté et que je te demandais de passer la soirée avec moi, tu dirais oui ?

– Non !

Ce cri m'a échappé : j'y ai mis toute la ferveur, toute la rancune, dont je dispose.

– Sois honnête, Emma. Si je n'avais pas ces vidéos de toi, jamais tu ne m'aurais laissé t'approcher. Tu repousses les hommes pour ne pas t'attacher. Tu rejettes toute forme de sentiments. Je l'ai compris à l'instant même où tu m'as repoussé au Libertin.

Putain, mais comment peut-il lire en moi aussi facilement ?

C'est effrayant ! Je déteste que les gens croient tout savoir de moi, même si je dois bien avouer qu'une part de ce qu'il dit est vraie. *Ragh ! Ce mec me fait perdre mon calme !* Je m'éloigne de lui, comme si instaurer de la distance entre nous pourrait me faire oublier tout ça.

– Emma, si tu n'avais pas érigé un mur entre nous, jamais je n'aurais eu recours au chantage. Bordel, je t'ai dans la peau ! Tu comprends ça ? Je t'ai dans la peau ! Depuis le tout premier soir, au Libertin, je ne pense qu'à toi ! Ce n'était pas un hasard si tu m'y voyais toujours. Je suis venu tous les soirs dans l'espoir de te retrouver !

À présent, c'est lui qui me hurle dessus. C'est bien la première fois que je l'entends perdre véritablement patience, et ça me fait sursauter. J'ai l'impression que maintenant qu'il a ouvert les vannes, plus rien ne peut l'arrêter :

– Putain, Emma, je suis sûr que je te plais aussi, mais si tu n'étais pas aussi bornée…

– C'est donc de ma faute ? je le coupe.

Mon sang n'a fait qu'un tour et on dirait bien que j'ai enfin retrouvé l'usage de la parole.

– Quand je t'ai dit non, tu as décidé de faire tout et n'importe quoi – surtout n'importe quoi d'ailleurs – pour parvenir à tes fins ! Et c'est de ma faute ? Qu'est-ce que tu crois !

Je hurle maintenant autant que lui, c'est plus fort que moi.

– Tu veux divulguer les vidéos, eh bien vas-y ! Ça m'est égal !

Et je tourne les talons. Je traverse le couloir et claque la porte de son appartement derrière moi avant même qu'il ait eu le temps de réagir. Je suis dans l'ascenseur à descendre au rez-de-chaussée, sans ma veste ni ma valise, quand je réalise la connerie que je viens de faire. S'il divulgue les vidéos, je pourrais perdre mon boulot. Le contrat Bohman est sur le point d'être signé, je n'ai pas le droit à l'erreur. Je dois à tout prix garder la face chez Holding. Il en va de ma carrière !

Merde, merde, merde ! Qu'est-ce que je viens de faire ? Comment ai-je pu être aussi stupide pour me laisser dépasser par mes propres sentiments ? Tout part en couille depuis qu'Ethan est entré dans ma vie. Comme je lui en veux !

Il faut absolument que je parvienne à récupérer ces vidéos ! Je dois parler avec Ethan et réussir à calmer le jeu. Nous devrions bien pouvoir trouver un terrain d'entente, non ? Il faut absolument qu'il oublie cette histoire de chantage…

Je suis tellement en pétard que je claquerais bien du pied au sol comme une pauvre gamine pour évacuer ma colère. J'appuie sur le bouton du quatrième étage et j'attends que l'ascenseur me redépose sur le palier. Là, je sonne à la porte.

J'inspire profondément tandis qu'Ethan vient m'ouvrir. Il me fixe sans rien dire. Ses yeux sont froids, presque calculateurs, et ça me fait frissonner. Où est passée la chaleur de son regard, le brasier qui sous-tendait ses traits ? Je n'arrive plus à lire en lui.

– Finalement, je préfère le chantage, je murmure aussi posément que possible.

…

Putain, Emma, tu réfléchis un peu avant d'ouvrir ta gueule ? Lui faire lâcher prise avec cette histoire de chantage, ce n'est pas lui ouvrir grand les cuisses ! Petite conne, va !

– Très bien, répond Ethan avant que je n'aie eu le temps de me raviser. Alors, je te veux. Maintenant.

22

Il m'attrape par le cou et m'attire contre lui. Son corps est ferme et ses lèvres, douces et attirantes, se posent sur les miennes. J'ai l'impression que mon cœur va cesser de battre. Ce bonheur est intense, à l'instar du désir qui s'empare de moi. J'ai l'impression de défaillir quand je sens sa langue se mêler à la mienne dans une douce caresse.

Il m'attire encore plus près de lui, si fort que nous manquons de perdre l'équilibre, alors que son dos vient buter contre la commode de l'entrée. Il referme la porte d'un coup de pied et continue sa fouille corporelle.

C'est si bon !

Sa bouche ne quitte jamais la mienne, alors que ses mains me parcourent inlassablement. Je rêve de les sentir sur ma peau, effleurer mes seins, se faufiler entre mes cuisses.

– Emma, je rêve de te voir nue, murmure-t-il contre mes lèvres.

Mon cœur se serre. La nudité impose une certaine intimité, et ça me fait flipper. J'ai très envie de refuser, de faire ça comme la première fois, à la va-vite dans un coin du canapé, mais son regard fiévreux me coupe le souffle. J'ai l'impression qu'Ethan a changé les règles du jeu. Aujourd'hui, ce n'est plus juste mon cul qu'il veut, mais bien plus. Bordel, c'est de moi dont il a envie, et cette certitude augmente mon rythme cardiaque.

J'ai besoin de reprendre mon souffle, il me fait littéralement perdre la tête. Ça tourne, j'ai du mal à garder pied. Je m'éloigne un peu de lui et plonge mon regard dans le sien. J'essaie de lire en lui, mais difficile de s'y retrouver. Je suis totalement perdue.

J'inspire profondément. Sentir le corps nu d'Ethan contre le mien devrait vraiment être extraordinaire. Je ne sais pas pourquoi, ce mec me met vraiment dans tous mes états, et mon corps brûle de le sentir. D'un coup, il n'y a plus ni chantage, ni vidéos compromettantes. Il n'existe plus que lui, cet homme fiévreux qui me fait perdre littéralement la tête, et moi, femme pantelante, une boule de désir sans réflexion. Je ravale mon appréhension et fais coulisser la fermeture éclair de mon gilet, lentement, avant de l'abandonner à mes pieds. Ethan suit chacun de mes mouvements avec une très grande attention ; je le vois déglutir, et sa poitrine se soulève précipitamment. Lui aussi peine à garder son calme, sa bouche est entrouverte et le désir étincelle dans ses yeux.

Mon regard toujours rivé au sien, je traverse le couloir à reculons jusqu'au salon. Là, je me débarrasse de mes baskets, déboutonne mon jean et le fais lentement descendre le long de mes cuisses. Je l'abandonne sur place alors qu'Ethan traverse l'espace qui nous sépare, ses yeux parcourent mon corps avec avidité. Il glisse ses mains sous mon tee-shirt, à même ma peau, et j'ai l'impression de perdre pied. Lentement, il fait passer mon haut par-dessus ma tête.

Je suis en sous-vêtements devant lui, me moquant éperdument du modèle enfilé ce matin. Il a l'air si ému que mon ventre se contracte.

Bon Dieu, qu'est-ce qui m'arrive ?

Pourquoi faut-il que je sois autant touchée par lui ? Ethan est un beau salop, et j'aimerais ne rien ressentir à son égard.

Et pourtant, pourtant, je me demande parfois s'il est vraiment aussi con… J'essaie de m'en convaincre, mais quand je sens son cœur battre précipitamment sous mes doigts, que ses yeux me disent à quel point il me désire, toute bataille devient vaine. J'ai envie de prendre mon temps, comme je ne l'ai jamais fait, et de savourer chaque instant de cet échange qui ne me ressemble pas.

Sans plus faire le moindre geste, Ethan me dévisage de la tête aux pieds, et pour la première fois de ma vie, je rougis devant un homme.

– Tu es si belle… murmure-t-il dans un souffle.

J'ai l'impression qu'il ne se rend plus bien compte de ce qu'il dit. Avant de me laisser attendrir par ses paroles, j'attrape son tee-shirt et le lui enlève. Je préfère de loin l'action plutôt que la réflexion.

C'est la première fois que je le vois torse nu, et je dois dire qu'il est vraiment beau. Son corps est plutôt fin mais noueux, musclé, et une fine toison brune descend de son nombril à la ligne de son boxer. Il a la peau légèrement hâlée, ce qui contraste avec la blancheur de la mienne. Les yeux plongés dans les siens, je déboutonne son jean et bientôt, il est en boxer devant moi. Son désir est carrément évident, il tend le tissu de son caleçon et me fait monter le feu aux joues. Je glisse mes doigts sur son ventre ; il se contracte sous mes caresses, et je le sens déglutir quand j'attrape l'élastique de son boxer.

Il arrête mon geste en attrapant mes poignets, qui restent entre nous tandis que je pars à l'assaut de ses lèvres. Il en est d'abord surpris, si bien qu'il ne réagit pas tout de suite, mais quand il finit par me répondre, c'est avec fougue et passion.

Il récupère mes mains et les place autour de son cou avant de me soulever du sol. Je noue instinctivement mes jambes autour de sa taille et le laisse m'entraîner dans le couloir. Dans sa fougue, il me projette contre un mur, s'appuie avec force sur moi, faisant peser son bas-ventre contre mon sexe déjà humide. Il tâtonne jusqu'à trouver la porte de sa chambre, tandis qu'on s'embrasse à pleine bouche, en savourant la chaleur de la flamme qui nous consume.

Avant que je m'en aperçoive, je me retrouve projetée sur son lit. Ethan est sur moi, il me dévore littéralement de milliers de baisers, et ses mouvements accentuent notre fièvre. D'un coup de bassin, nous roulons sur le lit, et me voilà au-dessus, à mener la danse. Il me repousse un peu, s'assoit sous moi, et picore mon cou de ses lèvres humides et gonflées. De ses doigts, il dégrafe mon soutien-gorge et prend un de mes seins en bouche.

Mon Dieu.

Je halète, j'ai du mal à reprendre mon souffle, la tête me tourne. Quand il tente de repasser sur moi, nous dégringolons au bas du lit dans un énorme patatras. Instantanément, j'éclate de rire. Il rit aussi, et bordel, ce simple son me parcourt de frissons. Son sourire a creusé deux sillons dans ses joues, que je n'avais jamais remarqués auparavant, tandis qu'une étincelle de joie pure illumine son regard noyé sous une frange de boucles brunes. Il reprend vite l'assaut sur mon corps. Et sans prendre la peine de nous relever, nous nous débarrassons en hâte de nos derniers vêtements. Comme une pucelle juvénile, je suis émue par l'intensité de son désir. Je n'ai plus qu'une envie, le prendre en main, en bouche, et le faire hurler de plaisir.

Nous faisons l'amour à même le sol.

C'est encore plus doux que la dernière fois, doux et sauvage tout à la fois. J'ignorais que c'était possible. Ethan me serre dans ses bras si fort que j'oublie tout le reste. Il n'y a plus que lui sur moi, lui en moi, son corps collé au mien, l'appel de sa peau, de sa bouche, et la fièvre qui s'empare de moi. En cet instant, je ne suis plus sûre que d'une chose : je suis à ma place, entre ses bras. Nous faisons l'amour comme si c'était la première fois.

C'est magnifique et émouvant.

C'est si beau que ça me fait flipper...

***

Dans les bras l'un de l'autre, nous nous sommes assoupis une petite heure. À mon réveil, Ethan a disparu. Au bruit que j'entends dans le salon, je suppose qu'il doit y être. Je me redresse difficilement. Mon corps est courbatu.

Je n'étais jamais venue dans sa chambre. Elle est douillette et masculine. Toutes les tentures sont bleues, le papier peint également. Le lit est grand et ferme. Et les draps sentent son odeur.

Avant d'en perdre totalement la tête, je récupère mes sous-vêtements et, comme le Petit Poucet, part à la recherche des pièces que j'ai semées partout dans la maison. Au salon, je récupère mon jean et mon tee-shirt. Ethan est dans la cuisine, et je parviens à l'esquiver. Je fouille mon sac à main, me saisis de mon téléphone et me précipite dans la salle de bains.

Là, j'allume le jet d'eau et m'assieds sur le rebord de la baignoire. Puis, je compose un numéro de téléphone. Au bout de quelques sonneries, la voix de Vincent me sort de ma torpeur :

– Allô ?

Ça me fait énormément de bien d'entendre une voix amicale. Allez savoir pourquoi, de tous mes amis (c'est-à-dire les trois seuls qui me supportent), c'est à lui que j'ai pensé...

– C'est la cata ! je m'exclame en chuchotant dans le combiné. Comment on fait pour se débarrasser d'un mec dont on est littéralement mordue ?

Vincent éclate de rire.

– Toi ? Mordue ? Sans blague, ça peut arriver ?

– Déconne pas, bordel !

– Je crois que j'ai loupé un épisode, Emma. Et si tu reprenais tout depuis le début ?

– Vincent, tu m'emmerdes ! Je suis la victime d'un horrible chantage. Mais il se pourrait bien que j'en pince pour mon maître chanteur…

Là, je ne peux plus l'arrêter. Il rit si fort dans le combiné que je suis obligée de l'éloigner de mon oreille, tant il me massacre les tympans.

– Bon, au lieu de te foutre de moi, aide-moi !

– Mais qu'est-ce que tu veux que je te dise, ma belle ? Il n'y a aucun remède miracle. Les gens normaux foncent sans se poser de question, quand ils sont amoureux.

– Je ne suis pas amoureuse ! je m'exclame plus fort.

Hors de question de l'être d'un séducteur comme Ethan. Jamais de la vie. Plutôt mourir !

Je reprends en chuchotant :

– Je ne dois pas être normale, alors. Je veux juste m'en débarrasser.

– Il te fait chanter avec quoi ?

– Des vidéos de moi… au Libertin.

– C'est qu'il a du goût, le bonhomme ! Serait-ce ton bel admirateur secret ?

– Viens me chercher, s'il te plaît ! Sors-moi de là !

– Je regrette, ma belle, mais je suis en charmante compagnie. Y en a qui bosse, vois-tu ?

– Ah merde… Dis-moi au moins quoi lui dire ! Il menace de divulguer les vidéos chez Holding si je refuse de me plier à ses exigences. Et je viens d'avoir la meilleure partie de jambes en l'air de ma vie avec lui. C'était encore meilleur que les fois précédentes ! Aide-moi, je suis totalement perdue !

– Dis donc, t'es une vraie cachottière, toi ! Vous n'en êtes pas à votre première baise ? Chapeau, le mec.

– Vincent ! je m'impatiente, en levant les yeux au ciel.

Il marque une petite pause, et lorsqu'il reprend, son ton est soudain plus sérieux. Je sens qu'il ne plaisante plus :

– Ce serait vraiment la mort si, à ton boulot, on découvrait la véritable Emma ?

– Oui, ce serait catastrophique. J'ai lutté pour en arriver où j'en suis, et il est hors de question qu'une histoire comme celle-là me fasse retomber au bas de l'échelle.

– Emma, tu es sûre que faire passer ta carrière avant les gens que tu aimes est vraiment ce que tu désires ?

– Qu'est-ce que tu racontes, Vincent ? Je fais juste passer ma carrière avant les hommes.

– C'est ce que je dis…

J'ai l'impression d'avoir une conversation de sourd. Tout tourne en rond.

Vincent expire dans le téléphone.

– Dis-lui qu'une de tes amies a un problème personnel et rentre chez toi. Tu trouveras bien un bobard à inventer pour enrober le tout d'un joli turban.

– C'est pas con. Merci !

Je raccroche avant de regretter mon comportement à venir. Vincent est en train de me filer le doute et pour un peu, je me demanderai si je fais ce qu'il faut.

Je file sous la douche en réfléchissant à la situation : Ethan est un putain de bon coup au pieu, on ne peut pas le lui retirer, mais je déteste ce qu'il est et ce qu'il représente. Il fait naître en moi des choses que jamais je n'aurais voulu ressentir, et plus jamais cela ne devra se reproduire… Sans parler de ce chantage : je veux qu'il cesse. Il va falloir que je trouve une solution pour lui faire lâcher prise. Il doit m'oublier.

Je dois l'oublier.

Ça me tue de l'avouer…

***

Lorsque je sors de sous la douche, j'enfile rapidement mes vêtements. Devant le miroir, j'examine mon reflet. J'ai les joues encore un peu rouges, et par endroits, quelques traces marquent ma peau et me rappellent les ébats de l'heure passée. Mes cheveux blonds sont tout ébouriffés et à part les attacher, rien ne pourra plus les discipliner, maintenant.

Si vous me croisiez dans la rue, vous comprendriez immédiatement que je sors de baise. Et je dois vous avouer que je suis encore excitée.

J'inspire profondément et me force à l'indifférence. Il ne faut pas qu'Ethan parvienne à lire en moi. J'étudie mon visage dans le miroir, volontairement calme et indifférent. Je n'aime pas ce que je ressens, cette espèce de malaise qui me tord les tripes. Pour un peu, je me sentirais coupable. Mais de quoi ?

Ethan nous a préparé un déjeuner copieux qu'il a installé sur la table. Il sifflote quand j'arrive. Avec un grand sourire, il me fait face. Mais quand il croise mon regard, son visage se décompose, son sourire disparaît et je sais qu'il a compris. Sans un mot, il attrape les assiettes, jette le tout à la poubelle, puis enfile sa veste et ses chaussures. J'ai un bref pincement au cœur que je tente de taire. Je le suis docilement quand il claque la porte de son appartement.

Finalement, je n'ai besoin d'aucun bobard pour qu'il me ramène chez moi. Sur le trajet du retour, il ne desserre pas une seule fois les dents. Je crois qu'il est encore plus énervé qu'à l'aéroport. Je ne saisis plus très bien pourquoi…

Il ne me regarde même pas quand nous arrivons devant chez moi.

J'ai l'impression que je l'ai blessé, sans savoir comment. Je pourrais bien dire quelque chose, mais avec mon tact habituel, je préfère éviter. Je descends donc de son véhicule sans un regard pour lui, sans même un geste. Et à peine ai-je récupéré ma valise et refermé le coffre qu'il démarre sur les chapeaux de roue, me laissant comme une conne sur le trottoir.

23

J'ai passé une semaine pourrie…

Question boulot, j'ai obtenu le contrat Bohman, et je n'ai même pas réussi à m'en réjouir. Blindée de taf, je n'ai pas beaucoup vu la lumière du jour, et hormis mon escapade au Libertin, mardi, je ne me suis accordé aucun extra. Je n'ai pas vu grand monde non plus, et c'est à peine si j'ai eu des nouvelles de Vincent et Vicky.

Je suis habillée comme une catin, mais je m'en moque. Je me rends au club, comme tous les samedis soir, où j'y retrouve Vincent, qui nous présente sa nouvelle conquête du moment, une brune pulpeuse au corps de rêve du nom d'Isabelle. Isa a l'air plutôt sympa et on papote un peu en entrant dans la boîte. Il semblerait qu'ils se soient vus plusieurs fois, ce qui, dans le langage de Vincent, s'apparente à une relation sérieuse.

Une fois n'est pas coutume, Vicky s'est pointée avec Jules, qui nous fait l'honneur de sa présence. Seule Carrie est en solo, et j'ai un peu de peine pour elle. L'éternelle célibataire.

Vu le beau monde présent, Vincent n'a pas pu me cuisiner sur Ethan, et ce n'est pas plus mal. Je n'aurais de toute manière pas eu grand-chose de croustillant à lui mettre sous la dent : depuis lundi, je n'ai plus aucune nouvelle de lui.

Les deux premiers jours, je me suis sentie soulagée. Vraiment. J'ai eu l'impression de retrouver un semblant de vie normale, et ça me convenait. J'ai repris le contrôle. Mais les deux jours suivants, j'ai commencé à me poser des questions : et si Ethan me préparait quelque chose ? La peur s'est immiscée dans ma vie, et j'ai littéralement balisé à cause de cette histoire de chantage. Le dernier jour, la peur a laissé place à la colère, une colère si féroce qu'elle m'a rongé les sangs. J'étais en pétard contre lui, de la pression qu'il fait peser sur mes épaules, de sa brusque absence et de la peur qui me ronge.

Mais finalement, c'est surtout contre moi que je suis en colère. Parce que même s'il ne m'a donné aucune nouvelle, moi, je n'ai pas cessé de penser à lui…

À présent, je vois Vincent et Isa roucouler dans un coin, Vicky et Jules danser sur la piste, et même Carrie, qui a passé tout le début de soirée au bar à parler avec Kév, est à présent partie en chasse. Elle danse auprès d'un jeune homme plutôt appétissant. Et moi, je tourne en rond… Je danse sans grand plaisir, ce qui ne me ressemble pas. Je n'y mets même plus de cœur. Étonnamment, sans Ethan à mes côtés, tout me semble fade.

Bordel de merde.

Ce sale type a chamboulé toute ma vie. J'en ai ma claque.

J'essaie de faire ce pour quoi je suis payée, mais au bout d'une demi-heure, voyant que le cœur n'y est pas, je rejoins le bar. Je m'accoude au comptoir en hélant Kév.

– Sers-moi un verre, s'il te plaît !

Il finit de remplir ceux de deux minettes à peine majeures qui lui font clairement du gringue avant de s'approcher de moi :

– C'est pas la forme, ma belle ?

– Tu l'as dit. Pas trop envie, ce soir.

– Chagrin d'amour ?

Je hausse un sourcil en répliquant :

– Tu m'as bien regardée ?

Il éclate de rire.

– C'est vrai, t'as raison.

– Dis-moi, tu serais partant pour un petit dîner à la maison le dernier week-end du mois ?

– Bien sûr, mais pas le soir, je suis d'astreinte, ici.

Je souris.

– Pas de souci. On dit samedi, 13 heures. Viens avec ta chérie, surtout !

– Ça marche.

Je sens soudain un regard appuyé dans mon dos. Mon cœur se met à palpiter fort. La dernière fois que j'ai ressenti ça, c'était si vif, si violent ! Et c'était les yeux d'Ethan qui parcourait mon corps, la première fois qu'il m'a approchée. Du temps où j'ignorais encore tout de lui. Du temps où il n'était qu'un mec lambda un peu trop canon…

Enfin ! Mon cœur palpite brusquement avec force à l'idée qu'il s'est enfin décidé à refaire surface.

Je me serais bien giflée. Putain, Emma qui attend la venue d'un connard de la pire espèce… Je me rends soudain compte que ce connard, je l'ai attendu toute la semaine. Et qu'une part de moi l'attend depuis le premier jour. La part qui palpite dès qu'on prononce son nom, celle qui se souvient de ses caresses, de l'étincelle dans ses yeux quand il sourit, de l'odeur de son cou… Jamais auparavant je n'ai eu autant conscience d'un homme.

Et je n'ai qu'une envie : qu'il me rejoigne et qu'on reprenne les choses là où elles en sont restées.

J'inspire profondément et me détourne pour fouiller la salle du regard. Je cherche sa frimousse bouclée, son regard appuyé où brille une étincelle de pur amusement, son visage que je saurais redessiner les yeux fermés. Mes yeux s'arrêtent sur le couple Vincent-Isa, presque fondus l'un dans l'autre. Plus loin, je vois

Carrie et Vicky qui dansent, le sourire aux lèvres, à se marrer comme deux ados. Je continue ma fouille, mais je ne le vois pas.

Ethan n'est nulle part…

Quelque chose m'enserre le cœur, mais j'ignore quoi.

Mon regard accroche soudain celui d'un homme, et il me faut quelques secondes pour réaliser qu'il s'agit de Jules. Il me regarde fixement, les yeux presque vitreux, le sourire au bord des lèvres, un verre d'alcool à la main qu'il porte à sa bouche.

Putain, le con ! Il me fait quoi, là ?

Je me détourne sans demander mon reste. Si ce mec m'approche, je lui fous mon poing dans la gueule.

***

À 4 heures du mat, quand je quitte le Libertin, je suis sur les nerfs. Mes amis sont partis depuis un moment maintenant et je me retrouve seule sur le parking, en rogne. J'ai sûrement quelques verres de trop dans le nez. D'ordinaire, j'arrête de picoler assez vite, pour être clean quand je reprends la route, mais ce soir, j'ai eu l'impression de cuver ma stupidité. Là, j'avoue que je suis un peu pompette, mais je m'en fiche.

Je grimpe en voiture et, une fois le contact allumé, j'appuie sur la pédale d'accélérateur. Mes pneus crissent, ma caisse fait une petite embardée en dérapant puis s'élance à toute allure. Je quitte le parking, les fenêtres grandes ouvertes, et inspire profondément l'air frais du petit matin.

Je suis trop énervée pour rentrer chez moi, aussi, je décide de tourner un peu en voiture, le temps de faire redescendre la pression. Je roule au hasard des rues, à toute berzingue. J'ai la chance de ne pas croiser une seule patrouille de police… À plusieurs reprises, je passe devant chez moi, sans jamais m'arrêter.

Je roule pendant presque trois quarts d'heure quand je pile net devant l'entrée d'un immeuble.

Je tapote sur mon volant, les nerfs à vif. Mais bordel, qu'est-ce que je fous devant chez lui ? C'est comme si mon inconscient m'avait guidé à travers la ville, et je l'enverrais bien paître si je n'étais pas si désorientée.

J'éteins le contact et descends précipitamment de voiture. Et je commence à faire les cent pas sur le trottoir, à me ronger les sangs en réfléchissant à la meilleure chose à faire. Je devrais monter, lui dire ma façon de penser, l'insulter et l'embrasser. J'ai envie de tout ça en même temps.

Je suis tellement absorbée par mes pensées que je ne remarque pas la voiture qui s'arrête près de moi, jusqu'à ce qu'on me hèle. Je me détourne et tombe sur un homme entre deux âges, bedonnant, sûrement un peu fait lui aussi, qui me demande :

– Tu prends combien ?

Je suis tellement estomaquée que dans un premier temps, je ne sais plus quoi faire. Je le regarde stupidement de travers. Ce con me prend pour une pute ! Il me faut du temps pour me souvenir que je sors du Libertin, et que ma tenue équivoque peut porter à confusion. Le sang me monte aux joues et je lui hurle :

– Trop cher pour toi ! Casse-toi !

J'aurais peut-être pu être plus cinglante, mais j'ai au moins le mérite de l'avoir fait déguerpir, malgré les quelques jurons proférés à mon encontre. Je lui fais un doigt d'honneur bien senti et gravis les trois marches qui mènent à la porte d'entrée de l'immeuble. Je ne peux pas rester sur le trottoir au risque qu'un autre malade passe par ici, ou pire même, une patrouille de police.

Les rares fois où Ethan m'a emmenée chez lui, nous sommes passés par les parkings, du coup, je me retrouve comme une conne devant le digicode d'entrée. J'ignore totalement quoi faire.

En désespoir de cause, j'appuie sur le premier bouton, celui du gardien. J'aurais tout aussi bien pu sélectionner celui d'Ethan, mais sur le moment, je n'y ai absolument pas pensé… Je n'ai pas les idées très claires, ce soir.

Après quelques secondes, un homme d'âge mûr me répond ; sa voix paraît ensommeillée, et c'est seulement à cet instant que je réalise qu'il n'est pas loin de 5 heures du mat'.

– Excusez-moi de vous déranger ! je m'exclame en grimaçant. Je sors de chez monsieur Montant et j'ai oublié mes clés chez lui. Je me retrouve à la rue et il fait frisquet dehors. J'ai sonné à son interphone, mais personne ne me répond. Auriez-vous l'amabilité de m'ouvrir, s'il vous plaît, que je me mette au moins à l'abri ? Je vais tenter de sonner chez lui.

Je suis étonnée de parvenir à parler sans bégayer. L'homme bougonne un peu, mais finit tout de même par m'ouvrir.

Alléluia !

– Merci ! je m'exclame en m'engouffrant dans le hall.

C'est en courant que je gravis les premières marches. Mais essayez de courir dans un escalier avec des escarpins à talons… Je sautille, une main sur la rambarde, pour ôter mes chaussures, et grimpe les quatre étages pieds nus. C'est une Emma essoufflée qui s'arrête devant la porte de l'appartement d'Ethan, avant de se souvenir que ce putain d'immeuble est pourvu d'un ascenseur.

Quelle conne !

J'essaie de retrouver un rythme cardiaque plus régulier avant de sonner. J'appuie une fois, deux fois, sur la sonnette, sûrement même plus encore, de manière compulsive. On ne sait jamais, des fois qu'il n'aurait pas entendu la première fois…

Quand il ouvre enfin, je suis frappée par sa beauté. Je l'ai surpris au saut du lit : il se tient devant moi en caleçon, les cheveux ébouriffés, le visage ensommeillé. Malheur. J'ai envie de lui sauter dessus.

Et pourtant, je ne parviens pas à me retenir, et me voilà à lui hurler dessus :

– C'est quoi ton putain de problème ? Ça fait une semaine que je n'ai pas de tes nouvelles !

J'allais continuer à lui déverser mes pensées, l'alcool me déliant la langue, quand je l'aperçois : une magnifique blonde, grande et aux jambes interminables, le corps à peine caché dans une des chemises d'Ethan, qui murmure :

– Est-ce que ça va ?

Elle s'adresse directement à lui, mais Ethan ne lui répond pas. Il a le regard rivé sur moi, et moi sur elle.

Merde, c'est qui cette greluche ?

Le sang ne fait qu'un tour dans mes veines, et j'explose littéralement :

– Je veux que cette histoire de chantage disparaisse ! Efface ces putains de vidéos et va au diable ! Je ne veux plus jamais te revoir !

Et je pars aussi vite que je suis venue, laissant Ethan derrière moi, sûrement aussi estomaqué que moi lorsque j'ai vu sa blondasse. Il ne cherche pas à me rattraper, et c'est une bonne chose pour lui : j'ai des envies de meurtres, et ses roubignoles pourraient bien être mes premières victimes.

Dans la voiture qui me ramène à la maison, j'enfonce mon poing dans le volant, m'esquinte la main en m'insultant de tous les noms.

Bordel, c'est quoi ton problème, Emma ? Tu ne pouvais pas simplement rentrer chez toi ? Non, au lieu de ça, t'es venue fourrer ton nez dans la merde !

Je suis tellement en rogne que mes jointures blanchissent autour de mon volant ; je grogne et me mords la langue pour ne rien ressentir d'autre. Mais je dois me rendre à l'évidence : mes yeux se sont embués et malgré mes efforts, je ne peux pas empêcher une larme de rouler sur ma joue.

Je frappe de nouveau contre mon volant et appuie sur le champignon, comme si accélérer laisserait derrière moi tout ce que j'ai sur le cœur.

24

J'ai fait la grasse matinée jusqu'à 15 heures. Quand je me réveille, j'ai la gueule de bois et la tête enfarinée. Je traîne des pieds jusqu'à la salle de bains prendre un cachet, puis dans la cuisine, où je me fais couler un café noir. Je le prendrais même par intraveineuse, s'il le fallait. J'engouffre ensuite un petit déjeuner digne de tous les rois, tellement j'ai faim.

La télé allumée, j'évite de repenser à la connerie que j'ai faite cette nuit. Pas la peine d'en rajouter une couche. Je martyrise les boutons de ma télécommande, zappant de chaîne en chaîne, l'esprit vide. Vers 16 heures, quand mon téléphone sonne, je décroche machinalement.

– Emma ?

J'avale ma salive de travers. La voix d'Ethan, à l'autre bout du fil, me flanque des frissons. Je me maudis d'être aussi sensible. Sans demander mon reste, je lui raccroche au nez, le cœur en vrac. Ça lui fera les pieds.

Mon téléphone sonne dans les secondes qui suivent, et je n'ai pas besoin de voir son nom pour savoir que c'est lui. Je coupe la communication sans prendre la peine de décrocher.

Alors que je me cale de nouveau dans mon canapé, je ne peux m'empêcher de repenser à cette nuit.

Oh mon Dieu ! Qu'est-ce qui m'a pris ?

Je suis vraiment conne d'avoir laissé l'alcool qui m'imbibait prendre le dessus… La soirée reste un peu floue, tout de même, mais il me semble lui avoir jeté à la face que je ne voulais plus le voir. Ai-je été assez claire ?

Mais faut croire qu'il n'a pas saisi le message, parce qu'il rappelle une troisième fois. Comme je ne décroche toujours pas, il finit par m'envoyer un texto. S'il croit que je vais le lire, il se fourre le doigt dans l'œil ! Je supprime le message sans même l'ouvrir. Et tant qu'à faire, j'efface aussi le fil entier de la conversation. Ah ! Et tiens, supprimons également son numéro de téléphone !

Je suis tellement énervée après lui, après moi, que ça me fait un bien fou de le rayer de ma vie. Au moins une chose sur laquelle j'ai du contrôle…

Je suis trop en pétard pour me plonger de nouveau dans le programme télé, du coup, je saute dans mon jogging, enfile un tee-shirt de sport, noue mes cheveux et mets mes baskets. Je visse ensuite les écouteurs de mon MP3 dans mes oreilles et je sors enfin. Sur le palier, je trottine déjà après avoir fermé la porte à clé.

À peine arrivée dans la rue, je m'élance au pas de course.

J'ai tellement de choses sur le cœur que je cours à en perdre haleine, comme si allonger mes foulées me permettrait de laisser ma rancœur derrière moi. Je la fuis, tout comme je fuis ma propre bêtise, et ces sentiments qui me tordent le cœur. Je n'en veux pas, et si je pouvais, je les effacerais de ma vie comme on arrache une croûte, de manière sèche et nette, même si ça laisse une marque.

Malgré le point de côté qui se plante dans mon aine, j'allonge encore l'allure, toujours plus vite. La douleur physique me permet d'oublier tout le reste, et je ne pense plus qu'à mon souffle, mes enjambées, mon rythme cardiaque.

Il me faut une bonne heure pour me sentir mieux : le poids a quitté mes épaules, et ma tête est enfin vide. J'ai dépassé le stade de la douleur ; il ne reste plus que ce bien-être qui suit l'effort, celui qui anesthésie les muscles et endort mon cerveau.

C'est dans cet état que je rentre chez moi. Je trottine sur le trottoir devant la porte de mon immeuble, le temps de trouver mon trousseau. À peine ai-je inséré la clé dans la serrure, je m'engouffre dans le hall. Il fait plus frais ici, je me sens mieux.

– Emma !

J'entends vaguement une voix qui m'appelle, mais je n'y prête pas attention. Alors que je grimpe les premières marches, j'entends qu'on m'interpelle de nouveau. La voix couvre tout juste la musique qui sort de mes écouteurs. J'en ôte un en me détournant.

Ethan, une main sur la rambarde d'escalier, se tient derrière moi. Il s'est infiltré dans le hall à ma suite sans même que je m'en aperçoive…

Merde.

Je dérape sur la marche en faisant demi-tour, manque de me rétamer en beauté, mais je me rattrape de justesse en laissant mon baladeur rebondir sur le marbre. Je le ramasse en vitesse, enroule le fil des écouteurs et reprends mon ascension au pas de course. Surpris, Ethan s'exclame :

– Emma, attends !

Et puis quoi encore ?

Il s'élance derrière moi. J'entends le bruit de ses semelles qui foulent l'asphalte mais je ne m'arrête pas. Je suis rapide, je peux peut-être l'esquiver. Mais il est rapide aussi, le salop, et je perds un temps considérable à déverrouiller ma porte d'entrée. Je me précipite à l'intérieur et referme rapidement derrière moi à l'instant même où Ethan déboule sur le palier. Le battant lui claque au nez.

– Emma, ouvre cette porte ! je l'entends rugir.

– Non !

– Emma !

Je pose mon front sur le bois et ferme les yeux. Mon cœur palpite à cent à l'heure, et je suis certaine que ça n'a pas grand-chose à voir avec mon footing. C'est dingue, ça ! Il m'a suffi de le voir pour retomber dans un état pitoyable.

– Va-t'en… je murmure sans force.

Je sais qu'il ne peut pas m'entendre.

– Emma…

Ethan a parlé lui aussi si bas que j'ai du mal à percevoir sa voix, suppliante. Elle est presque calme, peut-être trop. Je tremble en l'entendant. Mon corps me trahit, le con.

Respire, Emma. Inspire à fond, expire. Et emmerde-le, ce connard !

– Emma…

– Non !

Merde ! Je hais le trémolo dans ma voix.

– Tu vas arrêter tes gamineries ?

Il s'emporte de nouveau, et la colère monte en moi. Je la sens bouillir dans mes tripes, le rouge me monte aux joues. J'ouvre immédiatement la porte, furibonde :

– Mes gamineries ? Tu te prends pour qui ?

Je hurle aussi fort que lui, et ma voix résonne dans la cage d'escalier. Ethan me sourit enfin, mais d'un sourire sans joie, et avant que je le réalise, il s'est interposé entre la porte et moi. Je suis bloquée.

Fait chier, je me suis fait avoir comme une bleue.

– Pourquoi tu refuses de me répondre ? Merde, Emma, tu me rends fou !

Il rugit comme un lion. Il est énervé.

Eh bien, tu veux un scoop, mon bel imbécile ? Moi aussi !

Il continue, sans me laisser le temps d'en placer une, de plus en plus furibard :

– Tu débarques à 5 heures du mat' chez moi en furie, tu me hurles dessus et tu disparais ? Tu croyais quoi ? Que j'allais te laisser faire sans rien dire ? T'es qu'une putain d'emmerdeuse !

…

Je vois soudain rouge.

– Et toi, un putain de gigolo !

C'est que notre vocabulaire est très varié, aujourd'hui… On se hurle des noms d'oiseaux sur mon palier, au mépris de mes voisins, les petits chanceux, qui ne doivent pas en louper une miette.

– Parce que je me suis envoyé en l'air avec la première pétasse ? continue-t-il sur le même ton. Tu veux que je te dise, j'ai pris un pied d'enfer !

Sa remarque m'enserre le cœur, et j'essaie d'ignorer ma douleur, son ton cynique, son regard noir.

– Eh bien, va la retrouver, ta pouffiasse !

– Si je ne te connaissais pas si bien, Emma, je dirais que tu es jalouse !

– Tu rêves !

Le sang a sûrement dû colorer mes joues, je hurle, j'ai chaud, mes nerfs sont en vrac. Ça me fait un bien fou de déverser ma colère sur lui.

Son visage change brusquement d'expression. Ses traits semblent s'adoucir, comme s'il se résignait, et il affirme, soudain réaliste :

– Non, tu es vraiment jalouse…

Il me contemple avec une profondeur inouïe, et son regard qui sonde mon âme semble un peu peiné. Sans attendre de réponse, il se détourne, me présente son dos et se passe une main dans les cheveux. Ses épaules sont tendues ; je rêverais d'y glisser mes mains, de le prendre dans mes bras, de tout oublier. Mais ses mots m'ont sauté à la face.

Comment puis-je être jalouse ?

C'est un sentiment que je ne connais pas, un sentiment horripilant réservé aux petites nymphos au cœur d'artichaut.

– J'arrive plus à te suivre, Emma…

Sa voix s'est brisée, me coupant la mienne, si bien que je reste muette, les jambes en coton. Mais quand il me fait face, ses yeux lancent des éclairs, et il semble contenir sa rancœur à grand-peine :

– Bordel, Emma, tu ne comprends pas ? Cette nana, elle compte pas ! Aucune autre femme ne compte ! Il n'y a que toi ! Emma, il n'y a jamais eu que toi…

Il paraît si désespéré en cet instant que j'en oublie toute ma colère, qui retombe brusquement. Ses paroles ont trouvé le chemin de mon cœur et je ne sais plus comment réagir. Il enchaîne encore, sans que j'aie esquissé le moindre geste :

– Si tu ne m'avais pas repoussé, dimanche dernier, jamais je ne me serais consolé dans les bras d'une autre.

Il me faut quelques secondes pour parvenir à formuler une pensée cohérente, et quand j'articule, ma voix est fluette, un peu rauque. Elle me surprend moi-même.

– Je ne t'ai jamais repoussé…

– Si, tu l'as fait. Bordel, Emma ! Quand on a fait l'amour, c'était tellement bon ! Pour la première fois, tu t'es offerte à moi, entièrement, et j'ai cru, comme un con, que j'avais réussi à te faire baisser ta garde, à te toucher ! J'ai cru que tu m'acceptais enfin dans ta vie ! Mais tu as immédiatement remis ton armure…

Il reprend une profonde inspiration. Je sens qu'il n'a pas fini. Il est loin d'avoir déballé tout ce qu'il a sur le cœur. Mais au lieu de quoi, il murmure brusquement :

– Pour une fois dans ta putain de vie, Emma, sois honnête avec moi : est-ce que tu veux de moi ?

Oui, bordel, oui !

Mais rien ne franchit la barrière de mes lèvres. J'en suis incapable. Les mots me brûlent, ils me blessent, mais la peur retient tout. Avouer mes faiblesses serait de la pure inconscience ! Je n'ai jamais eu besoin de personne d'autre que moi-même, et Ethan n'y changera rien.

Comme je ne réponds pas, il lâche brusquement :

– Tes sautes d'humeur m'épuisent.

Ses mots sont durs, tranchants, et j'ai soudain peur qu'il disparaisse. Moi qui, quelques heures plus tôt, lui ai demandé de ne plus jamais m'adresser la parole, je suis brusquement épouvantée à l'idée qu'il s'exécute… Il doit avoir raison : je ne sais pas ce que je veux.

– Qu'est-ce que je dois comprendre ? demande encore Ethan. Éclaire-moi, parce que je ne te suis plus.

Suis-je vraiment jalouse ?

J'ai peur, horriblement peur de ce que ça signifierait…

Je suis complètement perdue, et la seule parade que je trouve, c'est l'attaque, c'est ma seule défense :

– Mais comment voulais-tu que je réagisse alors que tu menaces de dévoiler à tous ma vie privée ?

– Parce que tu crois vraiment que je l'aurais fait ? Réfléchis un peu !

J'ai l'impression que les choses s'enveniment ; sa voix reprend quelques octaves.

– Ce chantage, c'est le seul moyen que j'ai trouvé pour t'approcher, Emma ! Tu ne voulais rien savoir de moi, autrement ! Mais je n'ai jamais eu l'intention de divulguer quoi que ce soit !

Mais quel imbécile ! Lui, là, il ne pouvait pas faire les choses comme tout le monde ? M'emballer, sans fioriture ? Merde, tout s'embrouille dans ma tête, et ça m'énerve de plus en plus. J'éructe presque quand je lui hurle dessus :

– Comment voulais-tu que je le sache ?

– Tu te fous de moi ? Mais réfléchis, bordel !

Il semble excédé, incapable de contenir sa colère. Comme si j'étais la pire des emmerdeuses. Il continue sur le même ton :

– Après ton premier coup de genou, j'aurais pu tout dévoiler ! J'aurais pu montrer à tous ta véritable identité ! Mais j'ai gardé ton secret, même après ton coup de poing ou tes nombreuses insultes ! Je ne t'ai jamais nui !

...

Ma colère retombe comme un soufflet.

Je réalise soudain qu'il a raison.

Mais quelle idiote je fais !

À de très nombreuses reprises, il aurait pu mettre fin à ce petit manège, et potentiellement à ma carrière. Mais ça n'est jamais arrivé...

– Mais merde, je ne suis pas devin ! Je croyais que tu n'avais pas encore obtenu de moi ce que tu voulais !

– Mais tu me prends pour le pire des connards, ou quoi ?

Parfaitement.

Mais je garde encore le silence. Comme toujours, je suis incapable de dévoiler le fond de mon cœur. Il se redresse soudain, le regard blessé. Je n'ai pourtant rien dit, mais j'aurais tout aussi bien pu lui planter un couteau dans le dos qu'il ferait la même tête. Il fait déjà un pas en arrière, l'air résigné. Et c'est dans un souffle qu'il m'achève :

– Laisse tomber, Emma. J'en ai marre.

J'ai simplement le temps de voir la résignation sur son visage avant qu'il ne tourne les talons, les épaules basses, comme sous le poids d'une brusque lassitude. Alors que je le vois descendre l'escalier, j'ai l'impression qu'on m'arrache un bout de moi ; putain que ça fait mal. C'est la première fois que je ressens ça...

Mes yeux me piquent, je suffoque presque, et bien malgré moi, mon corps a un mouvement d'élan.

– Attends !

Le cri m'a échappé.

Ethan s'arrête, me fait face, mais son visage est froid, fermé. C'est la première fois que je lui vois cette expression, et ça me blesse. Je n'arrive absolument pas à savoir ce qu'il pense. Et cette distance entre nous me bloque définitivement la voix. Mes jambes ne répondent plus, je ne sais plus quoi faire, et encore moins quoi dire.

Je n'ai d'autre choix que de le regarder s'éloigner en silence. Encore quelques marches, et le voilà sorti à jamais de ma vie.

25

Carrie a le nez fin, cette écervelée. Elle a tout de suite remarqué que quelque chose n'allait pas. Toute la semaine, je me suis plongée à corps perdu dans le boulot : mes journées ont été rythmées par des vidéoconférences avec mes collaborateurs chinois, des rendez-vous avec Sanders, des appels téléphoniques, et un passage obligé le mardi soir par le Libertin... Je me suis abrutie jusqu'à finir sur les rotules.

C'est là ma seule défense. Mon seul moyen d'oublier la douleur qui m'étreint la poitrine.

– Tu vas finir par te tuer à la tâche ! s'exclame Carrie le jeudi soir. Qu'est-ce qui t'arrive, bon sang ? Parle-moi, Emma ! Je vois bien que tu tentes de garder la face, mais ça prend pas avec moi.

– Carrie, je t'en prie, arrête. J'ai pas spécialement envie d'en parler. La semaine a été longue, n'en rajoute pas, pitié.

Alors que je remballe mes affaires, prête à fuir sur le champ, Carrie me rattrape dans le couloir :

– Eh ! Où tu crois aller comme ça ? J'ai appelé Vicky et Vincent, ce midi. Tu m'échapperas pas, ma jolie. Ce soir, on t'a rien qu'à nous.

– Pardon ?

– Oui, madame. Je vais te faire engloutir des pots de glace jusqu'à t'en faire péter le bide, s'il le faut.

– Mais…

Elle m'interrompt illico, les deux mains posées sur mes épaules :

– Écoute, Emma. Jusqu'à présent, tu as toujours été présente pour moi quand j'étais au plus bas. C'est toi qui m'as ramassée à la petite cuillère un nombre incalculable de fois, toi encore qui m'as consolée après tous ces plans culs foireux. Tu es la seule à prendre soin de moi. Alors laisse-moi être là pour toi quand tu en as besoin. Laisse-moi te rendre la pareille.

Je sais qu'il est vain de lutter, et quelque part, son geste me surprend et me soulage. Aussi, je la laisse me guider à travers le bâtiment jusqu'au parking, où nous montons toutes deux dans sa voiture. Quand nous arrivons dans mon appartement, elle me guide jusqu'à la salle de bains, ou elle me déshabille, avant de me fourrer sous le jet brûlant de la douche. Ça a au moins le mérite de me ramener sur Terre.

Quand je sors de sous la douche, Vincent et Vicky sont déjà là, et mes trois amis s'affairent dans la cuisine à déballer des plats qui sortent tout droit de chez le traiteur. Aucun ne me pose de questions : ils sont débordants de joie, de prévenance, et leur présence me fait brusquement monter les larmes aux yeux.

Bordel, Emma, reprends-toi. Tu ne vas pas pleurer pour si peu !

J'écoute la petite voix qui hurle dans ma tête et essuie furtivement mes joues avant de plaquer un large sourire sur mes lèvres.

On me fait poser mon cul sur le canapé, tandis qu'ils s'occupent de dresser les couverts sur la table basse et de glisser un DVD dans mon lecteur. Puis ils me rejoignent.

On se tasse à quatre sur mon canapé trois places. On se tient chaud, ça peste, ça se bouscule. J'éclate de rire.

– Vous voulez pas bouger vos gros culs de là ? je m'étrangle. J'arrive plus à respirer !

– La ferme et mange ! s'exclame Vincent en me fourrant un

petit-four dans la bouche.

J'obéis sans rien dire, le sourire au bord des lèvres. La reconnaissance me brûle le cœur, que je ravale en silence. Jamais je ne leur avouerai…

C'est décidé : je tire un trait définitif sur tout ce qu'il y a de pourri dans ma vie. Ça ne me ressemble pas du tout de m'apitoyer sur mon sort. Et plus mes amis sont aux petits oignons avec moi, plus je m'en rends compte. Je n'aime pas du tout l'image que me renvoie mon miroir depuis une semaine. Emma fait place nette : me voilà de retour.

Je reporte mon attention sur la niaiserie qui passe à la télé, et qui nous arrache parfois des rires gras. De temps à autre, je plonge ma main dans le saladier, enfourne des cochonneries et me réinstalle confortablement dans le canapé en jouant des épaules.

Voilà longtemps que je ne m'étais pas sentie aussi bien… Je suis à ma place, et rien n'a plus d'importance pour moi…

***

– Carrie, je n'ai pas besoin d'un chaperon ! Je vais bien, je t'assure !

– Qui te dit que je viens en chaperon, ce soir ? elle s'étonne. Je veux simplement m'amuser avec une amie… pendant qu'elle bosse.

– Bah, ça va pas, ma belle ? demande Kév en s'immisçant dans la conversation.

Et ce disant, il dépose sur le bar un verre d'alcool que j'attrape illico.

Le regard de Carrie est plus qu'éloquent, mais elle se tait.

– Foutez-moi la paix, vous deux ! Je vais bien !

Puis je vide mon verre d'un trait et les plante là.

Sur la piste de danse, il ne me faut que quelques minutes pour prendre la température et me laisser aller. Je me déchaîne comme une folle. Pourtant, à l'inverse de d'habitude, je danse cette fois-ci uniquement pour moi, pour me défouler, pour tout oublier. Et ça fonctionne. Je saute en rythme avec la musique, je crie, je bouge dans tous les sens. La Emma aguicheuse et rentre-dedans est bien loin, ce soir. Elle a laissé place à celle qui veut simplement s'amuser.

Quand je reviens au bar, complètement essoufflée, une petite heure est déjà passée. Carrie est toujours installée sur son tabouret, les jambes croisées. Elle sirote son cocktail à la paille en papotant avec Kév. Elle ne l'a pas lâché depuis qu'elle est arrivée. Moi qui espérais la voir partir en chasse, histoire d'avoir un peu la paix ! Quand elle est obnubilée par ses problèmes de cœur, elle oublie ceux des autres. Mais la compagnie de Kév semble l'intéresser davantage, ce soir…

Alors que le barman attrape un verre dans lequel il verse un peu d'alcool, je l'interromps :

– Une fois n'est pas coutume, sers-moi de l'eau, s'il te plaît ! Dans une cuve !

Il sourit et s'exécute.

– De quoi vous parliez, vous deux ?

– De cette nana, là-bas ! m'explique Carrie en pointant du menton le bout du comptoir. Elle drague ouvertement Kév, mais il me croit pas. Elle lui fait pourtant ses yeux de merlan frit depuis une demi-heure, mais ce petit imbécile l'ignore totalement.

Je fixe la nana en question. Elle n'est pas à proprement parler jolie, mais elle a des attributs qui en convaincraient plus d'un. J'éclate de rire. Effectivement, elle semble désespérée, à attendre que le petit barman daigne la remarquer.

– Tu pourrais faire des efforts, tout de même ! je m'exclame.

Les clients sont rois, ici !

Je lui fais un clin d'œil, souvenir du jour où Julien s'est pris mon poing dans la gueule. Ah ! quel doux souvenir…

– Oublie ça, ma belle. Mon cœur est déjà pris !

À son tour, il nous gratifie d'un clin d'œil et de ce sourire enjôleur qui le rend si charmant. Et dire qu'il perd son temps avec sa dulcinée quand certaines seraient toutes disposées à passer du bon temps en sa compagnie ! Bon OK, je sais, l'amour est aveugle, bla-bla-bla… J'espère simplement que sa Mélanie en vaut la chandelle…

Kév nous délaisse pour servir les nombreux clients amassés autour du bar. J'en profite pour faire face à Carrie :

– Pourquoi tu restes ici, poulette ? Y a pas un play-boy qui t'intéresse, dans le coin ?

– Non.

Elle secoue la tête et aspire une gorgée d'alcool.

– Ce soir, j'ai décidé de taper la discut' avec Kév. Il est marrant.

Sous-entendu : ce soir, elle reste sobre pour me surveiller. Elle n'est pas croyable !

– Bon, moi j'y retourne ! je m'exclame pour couper court.

– Amuse-toi bien ! me lance-t-elle alors que je fends déjà la foule.

Je reprends le boulot, pas peu fière de m'éloigner d'elle.

La soirée bat son plein ; jusque-là, je suis parvenue à me vider l'esprit. Je laisse simplement mon corps dériver sur la musique, comme si je faisais corps avec elle, et ça me fait du bien. Gueule d'Ange m'attrape, me fait danser tout contre lui. Ce surnom lui va vraiment à ravir. Il doit avoir 22 ans, peut-être 23, mais pas plus, et j'ai parfois l'impression d'avoir affaire à un ado. Mais loin des clichés de l'ado boutonneux attardé, il est plutôt craquant dans son genre, le genre petit garçon à la peau de bébé et au visage enfantin. Mais il est carrément mignon, je ne peux pas le nier.

Il me délaisse rapidement pour suivre les deux strip-teaseuses embauchées par le club. Elles ondulent un cul si rebondi que je peux comprendre l'appel. Gueule d'Ange a vraiment l'air de bien s'intégrer, ici. Je dirais même qu'il adore ce job. C'est le souci : travailler au Libertin peut vite devenir addictif.

Je le suis du regard, amusée par son aisance et son large sourire. Il drague ouvertement les clientes qui, ma foi, le lui rendent bien. Plusieurs femmes lui tournent autour, leurs mains s'égarent sur son corps, et ça ne semble pas le déranger. Il les laisse même faire, s'offrant corps et âme à leurs caresses, un grand sourire aux lèvres.

Les extras doivent être monnaie courante, chez lui. Mais après tout, pourquoi pas ?

Elle est bien loin, mon excessivité… Mais merde, quand un client me pelote le cul, je ne vais pas lui tendre l'autre face, tout de même !

J'abandonne Gueule d'Ange et m'égare dans la foule. Les gens s'amusent, boivent, dansent, les uns contre les autres, collés-serrés dans des ballets enfiévrés. C'est le même numéro tous les soirs : le bar ne désemplit jamais. Le Libertin est le rendez-vous des exclus qu'on abandonne sur le bas-côté, ces laissés pour compte qui noient leur solitude dans l'alcool et la débauche et, une fois n'est pas coutume, qui recherchent une charmante compagnie pour oublier qu'ils sont seuls.

C'est sans doute pour cette raison que je m'y sens si bien…

Les visages défilent chaque soir mais aucun ne me reste en mémoire. J'ai rencontré beaucoup de gens, dansé avec beaucoup de clients, dragué tous les autres, et je suis incapable de me souvenir d'un seul d'entre eux. Ils ne sont qu'un mélange confus et flou de corps que je ne cherche même pas à rattraper. Aucun n'est resté. Aucun… hormis Ethan.

Il a été le seul à avoir marqué ma mémoire, Ethan dont la présence imprègne désormais les lieux. J'ai l'impression de le sentir encore, comme s'il était là, quelque part dans la nuit, à m'observer de loin comme les premières fois. Son regard me brûle presque la peau, et je sens irrémédiablement monter la fièvre qu'il éveille en moi. Mon cœur s'affole, et j'ai du mal à le raisonner et à m'avouer qu'il ne viendra plus.

Je fouille malgré moi la foule compacte des clients, sans jamais laisser la déception m'atteindre. Je vois son regard au loin, rivé sur moi, ce regard intense, aussi ardent que d'habitude, et qui fait naître en moi des frissons de désir. Mais je sais qu'il n'est pas là, que ces yeux qui me fixent sont le fruit de mon imagination.

Avant de devenir folle, je me détourne et me mêle de nouveau à la foule en sueur.

***

Carrie a posé sa tête sur le dossier et ferme les yeux. Pour une fois, elle ne rentre pas avec un inconnu. Elle a passé toute sa soirée au bar, avec Kév, et je la soupçonne de s'être fait bien trop de soucis pour se détendre. Elle ne dit rien, mais je sais qu'elle s'inquiète, même encore maintenant, même après la soirée. Pourtant, j'ai passé un excellent moment.

Son silence m'agace, j'aimerais qu'elle dise quelque chose, n'importe quoi, pourvu qu'elle parle ! Tout, plutôt que cette accusation silencieuse… Mes doigts se serrent autour du volant, ma mâchoire se crispe, et je sens mes dernières barrières céder. Avant de comprendre ce que je fais, j'avoue tout :

– Quoi qui se soit passé avec Ethan, c'est fini…

– Comment ça ?

– On s'est engueulés, la semaine dernière, je réponds en

haussant les épaules. C'est tout. C'est fini.

Elle marque une petite pause, comme pour prendre le temps de réfléchir, puis elle demande, la voix fluette :

– Qu'est-ce qui est fini ?

– J'en sais trop rien…

Je réalise soudain que Carrie ignore tout de ma relation plus que complexe avec lui. Je n'en ai jamais parlé à personne, comme si j'avais eu peur de perdre quelque chose. Pourtant, je n'ai jamais vraiment su ce qu'il y avait entre lui et moi. Notre relation était plus que chaotique, c'est tout ce dont je suis sûre…

– Je ne comprends pas bien, Em. Je n'ai jamais su ce qui se passait.

– Je suis désolée. C'est stupide, je murmure. Il…

Je ne sais pas trop par où commencer. Je cherche mes mots quand, brusquement, tout sort d'un bloc, sans forme, et j'avoue tout : les vidéos, le chantage, nos rencontres, et ce putain de plaisir que je prenais chaque fois qu'on faisait l'amour.

– Ça m'a fait mal, je murmure alors.

Les mots sortent de mes tripes, j'ai du mal à les retenir, comme si l'alcool ou la fatigue m'acculait à regarder en face ces sentiments que j'ai désespérément tenté d'enfouir loin, très loin en moi.

– Emma, tu es dingue de lui.

– Non, je m'empresse de répondre.

– Si. Je t'assure… Au fond, tu as pris du plaisir à ce jeu dangereux, avoue-le. Le chantage, la peur d'être découverte, le sexe, tout ça, ça t'a plu. Ce mec te fait perdre la tête. Et je sais que c'est réciproque. Tu as beau passer ton temps à le repousser, il est toujours là…

– C'est fini, maintenant.

– Alors, explique-moi ce qu'il faisait là, ce soir ?

Mon cœur loupe un battement. Il me faut quelques secondes

pour comprendre ce qu'elle me dit. Je la contemple avec étonnement. Elle doit faire erreur, l'avoir confondu avec un autre, ce n'est pas possible autrement ! « *J'en ai marre.* » Les derniers mots d'Ethan hantent mon esprit bien trop souvent. Il en a marre. Il en a marre de moi, de mes conneries, de mes peurs absurdes. Il ne pouvait pas être là ce soir…

Mais au regard de Carrie, je réalise qu'elle est sincère.

Putain, mais pourquoi s'est-il pointé au Libertin ?

26

Mais qu'est-ce que je fous là, nom de Dieu ?

Je contemple la devanture du restaurant, indécise. Les lettres d'or calligraphiées sur le verre annoncent bien la couleur : l'endroit est cosy mais réservé à une clientèle huppée. De lourdes tentures obstruent les fenêtres pour donner au restau un caractère intime.

C'est la première fois que je mets les pieds ici. Il m'a fallu repérer l'itinéraire sur le net et, avant que je le réalise, j'étais déjà là. Comme une conne, je me suis empressée de sauter dans ma voiture et de rappliquer, à peine sortie de chez Holding.

Depuis deux jours, je ne pense qu'à lui. À la signification de sa présence samedi soir. J'étais tellement dans le cirage qu'aujourd'hui, j'ai enchaîné des conneries plus grosses que moi. Après avoir mis mes lentilles de contact et ma jupe à l'envers, m'être ébouillantée avec mon café et être arrivée à la bourre au boulot, j'ai planté notre photocopieuse et oublié un putain de rendez-vous téléphonique pour le projet Bohman. Heureusement, Carrie m'a sauvé la mise. En voulant répondre à leur mail, je l'ai adressé par inadvertance à Sanders, qui n'a pas manqué de m'appeler, la voix grondante, pour comprendre ce qui se passait. Quand c'est mon propre PC qui a lagué, Carrie m'a ordonné de ne plus toucher à rien.

Autant dire que mes nerfs étaient déjà bien à vif quand je me suis garée dans la rue, que je suis sur le point d'exploser, et que j'hésite de plus en plus à franchir la porte de ce foutu restaurant.

Il serait sans doute plus sage que je revienne un peu plus tard, quand la colère cessera de jouer au yo-yo avec mes tripes. J'expire profondément, comme si la perspective d'affronter Ethan m'avait coupé le souffle ; j'ai l'impression de retrouver brusquement de l'air. Je tourne vivement les talons et fuis.

Je n'avais rien à faire ici, de toute façon. Et puis, qu'est-ce qui me fait croire qu'il est là ? Ou qu'il souhaiterait me voir ? Merde, il me fait chier ! Pourquoi est-il venu samedi ?

Toute la journée, je n'ai eu qu'une idée en tête : le revoir, et lui foutre une dérouillée pour le stress qu'il fait naître en moi. Ou l'embrasser, au choix. Je n'ai pas encore bien décidé. Je ne supporte pas la manière dont il joue avec mes nerfs.

Merde ! Quel con !

Je m'arrête soudain. Je ne peux pas partir comme ça. Pas dans cet état. Il est hors de question que je le laisse de nouveau foutre le bordel dans ma tête. J'ai décidé que jamais plus on ne m'y prendrait, que jamais plus je ne laisserai quiconque me toucher. Je dois me reprendre, clarifier cette situation merdique, et lui dire le fin fond de ma pensée…

Je reviens sur mes pas et, avant de me laisser le temps de changer d'avis, pénètre dans le restaurant.

L'air doux et la lumière calfeutrée donnent à l'endroit encore plus de chaleur que je ne l'aurais cru. Une jeune femme à peine majeure et au sourire avenant s'approche de moi, un menu sous le bras.

– Bonsoir et bienvenue ! s'exclame-t-elle avec une joie qui me met déjà hors de moi. Pour une personne ?

Ma langue fourche et j'ai envie de lui faire ravaler son sourire avec une réplique cinglante, mais je me retiens de justesse, colle une moue débile sur mon visage et acquiesce.

– Veuillez me suivre, avance-t-elle en s'éloignant.

Ce que je fais. Elle m'entraîne dans la salle principale et m'installe à une petite table carrée de deux personnes en fond de salle. Je ne sais pas si je dois l'insulter de m'avoir placée si loin ou la remercier pour la discrétion qu'elle m'apporte. J'hésite…

Mais de là où je suis, je ne distingue pas du tout les cuisines.

Je retiens de justesse mes mots en essayant d'éviter un esclandre et la remercie froidement.

– Passez une excellente soirée ! me lance-t-elle tout sourire avant de tourner les talons.

Elle a posé la carte devant moi. Je la saisis en fusillant la serveuse du regard tandis qu'elle s'éloigne. Je m'imagine lui planter des milliers d'aiguilles dans le dos, et regarder son corps se contorsionner de douleur au sol. Je ne sais pas pourquoi, cette pensée me rassérène…

Mais voilà que la tension fait de nouveau son apparition en moi. Je triture nerveusement la carte.

Bon, Emma, et maintenant ? C'est bien beau d'être venue jusqu'ici, mais ce n'est pas manger que tu désires ! Lève ton petit cul de là et va affronter Ethan tout de suite !

J'ai eu beau penser à lui toute la journée, pas un seul instant je n'ai imaginé quoi lui dire… Je réalise simplement que je voulais le revoir, coûte que coûte. Même si jamais je ne l'avouerai. Plutôt mourir que de me montrer aussi faible. Il m'a été impossible de me concentrer. Je n'ai cessé de penser à la raison de sa présence au Libertin, à ces mots tranchants qu'il a prononcés ce fameux dimanche, à son regard peiné et dur tout à la fois… Se pourrait-il que tout ça ne soit qu'une façade ?

Quelque part, je m'en veux d'avoir laissé la peur envahir ma vie. Les relations humaines ne sont décidément pas mon fort, et quand on voit la famille que je me paie, difficile de m'en vouloir. J'avoue : Ethan me fait peur. Vraiment peur. Il fait naître en moi des choses que je ne sais pas comment gérer.

Ma solitude me saute soudain à la face. J'ai toujours été seule. Mais pour la première fois de ma vie, ça me peine…

– Vous avez choisi, madame ?

La voix me ramène brusquement à la réalité. C'est un jeune serveur d'une trentaine d'années qui se tient face à moi, les deux mains dans le dos. Je n'ai pas bien compris ce qu'il me demande, mais à mon regard perdu, il doit s'en rendre compte parce qu'il répète :

– Vous avez choisi ?

– Oh ! Euh…

Je jette rapidement un regard à la carte et lui désigne le premier plat sur lequel je tombe. Le serveur prend note puis s'éloigne.

J'attends qu'il ait disparu pour fixer l'autre bout de la salle avec insistance, comme si mon rayon laser pouvait transpercer les murs et obliger Ethan à sortir de sa coquille. Si seulement il pouvait se pointer, je n'aurais sûrement pas besoin d'inventer des situations rocambolesques pour lui parler.

Emma, tu n'es qu'une petite conne. Pourquoi tu ne lèves pas simplement ton cul de cette chaise ? Traverse la salle, va le voir ! Ou bien demande déjà à un serveur s'il est bien là…

Je me redresse vivement en levant la main pour interpeller l'un des serveurs. J'ai l'impression d'être mal à l'aise, et ça ne me ressemble pas du tout. Dans ma précipitation, je manque de me casser la figure, et il s'en faut de peu pour que j'accompagne majestueusement ma chaise, qui se renverse au sol dans un bruit sourd.

Merde… Dans le genre discret, on repassera, Emma.

Alors que je me penche pour ramasser mon trône, un serveur

est déjà auprès de moi.

– Attendez, laissez-moi faire ! il s'exclame.

Ce que je fais. Si ça peut lui faire plaisir.

Alors que je suis debout devant lui, je réalise que c'est ma chance. Je voulais quelqu'un pour demander après Ethan, et le ciel a fait tomber cet homme sur mon chemin. Je vais appeler cet imbécile d'Ethan et ne plus bouger de là. Peut-être qu'avec un peu de chance, je parviendrai à finir la soirée en un seul morceau ?

– Excusez-moi, je lance après m'être raclé la gorge, est-ce que vous pourriez… vous pourriez… m'indiquer où sont les toilettes, s'il vous plaît ? je finis par bégayer comme une gamine totalement paumée.

– Bien sûr !

Il me montre une porte dans le fond de la salle, non loin des cuisines. Si ce n'est pas ma veine, ça…

Docilement, je traverse la salle, consciente du regard qui me suit. Je n'ai d'autres choix que de me rendre dans ces fichus sanitaires. Tandis que j'approche de la porte, celle de la cuisine s'ouvre brusquement, et avant de comprendre ce que je fais, je me précipite dans les toilettes, dans lesquels je m'enferme à double tour.

C'est moi ou tu es un peu nerveuse, Emma ?

Devant le miroir au-dessus des lavabos, j'observe mon reflet. J'ai l'air complètement dépassée. Mes cheveux me semblent hirsutes, ma peau est blafarde et mes yeux hagards. J'ai tout bonnement l'air d'une déterrée…

Pourquoi c'est si compliqué ? C'est pourtant pas bien sorcier, Emma : tu sors de là, tu interceptes Ethan dans un coin, tu lui demandes pourquoi il s'est pointé au Libertin, et tant qu'à faire, s'il n'y a pas moyen de revenir sur les termes de votre accord.

Allez ! Un peu de nerfs, bordel !

J'inspire profondément, me recoiffe et décide d'écouter la voix dans ma tête. Je sors en lissant ma jupe.

Je percute un corps massif. On dirait du roc, et je manque de m'étaler comme une merde. Je retrouve de justesse mon équilibre et vais pour l'insulter.

– Emma ?

Je sursaute en entendant sa voix. Bordel. Il est là, devant moi. Et il semble étonné de me voir.

Putain, putain, putain ! Qu'est-ce que je fais ? Vite, une idée ! Une porte de sortie, je dois trouver une porte de sortie !

Je planque mon visage derrière ma main et m'éloigne rapidement.

Pourvu qu'il ne m'ait pas reconnue !

…

Quelle idiote tu es ! Évidemment qu'il t'a reconnue, imbécile ! Il vient de t'appeler par ton prénom !

Je rejoins ma table, attrape mes affaires. De nouveau, ma chaise s'affale au sol. Merde ! Tant pis, je la laisse là et retraverse la salle aussi vite que mes talons me le permettent. Je percute quelqu'un d'autre dans ma fuite, un serveur de toute évidence, qui laisse tomber son plateau par terre.

– Dés… désolée !

Vite, sors de là avant de déclencher un cataclysme ! Un cyclone pourrait bien emporter tout sur son passage que ça serait encore de ta faute !

J'ai presque volé jusqu'à la sortie. Je ne me retourne qu'une fois installée dans ma voiture, où je prends enfin le temps de souffler.

Bordel, mais quelle imbécile je fais ! Je m'effondre sur mon volant.

Les minutes passent, et je n'arrive pas à me résoudre à rentrer chez moi. Je laisse défiler le temps, qui bientôt se transforme en heures. Dans la voiture, je suis plongée dans l'obscurité. Je n'ai pas allumé le contact si bien que mon corps se refroidit rapidement, et je ne sens presque plus mes doigts. L'hiver est bientôt là. Si je ne veux pas qu'on retrouve mon corps transformé en stalagmite, il faudrait peut-être que je songe à bouger mon cul.

Mais mes membres ne m'obéissent plus. J'attends.

À mesure que la nuit avance, la circulation se fait moins dense, les passants désertent les rues.

– Allez, Emma. Du nerf, je murmure.

Je remue lentement mes doigts parcourus de fourmis, tente de me détendre la nuque. Alors que je saisis enfin mes clés de voiture, je vois les lumières du restaurant s'éteindre. Le personnel quitte peu à peu les lieux.

– Arrête tes conneries. Tu vas pas attendre qu'Ethan décide de sortir...

Non, certainement pas.

Alors pourquoi mon corps refuse-t-il de bouger ?

Quand je le distingue enfin dans la nuit, je le reconnais immédiatement, même s'il est emmitouflé dans un blouson épais. Sa carrure, sa manière de bouger, ses boucles brunes qu'on distingue à peine dans l'obscurité... J'ai brusquement envie de sauter hors de ma voiture et de courir jusqu'à lui.

Je suis tellement concentrée sur sa personne que je ne la distingue pas tout de suite ; il me faut quelques instants pour réaliser qu'une femme, menue et brune, l'accompagne. D'où je suis, je n'en vois pas plus.

Alors qu'Ethan ferme la porte du restaurant et descend le store, elle lui parle. Je ne sais pas ce qu'ils se disent, je ne vois même pas l'expression de leur visage. Mais quand la main d'Ethan se pose sur les reins de cette femme, j'ai l'impression qu'on m'a foutu un uppercut en pleine poitrine.

Et putain que ça fait mal.

***

– C'est quoi, cette tête ? s'époumone Carrie quand j'entre dans notre bureau.

Avec lassitude, j'accroche mon blouson derrière la porte et plonge mon regard dans le sien :

– La ferme, veux-tu ? Je suis pas d'humeur.

– Ça, je le vois. Mais il t'est arrivé quoi ?

À croire qu'elle ne comprend pas les mots « la ferme » et « pas d'humeur »...

– J'ai pas beaucoup dormi, cette nuit.

Pour ne pas dire pas du tout.

– Ça a un rapport avec Ethan ?

Elle sourit de toutes ses dents, déjà heureuse de la tournure qu'aurait pris la fin de soirée.

– Oui... Mais je t'arrête tout de suite : il ne s'est rien passé. Je ne lui ai même pas parlé.

– Quoi ? Mais pourquoi ?

Je hausse les épaules et m'assois à mon bureau. Comme elle ne me lâche pas du regard, je finis par avouer dans un souffle :

– Je me suis dégonflée... J'y suis allée, j'ai fait que des conneries, et quand je suis tombée sur lui, j'ai pris peur et je me suis enfuie. Puis il est parti avec cette petite conne. Fin de l'histoire.

– De quoi tu parles ?

– Je parle du fait qu'il a quitté le restaurant en charmante compagnie. Il n'était pas seul, et il y en a au moins un qui a passé une excellente fin de soirée.

Carrie semble estomaquée, si bien que pour une fois, elle garde le silence. C'est si rare que j'en profite un peu. Puis j'avance, le ton plus ferme et la voix assurée :

– Les choses sont définitivement finies, la page est tournée. Je ne veux plus penser à lui, le voir, ou avoir affaire à lui. Alors, s'il te plaît, changeons de sujet…

Elle semble comprendre que, cette fois-ci, je ne plaisante plus. Elle acquiesce en silence et reprend le boulot.

***

Mais on dirait que la vie, *elle*, aime me faire la nique… J'y crois dur comme fer, ce vendredi soir, à l'Amarante. Elle m'a joué un sale tour, la salope. Fait chier, pour une fois que je sortais, il faut qu'il soit là, lui aussi ?

Je l'aperçois alors qu'on entre à peine dans le bar. La musique est assourdissante, les clients nombreux, mais je le repère tout de même, accoudé au comptoir, une boisson à la main. Il parle avec plusieurs mecs, dont le petit serveur qui s'est précipité pour nous aider, ma pauvre chaise et moi.

Ethan est de profil ; je le vois rire avant de porter le verre à ses lèvres. Une chose est sûre : lui, par contre, il ne m'a pas vue.

Au moins ça pour moi.

Bien. Deux solutions : je peux tout aussi bien tourner les talons et m'enfuir, comme je le fais si bien ces derniers temps ; ou bien j'attrape mes amis par le bras et je montre à cet idiot d'Ethan que je suis très bien sans lui.

C'est le bras de Vincent, qu'il passe autour de mes épaules, qui me décide. Il m'adresse un grand sourire en me serrant un peu contre lui et, ensemble, nous nous frayons un passage parmi les clients de l'Amarante, les filles sur nos talons, jusqu'à trouver une table libre. Quand nous nous installons, la musique bat son plein si fort que Vincent est obligé de hurler pour que je l'entende :

– Ce bar me rappelle de bons souvenirs !

Il me fait un clin d'œil accompagné de son sourire enjôleur

ultra *white* qui me laisse de marbre. Si Isa était là, elle le remettrait tout de suite à sa place. Une chance pour lui que sa copine ne soit pas venue…

– T'es con ou quoi ? je m'exclame en lui frappant le bras. Je n'en ai aucun souvenir, moi !

– Alors viens, je vais te montrer !

Avant que je puisse protester, il me saisit par la main, se glisse sur la banquette et m'entraîne sur la piste. Je n'ai pas la force de me débattre. Il ne s'arrête que pour me faire face tandis que je l'affuble de jolis noms d'oiseaux. Ah, merde… Il semble s'en moquer comme de sa première chaussette.

– Je me tenais juste ici quand tu t'es jetée sur moi, m'informe-t-il, tout content.

– N'importe quoi… dis-je en levant les yeux au ciel.

Il éclate de rire.

– Bien sûr que si ! Et puis, t'es bien forcée de me croire sur parole ! s'exclame-t-il en tapotant mon front de son index.

– D'accord, d'accord… Admettons que ce soit vrai.

– Ah ! Mais ça l'est ! Crois-moi, je n'oublie jamais quand une fille magnifique me fourre sa langue dans la bouche avant de coller ses nibards contre moi et de rouler du cul !

J'éclate à mon tour de rire en le gratifiant d'une tape amicale.

– Espèce de con, tu aurais dû me repousser !

Il secoue la tête puis passe ses bras autour de mon cou, m'attire à lui, et commence à onduler sur la musique.

– Comment voulais-tu que je résiste ? Je suis un homme faible.

Ça, pour être faible… Y a qu'à voir toutes les donzelles qu'il se tape. Mais il prend son pied, c'est déjà ça.

Sa bonne humeur est communicative et elle suffit à me dérider définitivement. Je me laisse aller à mon tour et bouge en rythme sur le tempo.

– Qu'on soit bien clair, Vincent… Ce n'est pas parce qu'on danse ensemble que je finirai dans ton lit ce soir, je murmure dans son cou.

– Déstresse, Em. Je n'ai jamais parlé d'une *after* ! Et puis, je sais que ton cœur est déjà pris.

Il me fait un bref signe de tête en direction du bar. Je ne peux m'empêcher d'y jeter un œil aussi.

Ethan est désormais face à la piste et son regard sombre me transperce jusqu'à la moelle. Espérer qu'il ne me remarque pas était un peu con de ma part, on dirait… Un seul regard, c'est ce qu'il lui faut simplement pour capturer le mien, et me laisser pantoise. Je vais défaillir.

Mais ce regard qui me transperce me fait tressaillir, et je m'empresse de reporter mon attention sur Vincent, incapable de soutenir davantage la cadence. J'essaie de sourire, mais rien à faire, je tremble comme une feuille. J'inspire profondément et murmure :

– Fais-moi danser…

Vincent sourit, et je sais qu'il a compris. Sans un mot, il hoche la tête, attrape ma main et me fait tournoyer. La surprise me fait perdre l'équilibre et je ne peux m'empêcher d'éclater de rire.

Ce petit con a beau être le plus grand des emmerdeurs, il sait toujours comment me faire rire… Nous dansons comme deux gamins le quart d'heure qui suit, en compagnie de Carrie et Vicky qui nous ont rejoints.

Je suis bientôt essoufflée et je me précipite à notre table. Nos consos ont déjà été servies. J'avale mon verre quasiment d'une traite.

La conversation bat son plein, et mes amis hurlent davantage pour se faire entendre par-dessus le bruit de la musique. Mais moi, je n'entends que le sang qui pulse à mes tympans, le souffle court, bien trop consciente que je ne suis pas seule dans cette pièce. Non, il n'y a plus ni musique ni danseurs. Il n'y a plus qu'Ethan et moi. Le reste tangue un peu, la tête me tourne, et je tente d'occulter celui qui me met dans cet état.

Mais c'est peine perdue…

Mon attention est totalement happée par Ethan qui, au bar, est en grande discussion avec une blonde. Cette dernière lui fait les yeux doux et de grands sourires, paupières papillotantes. Mais il ne les voit pas. Au lieu de faire les va-et-vient entre le sourire et les nibards de cette blondasse, les yeux d'Ethan font systématiquement le va-et-vient entre son verre d'alcool qu'il tient en main et *moi*… Moi qui reste pantoise, incapable d'esquisser le moindre geste.

La nana finit par se lasser, et après un dernier regard un peu déçu à mon attention, s'en va. Ni Ethan ni moi ne la regardons s'éloigner. Nos yeux sont comme deux aimants, incapables de se quitter, fondus l'un dans l'autre.

La profondeur de son regard, cette tristesse insondable que je lis en lui, m'enserre le cœur. Mais je n'en comprends pas le sens. Pourquoi est-il si triste ? N'est-ce pas juste le fruit de mon imagination, ou simplement le reflet de mes propres sentiments ?

Sans m'en rendre compte, j'ai crispé les poings sur mes genoux, sous la table. Je suis incapable de jouer la comédie, de feindre la joie, de coller un sourire factice sur mes lèvres. J'essaie vaguement de suivre la conversation, mais j'entends trop vaguement les voix de mes amis, ne saisis pas le sens de leurs propos.

Ethan baisse soudain le regard, rompant cette espèce de lien invisible entre nous.

Je le vois tourner lentement le liquide dans son verre, absorbé dans ses propres pensées. Finalement, il en avale d'une traite le contenu, se détourne et le repose sur le comptoir. Puis il s'éloigne.

Sans un regard.

Ça ne me fait rien. Absolument rien…

Définitivement. Il quitte l'Amarante d'un pas presque las.

– Emma, pourquoi tu trembles ? s'inquiète soudain Vicky.

Ethan a disparu.

– Emma ?

Et j'ai l'impression qu'il a tout emporté de moi.

27

Je décolle le dimanche en début d'après-midi, direction Londres. Je dois rencontrer demain matin un investisseur anglais pour lui présenter le projet Bohman. On a besoin de fonds de financement… En ce moment, je n'ai pas trop la tête au boulot. Il faut absolument que je me reprenne. Cette rencontre est très importante.

J'arrive à mon hôtel en fin d'aprèm et m'enferme directement dans ma chambre, où je m'affale sur le lit. Je contemple le plafond durant de longues minutes en tentant de faire le vide dans mon esprit.

J'avoue que ce rendez-vous me fait un peu peur. Je manque cruellement d'attention, ces derniers temps, et je crains de tout faire capoter. Daniel compte sur moi, et si je veux pouvoir lui prouver que je suis capable du meilleur, je dois me reprendre, me comporter en parfaite professionnelle.

J'ai besoin de me détendre. D'aller courir.

Je me redresse vivement. Je n'ai pas prévu de jogging dans mes bagages. À vrai dire, je n'ai que deux tailleurs, un jean, et une nuisette. Mais mon corps est fourbu et j'ai l'impression que ma tête va finir par exploser si je ne fais rien.

Dans la salle de bains, je récupère une serviette sur le portant, puis claque la porte derrière moi. Sur le guide touristique, il était écrit qu'il y avait une piscine dans les sous-sols de l'hôtel. Je m'y rends directement.

À l'accueil, j'achète un maillot de bain basique et une paire de lunettes de plongée, puis m'enferme dans les vestiaires et enfile le premier rapidement.

Quand je plonge dans l'eau, elle est si fraîche que ça me remet immédiatement les idées en place. J'entame ensuite des longueurs de crawl, sans me ménager. J'ai besoin de sentir mon corps se tendre, mes muscles protester, pour m'apaiser. Je nage, fendant l'eau avec force, battant des pieds avec frénésie, sans jamais ralentir. Mon souffle se fait rare, ma poitrine me brûle, mais je continue sur la même lancée.

Il me faut une bonne demi-heure pour me vider entièrement l'esprit. J'oublie alors Ethan et notre dernière rencontre, j'oublie ces sentiments qui lestent mon cœur ; j'oublie aussi ce prochain rendez-vous, et ma peur. Il ne reste plus que moi, vidée et seule dans cet hôtel londonien.

Je sors de l'eau, brusquement requinquée. Je retourne aux vestiaires, attrape ma serviette, mes affaires, et rejoins l'ascenseur. Alors que je l'attends, je m'essuie rapidement le corps, histoire de ne pas m'égoutter au sol. Dans l'ascenseur, je frotte vigoureusement la serviette sur mes cheveux.

On fait un arrêt au rez-de-chaussée. Un couple d'un certain âge pénètre dans la cage. Ils me contemplent avec désapprobation. J'ai l'impression d'avoir été prise en flagrant délit et j'ai brusquement honte. Putain de merdeux… Voilà que je me laisse attendrir par des bourges ! Rien que pour les faire chier, je passe la serviette sur mon épaule, m'adosse à la cabine et croise les bras sur ma poitrine, mes vêtements collés contre mon buste. Je ne leur ferai pas le plaisir de me draper dans ma serviette !

Dans leurs regards, je vois du mépris, puis ils me tournent

tous les deux le dos. J'en profite pour leur montrer mon majeur. Personne ne me voit, c'est mesquin, mais du moment que l'info ne remonte pas jusqu'à Sanders, j'ai tous les droits !

Merde ! Je reste comme une conne, mon majeur en l'air, quand un homme en costard entre dans l'ascenseur juste avant que les portes ne se referment. Lui m'a vue, et à son sourire en coin, je comprends que ça l'amuse. Il se cale à côté de moi, juste derrière le couple, tandis qu'on commence l'ascension des étages.

Et merde, j'ai vraiment l'air d'une imbécile, en maillot de bain, trempée, avec mon air revêche. Loin de l'image soignée et respectueuse que j'essaie désespérément de garder quand je suis au boulot.

Bordel, Emma, t'es vraiment conne ! Range cette putain de main !

Je m'exécute un peu maladroitement. J'attrape la barre en métal qui fait le tour de la cabine, plus pour me donner une contenance. Je sens le regard de l'homme sur moi. Il me contemple à la dérobée, son sourire toujours en coin. Qu'est-ce qu'il me veut ?

J'en profite pour le dévisager ouvertement. Il est grand, frôlant le mètre quatre-vingt-cinq. Ses épaules sont larges, et sa chemise tombe parfaitement bien sur son torse. Ses tempes sont un peu grisonnantes, mais ça lui confère un charme certain. Il doit avoir une dizaine d'années de plus que moi, mais il est vraiment pas mal, dans le genre homme d'affaires, et quand ses yeux rieurs croisent les miens, je me dis que j'en ferais bien mon quatre-heures.

On arrive à mon étage. Après un dernier regard, je me fraie un chemin entre les deux vieux, juste histoire de les faire pester encore plus. Je les bouscule un peu au passage, sans prendre la peine de m'excuser. Et je m'éloigne dans le couloir sans me retourner. J'entends la femme se plaindre, outrée, et ça me fait sourire. J'imagine que l'inconnu de l'ascenseur sourit, lui aussi.

Quand le signal sonore annonçant la fermeture des portes retentit, j'éclate de rire.

Voilà qui me redonne la pêche ! Emma est de retour.

***

J'ai une de ces faims ! J'avalerais un éléphant, s'il le fallait !

Je prends une douche rapide et enfile un tailleur pour le dîner. Après l'affiche de l'ascenseur, il est question de redorer un peu mon blason… J'emporte mon ordinateur portable et descends au restaurant.

Un des serveurs me place à une table de deux personnes. Après qu'il a pris ma commande, je repousse mon assiette, déballe le PC de sa pochette et l'allume. Un mail de Daniel m'attend avec toutes ses instructions pour le rendez-vous de demain. Pendant que j'en prends connaissance, mon plat arrive.

Je dévore mon assiette rapidement, en relisant pour la énième fois le dossier Bohman. Je commence à le connaître sur le bout des doigts, mais c'est important pour moi de savoir ce que je défends. Demain, je serai prête à soutenir mon dossier d'investissement.

J'ignore tout de l'homme que je vais rencontrer. Nous avons pris contact avec lui après un appel d'offres. De toutes les personnes qui ont répondu à cette offre, il est celui dont l'apport financier serait sans doute le plus important, et le moins risqué. Voilà pourquoi Daniel souhaitait que nous nous entretenions immédiatement. Avant même qu'il ne me le demande, j'avais déjà organisé la rencontre.

Le dîner fini, je repousse de nouveau mon assiette et reprends le boulot.

J'entends vaguement un raclement de gorge, mais je suis tellement concentrée que je l'ignore. Pourtant, j'ai le sentiment étrange que quelqu'un me dévisage. Quand je redresse les yeux, je réalise que l'inconnu de l'ascenseur se tient devant moi, debout derrière la chaise libre, les deux mains sur le dossier. Il a un bref instant d'hésitation, puis il me sourit de toutes ses dents. Je retrouve le regard amusé et le sourire charmeur de tout à l'heure.

Puis il embraie, dans un anglais britannique à l'accent très sexy :

– J'ai failli ne pas vous reconnaître.

Sa voix est grave. Elle crie « je sais qui je suis et ce que je vaux ». Et en l'occurrence, il vaut sûrement beaucoup…

– Vous voulez dire « habillée » ?

Il sourit de plus belle en acquiesçant.

– Oui… Je veux dire « habillée ».

Sa voix traîne un peu quand il prononce ces mots, comme si son esprit était ailleurs. Son regard parcourt ensuite mon décolleté, puis descend un peu plus bas. J'imagine qu'il me revoit en maillot de bain, d'autant que ses yeux brillent d'une étincelle nouvelle. Cette certitude m'excite carrément. Je le dévisage en haussant un sourcil, histoire de lui montrer que son manège n'est pas passé inaperçu.

– Vous dînez seule ?

Je rêve ou ce mec me drague ?

– Oui. Je suis ici pour affaires.

– Voulez-vous un peu de compagnie ? Je m'en voudrais de laisser une jolie femme dîner seule.

C'est une proposition plus que tentante, je dois l'avouer. Et je suis presque sur le point de céder, quand je me souviens que je suis ici pour le boulot. Réellement. Et que ma règle numéro un est de ne jamais mélanger le plaisir et le boulot.

Je me relève à mon tour, rabats l'écran de mon ordinateur et le range dans sa pochette en m'exclamant :

– C'est très gentil à vous, mais j'ai fini. J'allais justement rentrer.

Je lui souris de toutes mes dents, et pour une fois, je suis sincère. Je lui aurais bien dit oui, et il doit le voir dans mon regard, parce qu'il m'arrête d'une main sur mon épaule :

– Si vous changez d'avis, je suis chambre 503.

Je ne peux m'empêcher de lui faire un signe de tête. Puis je m'éloigne précipitamment.

Ce n'est qu'une fois dans ma chambre que je prends réellement le temps d'analyser ce qui vient de se passer. Merde, un putain de beau mec vient de m'offrir une partie de jambes en l'air, et j'ai refusé ! Certes, ce n'était pas en ces termes, mais faut pas être Einstein pour comprendre…

Qu'est-ce qui m'a pris, bordel ? Emma, tu fais chier avec tes règles à deux balles ! Ça fait combien de temps que tu n'as pas pris ton pied, hein ?

La dernière fois, c'était avec Ethan, il y a déjà plusieurs semaines. C'était magique, mais c'était Ethan…

Non, ne pense pas à lui, pas maintenant alors que tu te l'étais enfin sorti de l'esprit !

Fait chier. J'éructe dans ma chambre après cet imbécile qui ne veut pas me laisser tranquille. Qu'est-ce que j'ai fait au Bon Dieu pour mériter ça ? Bon OK, Dieu n'est pas con, et il sait que je ne suis pas une de ses plus grandes fans… *C'est peut-être un moyen pour Toi de me le faire payer, non ? Si c'est ça, T'es vraiment pas cool…*

Je trépigne d'impatience, en me rongeant les ongles. Mon cœur palpite à cent à l'heure, et je ne sais pas si c'est une bonne chose ou pas. J'aurais préféré ne jamais remarquer que j'en avais un, de cœur ! Peut-être qu'il m'aurait foutu définitivement la paix, comme ça !

Mais voilà, maintenant qu'Ethan est revenu hanter mon esprit, je n'arrive plus à l'oublier.

Il m'emmerde royal, ce con !

Je ressors de ma chambre aussi vite que j'y suis entrée, et avant de changer d'avis, je fonce jusqu'au cinquième étage. Quand je frappe à la porte du 503, l'inconnu est là. Il m'ouvre presque immédiatement.

Son sourire s'élargit sur ses lèvres et avant qu'il n'ait le temps d'en placer une, je me colle à lui et l'embrasse à pleine bouche. Il referme la porte derrière moi et me plaque contre elle.

– Tu es si belle… il murmure contre mes lèvres, à bout de souffle, dans son anglais si parfait.

– Tais-toi.

Ma voix est ferme, et j'ai l'impression que mon autorité lui plaît, parce qu'il sourit avant de m'embrasser de nouveau. Mes doigts attrapent les boutons de sa chemise, qu'ils défont précipitamment, avant de l'ôter de son pantalon. Avant même qu'elle ait touché le sol, je m'attaque à la boucle de sa ceinture.

– Doucement, il murmure en éloignant mes doigts.

Mais je n'ai pas envie de ralentir le rythme. Je me fous complètement de ses désirs, de lui, même ; je n'ai plus qu'une chose en tête : coucher avec lui, et me sortir définitivement l'autre débile de la tête.

Je défais rapidement les boutons de mon chemisier, le fais tomber au sol, où ma jupe finit également quelques instants plus tard. Je pousse ensuite l'inconnu vers le lit, sur lequel il bascule. J'en profite pour lui enlever son pantalon.

On dirait qu'il aime mon empressement, finalement. L'évidence de son désir me fait sourire. Alors que j'enlève mes chaussures, il fait de même, se penche pour récupérer son pantalon au sol, en fouille la poche arrière et en sort une capote.

Avant qu'il ne le réalise vraiment, je l'ai débarrassé de ses derniers vêtements et, à califourchon sur lui, je m'empale violemment sur son membre dressé.

***

J'ai rejoint ma chambre une petite heure plus tard, sans un mot. L'inconnu ne m'a pas donné son nom, je ne lui ai pas donné le mien non plus. À vrai dire, je ne lui en ai pas laissé le temps, et je n'ai posé aucune question. Alors qu'il avait filé sous la douche, le sourire encore aux lèvres, je me suis rhabillée en silence et j'ai quitté sa chambre.

Comme une voleuse.

Comme je le faisais si bien avant.

J'ai plongé sous les draps à peine arrivée et me suis endormie presque immédiatement.

À mon réveil, j'ai pris une longue douche, comme pour me débarrasser des vestiges de cette nuit passée, puis je me suis rendue au restaurant pour le petit déjeuner. Deux heures plus tard, j'allais à mon entretien avec l'investisseur anglais, beaucoup plus légère.

***

– Il marche ! je m'exclame.

Je suis dans le taxi qui me ramène à l'aéroport, le mardi matin.

– Tu as eu le marché ? me demande Sanders à l'autre bout du fil.

– Oui. Il est partant pour investir dans l'entreprise. Elle a un fort potentiel, c'est ce qui l'a décidé.

– Bien joué, Emma. Je savais que je pouvais compter sur toi.

– J'espère bien.

À vrai dire, moi-même, j'ignorais si on pouvait me faire confiance avant l'entretien. Mais mon coup vite fait avec l'anglais de l'ascenseur a eu le mérite de me détendre complètement. Et je n'ai plus pensé à Ethan de toute la journée. À vrai dire, encore aujourd'hui, je suis sur un petit nuage d'avoir décroché le contrat. Grâce à Hamilton, notre nouveau collaborateur, les risques financiers sont divisés par deux, et Holding pourrait bien faire de plus gros bénéfices. En contrepartie, Hamilton a investi sur le long terme, et une partie de nos recettes lui sera reversée, une fois l'entreprise florissante. Mais je ne me fais aucun souci quant à cette entreprise : elle a réellement le potentiel pour prospérer.

– Je serai là pour 15 heures, j'annonce à Sanders.

– Très bien, alors débrief à 17.

Nous raccrochons sur ces dernières paroles.

Quand j'arrive dans mon bureau, quelques heures plus tard, Carrie me saute dessus :

– Félicitations pour ton contrat ! elle s'exclame.

Je souris, zieute dans le bureau de Daniel et, comme il est vide, je lance à mon tour :

– Tu doutais de moi, salope ?

Elle rit en secouant la tête par la négative.

– Jamais je ne douterais de tes capacités !

Et pourtant, j'ai bien failli faire capoter l'affaire, pendant un bref instant. Mais ça non plus jamais je ne l'avouerai.

– Alors, comment s'est passé ton voyage ?

– Très bien. J'ai fait la rencontre d'un Britannique fort… sympathique, j'avoue en souriant.

– Quoi ?

Carrie lâche brusquement tout ce qu'elle est en train de faire et vient poser ses fesses sur le rebord de mon bureau :

– Petite cachottière, raconte-moi ce qui s'est passé !

– Pas grand-chose. On s'est rencontrés dans l'ascenseur, il m'a accostée au restau le soir même, et on a baisé comme des sauvages dans sa chambre d'hôtel.

Je me garde bien de lui expliquer les raisons de cette coucherie.

– Et tu as aimé ?

Je souris toujours en acquiesçant. C'est vrai. C'était bon. C'était même très bon.

Même s'il manquait quelque chose…

28

J'ai calé mes mains sur les hanches de Gueule d'Ange, alors qu'il me fait danser sur un rythme langoureux. Je suis en nage, et mes cheveux se collent à mon front. Mais pour rien au monde je ne romprais le contact, je m'amuse comme une folle, ce soir. J'apprécie de plus en plus ces instants partagés avec lui. J'ai l'impression d'avoir affaire à un de mes propres frères.

Merde… Ça fait des mois que je n'ai pas pensé à eux. Pourquoi brusquement ? Au cours des années, je me suis peu à peu éloignée de ma famille. Pourtant, je les adore. Mais les souvenirs sont parfois trop douloureux à supporter…

J'essaie de me les sortir de la tête, mais à la fin du morceau, quand Gueule d'Ange m'abandonne pour courir d'autres jupons, je me jette sur le bar. Impossible d'oublier les bouilles de mes trois aînés.

– À boire ! je m'exclame en tapant du plat de la main sur le comptoir.

Derrière le bar, ils sont habituellement trois à servir les clients, mais mon barman attitré reste Kév. Je ne m'adresse jamais qu'à lui. Pourtant, ce soir, Kév est tellement occupé que c'est un petit nouveau qui me répond :

– Tu veux quoi, ma belle ?

Je hausse un sourcil et le détaille de la tête aux pieds. Il doit avoir une petite trentaine d'années, mais son charme est ravageur. Avec ses piques sur la tête, son piercing à l'arcade sourcilière et le tatouage noir sur son biceps bien dessiné, il me fait tout de même un peu penser à Kév. À croire qu'on les fabrique à partir du même moule…

Je m'accoude au comptoir et m'exclame :

– Surprends-moi !

– Avec plaisir, il me répond dans un grand sourire, en me faisant un clin d'œil.

Alors qu'il commence à mélanger les boissons dans son shaker, Kév se rue sur nous :

– Laisse tomber, mec, elle est de la maison ! il s'exclame en l'arrêtant d'un geste. Fais pas attention à elle, c'est une emmerdeuse de première ! Si tu la laisses faire, tu lui mangeras bientôt dans la main.

Je joue la consternée, ouvrant de grands yeux incrédules. Mais j'ai énormément de mal à dissimuler un fou rire. Kév a repris la préparation de ma boisson. Il diminue le taux d'alcool, il sait qu'autrement, je ne finirai pas la soirée sur mes deux pieds.

– Moi, je ne dirais pas non… intervient le petit nouveau.

Il ne dirait pas non à me manger dans la main ? Voilà une image tout à fait affriolante qui me passe par la tête… Je lance un regard éloquent à Kév, puis tends la main à son collègue :

– Emma.

Il la serre dans la sienne chaleureusement.

– Gabriel.

Putain, il a un nom aussi charmant que lui… Dommage qu'il travaille au Libertin. Ma règle numéro un vaut tout autant pour les membres du personnel.

J'attrape le verre que me tend Kév et l'avale d'un trait. Puis je le fais glisser sur le bar et me hisse dessus. Je surplombe toute la salle quand je commence à me trémousser comme une folle, et j'adore ça.

– Elle est toujours comme ça ? demande Gabriel.

– Fais pas attention.

Kév me fouette le cul avec un chiffon, et je prends un air outré. Mais la vérité, c'est que je me sens bien. Pour la première fois depuis des semaines, j'ai vraiment l'impression de reprendre ma vie en main.

– Eh ! Ma biche ! s'exclame Carrie.

Elle est à mes pieds, un grand sourire aux lèvres.

– Eh !

J'attrape ses deux mains et l'aide à monter sur le comptoir, avant de la serrer fort dans mes bras. Je ne sais pas trop pourquoi ce besoin soudain d'expansivité. Ça ne me ressemble pourtant pas. D'ailleurs, Carrie s'en étonne :

– Dis donc, tu as l'air de bonne humeur !

Je hausse les épaules et me tourne face aux barmen.

– Carrie, je te présente Gabriel !

Ils se saluent comme de vieux amis.

– Pas besoin de te présenter Kév ! je m'exclame encore avec un clin d'œil.

– Mais qu'est-ce que tu lui as fait boire ? lui demande Carrie.

– Rien, je t'assure !

Avant de laisser à Carrie le temps de protester, je l'attrape par les poignets et l'entraîne dans une danse effrénée, toujours debout sur le comptoir. Nous rions beaucoup, et j'essaie d'oublier qu'il faudra bientôt que je l'abandonne pour retourner bosser.

Quand mon regard se reporte sur la foule en délire, glisse sur chaque visage, sans vraiment les voir. Il n'y a jamais eu que la tignasse aux boucles brunes d'Ethan que je repérais de loin, son sourire aux innombrables promesses, et la profondeur de ses yeux emplis de désir.

Quand on parle du loup, j'ai l'impression de le voir dans la foule. Encore ce soir, lui seul se démarque parmi les clients.

Mais merde ! Moi qui pensais avoir affaire aux fruits de mon imagination, je me rends compte qu'il est bien là.

Mon cœur se met à palpiter très fort, le traître. Sans que je m'en rende compte, j'ai cessé de danser et je dévisage Ethan qui se noie parmi les clients. J'ai chaud, je tremble, tandis qu'un flot de sentiments que je pensais ne plus avoir refait brusquement surface.

C'est à cet instant précis que je réalise qu'il n'est pas seul. Bordel… Pourquoi faut-il toujours que ce salop soit accompagné ? Et à chaque fois en si charmante compagnie ! C'est un enculé de première, de venir exhiber ses conquêtes sous mon nez… Il danse actuellement contre une nana brune, une allumeuse qui a jeté ses deux bras autour de son cou et qui approche dangereusement son visage du sien.

Vire tes sales pattes de là, salope !

Ce cri silencieux me tord les tripes, mais je ne dis rien. Je ne bouge pas non plus. Comme une conne, je reste immobile, incapable de faire le moindre geste, tandis que sous mes yeux, le couple s'embrasse avidement.

– Emma ? s'inquiète Carrie en touchant ma main.

Sa voix me ramène enfin à la réalité.

Qu'est-ce qu'il fout là ? Mais surtout, qu'est-ce qu'*elle* fout là, elle, à tripoter mon mec ?

Bordel, Emma, tu te rends compte ? Tu parles de lui comme s'il t'appartenait vraiment. Mais pauvre conne, réveille-toi !

Je me détourne, mais rien n'y fait : derrière mes paupières closes, je distingue encore cette image des deux corps emmêlés, et ça me donne envie de vomir. Je rejoins le bord du comptoir, prends appui sur les épaules de deux mecs accoudés au bar, et saute à terre.

Quand je me fraie un passage sur la piste de danse, c'est en bousculant tous ceux qui se dressent en travers de mon chemin, indifférente aux cris, aux insultes, aux protestations. Si vous saviez comme je me moque complètement de vous, mes petits cons ! Je n'ai qu'une seule idée en tête, comme une idée fixe. J'y suis presque. Je ne peux pas détourner mon regard de lui, de cette garce qu'il pelote avec désir. Sa main sur son cul remonte et se glisse sous les vêtements, dans le dos de sa grognasse.

Je les surprends en plein baiser : avec toute la force dont je suis capable, je repousse violemment Ethan, qui rebondit contre des corps. Puis je me jette sur lui, lui martèle la poitrine à coups de poing.

– Tu n'avais pas le droit d'emmener cette pétasse ici ! je hurle, hors de moi. Ici, c'est mon territoire ! Putain, Ethan, tu n'avais pas le droit !

J'ai l'impression d'être une furie et je ne peux plus endiguer quoi que ce soit. On dirait que les vannes se sont ouvertes. Les larmes ont envahi mes yeux et la première roule sur ma joue. Bordel, que ça fait mal ! Je l'essuie d'un geste rageur.

Mais merde, Emma, tu ne vas pas te mettre à chialer comme une gamine devant cet enculé ! Ravale ces larmes !

Ethan me dévisage. Je peux lire dans son regard l'étonnement.

– Ethan, qu'est-ce qui se passe ?

D'un mouvement de main, il fait taire l'autre nana qui, de près, est bien plus belle encore que je m'y attendais. Avec ses yeux de biche et sa bouche pulpeuse, tu m'étonnes qu'il ait fondu, le con !

Ethan esquisse un geste, comme pour essuyer mes larmes, mais je le repousse vivement.

– Mais bordel, Emma ! Faudrait savoir ce que tu veux ! il s'emporte soudain.

Sa voix profonde et rauque me fait sursauter.

– Ce que je veux, c'est que toi et ta pétasse…

– Angela ! m'interrompt-elle, furibonde.

Elle me foudroie presque du regard, en nous dévisageant à tour de rôle.

– Je me fous complètement de savoir comment tu t'appelles ! Dégagez, tout de suite !

– Ethan, c'est qui celle-là ? elle demande.

Le ton monte énormément entre nous trois, mais, sans prendre la peine de lui répondre, Ethan m'attrape par le poignet et me tire vivement derrière lui. J'en ai presque mal, alors qu'il bouscule tous ceux qui se dressent sur sa route, totalement indifférent aux vociférations d'Angela. Je n'arrive pas à me défaire de son emprise et je n'ai qu'une envie : lui foutre mon poing dans la gueule.

On a quitté la piste de danse et il me traîne dans un couloir sombre. On dépasse les toilettes et on bifurque au bout du corridor, dans l'impasse. Là, il me plaque contre un mur. Ce même mur contre lequel lui et moi avons fait l'amour, il y a de cela quelques semaines…

– Mais bordel, Emma, c'est quoi ton putain de problème ? Tu nous fais quoi là ?

– J'en sais rien ! je hurle en le repoussant de toutes mes forces.

Dans la débâcle, il m'a relâchée, et je lui fais face. Mes yeux lancent des éclairs et s'il n'y prend pas garde, je pourrais bien le foudroyer sur place.

– Putain, Ethan, je déteste te voir avec une autre nana ! Alors venir t'exhiber sous mon nez !

J'ai du mal à finir mes phrases. Je suis tellement énervée que j'en tremble presque.

– Tu te fous de moi ? Tu te pointes chez moi, totalement bourrée, pour me demander de ne plus jamais t'approcher, et ensuite, comme une fleur, tu viens un soir au restau ? Je n'arrive plus à te suivre, Emma ! Quand j'essaie de prendre la température, tu te trémousses dans les bras d'un autre ! Bordel, faudrait savoir ce que tu veux !

Ses yeux me brûlent, tant ils sont sombres et intenses. J'ai l'impression que mes sautes d'humeur alimentent sa colère, et je me dis que si j'avais été un mec, il aurait fini par m'en foutre une.

La colère qui boue en moi est telle que j'explose à mon tour, sans même réfléchir :

– Eh bien, ce n'était pas ce que je voulais ! Mais tu voulais que je te dise quoi, avec cette pute qui t'attendait dans une de tes chemises ? Que j'étais raide dingue de toi ? Tu me prends pour qui ?

Ethan se redresse, interloqué.

– Et tu l'es ?

– De quoi ? je hurle encore.

– Mais merde, raide dingue !

– Non mais, tu-tu te fous d-de moi ?

Je bégaie d'étonnement, incapable de cacher le trouble qui s'empare de moi. Ma seule solution, comme toujours, c'est l'attaque :

– Mais tu te prends pour qui ? Je te hais, Ethan !

– Alors c'est quoi cette scène que tu nous fais ce soir ? Et explique-moi ce que t'es venue foutre au restau la semaine dernière ? Bordel, Emma, mets-toi un peu à ma place ! Tu m'as fait comprendre que tu ne voudrais jamais de moi, alors arrête de me rappeler sans cesse ce que j'ai perdu ! Tu crois que ça ne me fait rien de te voir roucouler avec tous les mecs qui passent ?

– Quoi ? C'est donc ça, le problème ? Tu me fais payer ta jalousie ? C'est la raison de ta présence ce soir ?

Il lève les yeux au ciel, se détourne et peste dans sa barbe. Lorsqu'il me fait de nouveau face, ses poings sont serrés, sa mâchoire crispée, et il tempête brusquement, en me plaquant de nouveau contre le mur.

– Pourquoi tu n'écoutes jamais rien ?

Ses yeux me brûlent. J'ai l'impression qu'il veut ajouter quelque chose, mais il garde le silence. Je n'ose plus rien dire. Finalement, il s'éloigne de nouveau et s'exclame :

– Tu veux qu'on joue carte sur table ? Très bien ! Alors oui, je me suis pointé au Libertin la semaine dernière parce que, comme un con, j'avais besoin de te voir ! Il *fallait* que je te voie ! C'était le seul moyen pour tirer définitivement un trait sur toi ! Et je l'ai fait, bordel, je l'ai fait ! Ce soir-là, j'ai décidé que ce serait la dernière fois que je te voyais ! Mais toi, tu te pointes comme une fleur le lundi suivant ! Tu voulais quoi, que je fasse comme s'il ne s'était rien passé ? J'en étais incapable, Emma ! Tu étais là, devant moi, touchante de maladresse, je pouvais pas l'ignorer ! Et puis il y a eu l'Amarante, et ton regard qui m'a foudroyé sur place ! J'arrivais plus à l'oublier ! Ça a fait naître en moi un foutu espoir ! Parce que oui, après tout, le fait que t'essaies de m'oublier veut bien dire quelque chose, non ? Mais voilà, je te vois ce soir te trémousser dans les bras de l'autre gamin, draguer ce barman au bar, et je dois rester là sans rien dire ? Je déteste te voir dans les bras d'un autre homme que moi, Emma ! Alors excuse-moi de vouloir t'oublier dans les bras d'une autre !

Ce long monologue m'a coupé les jambes. Ethan n'a pas baissé une seule fois le ton ; le sang lui est monté aux tempes, une veine seyante palpite dans son cou, et il hurle si fort, à force de gestes brusques, que sans la musique, le bar entier l'aurait entendu. Mon cœur bat la chamade, partagé entre la colère, la peur et le plaisir.

Avant que ma raison m'ordonne de fuir, je me jette sur lui, passe mes deux bras autour de son cou et presse mes lèvres contre les siennes. Ce baiser le déroute, il ne sait plus comment réagir, si bien qu'il reste stoïque, les bras ballants.

– Je ne veux pas que tu te consoles dans les bras d'une autre que moi… je murmure contre ses lèvres. Je déteste ça… Bordel, Ethan, regarde ce que tu as fait de moi ! Je n'arrive plus à vivre sans toi !

Ses yeux brillent dans la nuit, et j'ai l'impression qu'il m'ouvre de nouveau les bras quand son regard s'éclaire. De la colère, il passe à l'incompréhension, puis au bonheur. Son visage entier s'illumine.

Il me presse brusquement contre lui, avec force et envie. Je sens sa poitrine battre précipitamment contre la mienne et le feu s'empare de nouveau de moi. Ce feu si caractéristique de nos rencontres… J'oublie absolument tout le reste : je n'ai plus que la perception intense de nous, de lui contre moi, de son cœur qui tambourine, du sang qui afflue dans mes veines, du désir qui nous rattrape. Je ne sens que son corps contre le mien, ses lèvres qui cherchent avidement ma bouche, ses hanches qui se pressent contre mon ventre.

J'en perds le souffle, mais ça m'importe peu. Même si ma tête commence à tourner, je suis aux anges, entre ses bras. J'ai l'impression de revivre enfin.

Fais-moi l'amour, Ethan, ça fait si longtemps !

– Emma !

Je sursaute en entendant mon nom. Ethan m'a relâchée mais nous sommes toujours collés l'un à l'autre quand je perçois vaguement les contours d'un visage familier : des piercings, des tifs rouges, des tatouages… Kév nous dévisage à l'autre bout du couloir.

– Ramène ton joli petit cul par ici, Paul vient d'arriver.

Je me souviens soudain du club, des gens qui nous entourent, de mon job.

– J-j'arrive… je bégaie.

Il disparaît de nouveau à l'angle du couloir. Je fais face à Ethan. Ses yeux sont brûlants d'excitation, et pendant un bref instant, j'ai presque envie d'envoyer tout foutre en l'air.

– Je dois y aller… je murmure malgré tout.

– Je sais. Moi aussi, de toute manière. Je me lève tôt, demain…

J'hésite encore un peu, partagée entre ce désir fou qui me retourne les tripes, et cette putain de conscience pro qui me hurle de retourner bosser. Après un imperceptible mouvement de tête, je m'éloigne de quelques pas. Sa proximité m'embrouille l'esprit.

J'inspire profondément, me recoiffe puis fais enfin demi-tour. Mais Ethan me saisit par le poignet et m'attire de nouveau à ses lèvres. Son baiser est doux et tout en tendresse, cette fois-ci. J'ai littéralement l'impression de fondre…

– Je t'interdis d'aller la retrouver, je murmure brusquement contre ses lèvres. Tu m'appartiens.

– Tout comme toi tu m'appartiens, il ajoute avant de me relâcher.

Pour la première fois de ma vie, je me surprends à penser réellement ces mots. Et la réponse d'Ethan ne me fait plus peur…

29

J'ai revêtu une longue robe noire au décolleté dorsal plongeant sur mes reins. L'avant est simpliste, mais la coupe très classe donne à cette robe un côté naturel, tandis que l'arrière reste toutefois un peu provocant. Aujourd'hui, je veux passer inaperçue, qu'on ne m'associe pas au travail de Jules.

Vicky doit bientôt passer me prendre. Nous avons finalement convenu d'aller à la galerie ensemble.

Je sens l'excitation me gagner peu à peu. J'ignore totalement quel portrait a choisi ce con de Jules, mais j'imagine que c'est un des plus beaux qu'il ait de moi. Et à l'idée que des dizaines d'inconnus verront mon corps nu, je suis tout émoustillée. Personne ne saura que c'est moi, et c'est terriblement excitant. J'essaie d'apaiser le feu dans mon ventre tandis que Vick arrive enfin, et toutes les deux, nous jacassons comme deux pipelettes dans sa voiture en nous rendant à l'expo. Lorsqu'on stationne, on découvre Vincent qui fait le pied de grue devant l'entrée.

– Qu'est-ce que tu fous là ? je ne peux m'empêcher de m'exclamer, acerbe.

– Je n'allais pas manquer ton heure de gloire ! sourit-il.

Avant que j'aie le temps de l'envoyer chier dans les règles de l'art, Vicky lui demande :

– Isa n'est pas là ?

À son air renfrogné, nous comprenons qu'Isa ne fera plus partie du tableau. Encore une histoire avortée avant son heure…

– T'es pas croyable, mec ! Il te faudrait tout un régiment de belles nanas devant la porte.

Ce qu'il doit déjà avoir, j'en suis sûre.

Ma réplique a au moins le mérite de le faire sourire, c'est qu'il ne va pas si mal que ça.

– Avant que je change d'avis, on entre ? je demande enfin.

Ils acquiescent en souriant et nous nous engouffrons dans le hall.

La galerie est une immense pièce blanche, très moderne, avec çà et là quelques sculptures pour habiller l'endroit. Des dizaines de photographies s'étalent sur les murs, dont les tons contrastent étrangement avec la déco puriste. Des panneaux blancs posés à même le sol semblent découper la pièce en couloir, créant un chemin tortueux dans la salle.

Je ne m'attarde pas plus sur la déco, encore moins sur le monde qui m'entoure ; mon regard est inévitablement attiré par le travail de Jules… Les photographies sont grandes, frôlant le mètre, parfois plus, rarement moins. Beaucoup sont en noir et blanc, d'autres en sépia ; certaines encore sont plutôt pâlichonnes, mais Jules y a accentué une seule couleur : ici, une touche de rouge, là du vert… Le contraste est magnifique.

Je m'arrête devant chacun des tableaux, ébahie. Putain, je déteste ce mec, mais il est carrément doué. C'en est presque indécent. Chaque modèle est nu, mais Jules est parvenu à rendre ces photos érotiques, sans être vulgaires. Il fait ressortir la beauté de chacun, accentuant *le* détail qui le rend unique. C'est indéniablement un travail de pro.

C'est impressionnant, et j'en reste sans voix.

On arrive enfin devant celle de Vicky, une photo de pied, en bichromie dans des tons presque chocolat, qui rendent sa peau lisse quasiment grise. Une de ses mains est posée en travers de son sexe, comme dans un excès de pudeur, tandis que l'autre descend de ses seins sur son ventre, d'une façon très gracieuse. Elle a le regard lointain, un peu vitreux, et les lèvres gonflées entrouvertes. Elle est juste parfaite.

Je ne comprendrais décidément jamais son manque de confiance. Quand on voit ce genre de tableau, on aurait tendance à penser que son modèle est magnifique.

D'ailleurs, j'en sens un à côté de moi qui se raidit. Je dévisage Vincent, amusée de sa réaction. Serait-il excité par toutes ces photos ? Il détaille celui de Vicky sous toutes les coutures, sans aucune gêne, et je sens une certaine tension planer dans l'air.

Une petite réplique sarcastique menace de jaillir, quand brusquement, mon regard tombe sur la photo d'à côté. Mon cœur rate un battement.

Je me reconnais immédiatement, même si mon visage est en partie caché. Je n'ai jamais été aussi belle, il me semble. Je suis allongée en travers du sofa. Ma tête est rejetée en arrière sur l'accoudoir. On ne voit qu'une flopée de cheveux blonds, un bout de joue et des lèvres pleines, entrouvertes. Jules a accentué le rouge de ma bouche et le blanc de mes dents, créant un contraste saisissant. Dans un premier temps, je ne parviens pas à détourner le regard de mon visage, complètement captivée par l'air sensuel qui s'en dégage.

Quand enfin j'arrive à m'arracher à ce spectacle, c'est pour faire glisser mes yeux le long de mon cou offert, jusqu'à ma poitrine gonflée aux seins durs, dont Jules a retravaillé le mamelon. C'est terriblement excitant de se voir à travers les yeux d'un autre… Mon ventre est creux, ce qui fait ressortir un peu mes côtes. Un de mes bras est posé en travers du dossier, les doigts crispés sur le tissu, tandis que l'autre disparaît entre mes jambes à moitié repliées, juste assez pour cacher mon sexe. On pourrait presque croire que je prends mon pied, ce qui n'est pas le cas.

Mon cœur a du mal à retrouver un rythme cardiaque normal. Je sens mon ventre se contracter et mon sexe s'humidifier. C'est si excitant que je m'imagine sur ce même sofa, la tête d'Ethan enfouie entre les cuisses, son sexe au plus profond de moi, à me faire l'amour sauvagement…

Mon regard parcourt une nouvelle fois le tableau, et je suis si chamboulée que je n'entends pas Vincent s'approcher :

– Tu es magnifiquement bandante, sur cette photo. Ça aussi, ça me rappelle de bons souvenirs…

Sa main s'attarde un peu trop sur mes reins, à même ma peau, mais mon esprit est trop occupé pour s'en rendre réellement compte. Il me regarde bizarrement, les yeux voilés. Ça ne dure qu'une fraction de seconde, avant qu'il ne se reprenne et redevienne le chieur que j'aime. Il ôte sa main et s'éloigne imperceptiblement de moi. Nous nous replongeons dans la contemplation du tableau.

Brusquement, un détail me saute au visage.

Sous la photo, dans le petit cadre blanc, Jules a signé son travail, à côté d'un magnifique titre en italique qui me fait monter la moutarde au nez : *Emma X.*

– Je vais le tuer… je rugis, entre mes dents.

Je m'éloigne à grands pas, folle de rage, laissant Vincent seul devant mon tableau. Je cherche Jules partout dans la galerie, mais il n'est nulle part. Je continue mon expédition, repère Vicky en grande discussion avec des inconnus, mais pas de Jules. Je décide de sortir, voir s'il ne serait pas en train de s'en griller une.

Bingo.

Je le trouve adossé contre un mur, dans une ruelle à côté de la galerie. Il n'y a personne d'autre que lui. C'est bien. Je vais pouvoir l'incendier en toute intimité. Mes talons claquent sur le bitume, au reflet de mon cœur qui palpite de rage. Il m'entend clairement approcher mais ne redresse pas la tête. Sans préambule, je l'attaque :

– C'est quoi, ce délire ?

Il prend le temps d'aspirer une nouvelle bouffée de nicotine, rejette ensuite sa clope sur le trottoir, l'écrase de son pied et se redresse enfin. Quand il me fait face, son regard pétille d'amusement, et le coin de ses lèvres s'étire dans un sourire ironique.

Ce même sourire en coin qui me fait littéralement voir rouge.

– Tu sais que tu es très belle quand tu t'énerves ?

Sa question n'en est pas vraiment une ; ça m'énerve encore plus. Je l'ignore néanmoins et continue comme si je n'avais rien entendu :

– Pourquoi tu as mis mon nom sous la photo ? T'es con ou tu le fais exprès ? L'intérêt d'avoir masqué mon visage était justement que personne ne sache que c'est moi ! Avec mon nom, autant crier à tous que j'en suis le modèle ! Putain, Jules, tu...

Je n'ai pas le temps de finir ma phrase qu'il a collé sa bouche contre la mienne. Je suis si surprise que j'en oublie le fil de ma pensée et reste stoïque, incapable de le repousser. C'est comme si toute raison avait quitté ma tête et j'ai du mal à saisir que ce couillon m'embrasse. Le temps que je le réalise, il en a bien profité, le salop.

– Emma, tu m'excites tellement quand t'es en pétard... il souffle contre mes lèvres de son haleine nicotinée.

C'est ce qu'il me faut pour réaliser enfin. Je le repousse et lui fous mon poing dans la gueule. J'ai frappé si fort que mes jointures me font mal. Je secoue la main en grimaçant.

Jules a brusquement perdu son sourire. Mon coup l'a atteint en pleine mâchoire, qu'il se masse douloureusement. Dans son regard brille une profonde colère, mais j'y décèle aussi autre chose. Avant que je comprenne ce qui se passe, il se jette sur moi violemment. La panique m'envahit. Je suis piégée...

QUAND L'AMOUR SORT LES GRIFFES

30

Jules m'a plaqué contre un mur, et son corps entier pèse contre le mien. J'ai l'impression qu'il est plus lourd que je ne m'y attendais, et j'ai du mal à me libérer de son étreinte. Il s'est calé entre mes jambes, bloquant les miennes, si bien que je n'arrive pas à ramener mon genou contre moi pour le repousser. Je l'aurais bien refroidi d'un coup en pleines noisettes, mais je suis coincée. Je sens contre mon ventre la ferveur de son désir, et plus je résiste, plus il est excité.

La rage se mêle en moi à la peur, et je crie en essayant de le repousser. Ses lèvres plaquées contre les miennes étouffent mes gémissements.

Merde, comment je vais faire ?

J'ai du mal à réfléchir, et mon cœur s'affole. Je mords avec hargne sa lèvre, et bientôt, le goût métallique du sang se répand dans ma bouche. Je l'entends grogner, mais rien ne semble le faire flancher.

Soudain, le poids de Jules disparaît, et mes poumons inspirent violemment l'air, ma poitrine se comprime avec douleur. Jules a été projeté loin de moi. Il a le cul par terre, et du sang s'écoule de sa bouche. Une haute silhouette s'est interposée entre nous ; elle se tient de dos, et je la reconnais immédiatement : c'est Ethan. Ses poings sont crispés, il éructe de rage.

Le temps que je reprenne mes esprits et que je le rejoigne, il a déjà envoyé son pied dans l'estomac de Jules. Le voilà maintenant qui le chevauche, le saisit au col d'une main et l'assène de coups de poing de l'autre. Il grogne et toute cette violence me fait presque flipper. Jamais je ne l'avais vu aussi brutal. Je me jette sur lui, l'attrape par le buste et tente de l'éloigner de Jules.

– Ethan ! C'est bon, il a eu son compte !

Ma voix a au moins le mérite de le faire revenir parmi nous. Il s'est crispé, avant de relâcher sans ménagement un Jules complètement amorphe. Ce dernier titube en se redressant, le regard empli de haine. Jules grimace en toussant. Sa lèvre a éclaté, elle est pleine de sang, et son visage n'est plus qu'un énorme hématome. Son souffle est rauque, et c'est du sang qu'il crache sur le trottoir, en nous dévisageant avec amertume.

Sans demander son reste, il tourne les talons et s'éloigne dans la nuit. J'imagine qu'il est allé se rafraîchir aux toilettes. J'espère pour lui qu'il a du maquillage pour se refaire une beauté, parce que ses fans l'attendent, et il est loin d'être présentable.

Brusquement, Ethan se retourne. Les traits de son visage sont tordus par les nerfs et il hurle :

– C'est qui, ce connard ? Emma, si tu me dis que c'est lui qui t'a pris en photo, je ne réponds plus de rien !

Merde, comment sait-il pour les photos ? Et puis, qu'est-ce qu'il fait ici ? Je ne sais plus quoi dire, ni par où commencer. Finalement, je finis par lui poser la seule question qui vient :

– Comment tu as su ?

– Carrie m'a parlé de l'expo photo, l'autre soir, au Libertin. Putain, Emma, c'est quoi cette photo de toi nue ?

Sa mâchoire se crispe. Il est brusquement devenu tout rouge. Devant mon air ahuri, il s'exclame encore :

– Tu me fais un scandale pour quelques malheureuses vidéos

de toi en train de danser, mais tu prends des photos en tenue d'Ève avec un connard de la pire espèce ? Tu te fous de moi ?

Il serre les poings de colère, mais à vrai dire, je ne comprends pas trop pourquoi. Est-ce le fait qu'il y ait des photos de moi dans mon plus simple appareil qui le dérange ou simplement le fait que ce soit Jules qui les ait prises ?

Je sursaute presque quand il m'attrape le visage à deux mains.

– J'ai eu si peur… Emma, ne me refais jamais ça !

Le voir si désespéré me fait monter les larmes aux yeux. Je les ravale, le cœur battant la chamade, et murmure :

– Je vais bien. Il ne m'a rien fait. Et il se souviendra longtemps de mon coup de poing.

J'essaie de l'apaiser, mais ça ne semble pas marcher. Il ne me lâche pas. Quand il pose ses lèvres sur les miennes, elles sont crispées, et cherchent à calmer le feu qui l'habite. Je lui rends son baiser avec fougue, l'esprit vide. Quand il m'embrasse, quand il me touche, j'oublie tout le reste.

Ce mec me rend dingue…

J'ai l'impression qu'il cherche à effacer l'empreinte qu'a laissée Jules sur ma peau, et ma foi, ça fonctionne bien. Il ne me faut que quelques instants pour oublier jusqu'à la sensation de son contact : il ne reste plus que la douceur d'Ethan, sa passion aussi. Dans ses bras, j'ai l'impression d'être la seule personne au monde qui compte.

Quand nous nous éloignons légèrement pour reprendre notre souffle, il me dévisage, et le feu qui irradie dans ses yeux me prouve son besoin presque bestial de m'avoir rien qu'à lui. Je lui appartiens. À cet instant, je n'en ai plus aucun doute. Il sourit enfin, et ce sourire qui adoucit ses traits réchauffe mon cœur.

– Partons, murmure-t-il contre mes lèvres.

Je hoche la tête en silence.

Nous sommes presque à sa voiture quand je me souviens être venue avec Vicky. Je ne peux pas la laisser là, seule, à la merci de ce salopard de Jules. Ce type est un grand malade !

Je fais demi-tour et pénètre de nouveau dans la galerie. Je cherche Vicky des yeux, mais ne la trouve pas. Quand je l'aperçois enfin, au centre d'un petit attroupement, je m'élance vers elle, sans remarquer qu'Ethan n'est plus sur mes talons. J'attrape Vicky par le bras et la tire vers moi.

– Viens, on s'en va.

– Attends ! s'exclame-t-elle alors que je la traîne sans lui laisser le choix. Qu'est-ce qu'il y a ?

Je ne lui réponds pas. Bientôt, Ethan nous rejoint, un énorme tableau sous le bras, qu'il a recouvert d'une nappe blanche, sûrement ôté de la première table qu'il a trouvée. Je le dévisage sans comprendre, avant de voir quelques fils blonds peints sur une extrémité de la toile.

Aurait-il osé décrocher mon portrait ?

Sans un mot, il sort de la galerie, Vick et moi sur les talons. Sur la chaussée, elle se défait de mon étreinte.

– Tu peux m'expliquer ?

Au même instant, Jules sort de la salle d'expo en s'exclamant :

– Emma ! Tu n'as pas le droit de partir avec ça !

Il désigne le tableau qu'Ethan tient toujours en main. Mais ce dernier lui lance un regard si noir qu'il n'ose pas approcher pour le récupérer.

– Mon Dieu, Jules, ton visage !

Vicky se jette à son cou, le tâte, cherche les blessures. Jules se dégage d'un mouvement sec. Vick semble interloquée par sa rudesse.

– Tu vas faire quoi ? je demande à Jules. Appeler les flics ? Vas-y, surtout n'hésite pas ! Et au passage, on leur expliquera les bleus sur ton visage.

– De quoi vous parlez, vous deux ? interroge Vicky.

Les gens se sont agglutinés autour de nous, et tous nous regardent sans rien dire. J'ai l'impression d'être au zoo. Je distingue vaguement Vincent qui nous rejoint à son tour, mais mon regard reste rivé sur Jules. Comme il ne réagit pas, je m'exclame :

– Tu lui expliques ou tu veux que je m'en charge ?

Ethan tranche la question en répondant :

– Ce connard s'en est pris à Emma. Si je n'étais pas arrivé, je n'imagine pas ce qu'il lui aurait fait.

– Quoi ?

Vicky semble effarée, mais on dirait que l'information a du mal à monter à son cerveau. Vincent est déjà auprès d'elle, et il passe un bras autour de ses épaules, préventif. Jules ne regarde même pas sa copine : il ne regarde que moi. Il paraît que les yeux sont le miroir de l'âme : celle de Jules doit être profondément noire… Un mélange complexe de sentiments traverse son visage, mais je m'en moque. Je ne veux pas le comprendre, et encore moins lui trouver des excuses.

Je tourne les talons sans demander mon reste.

Ethan me suit le premier, alors que Vicky commence à verser quelques larmes. Vincent la pousse légèrement à notre suite, et la soutient alors que nous rejoignons le parking. Elle pleure contre lui, sans vraiment se rendre compte de sa présence. Finalement, elle se défait de son étreinte et s'élance vers moi. Quand elle se jette dans mes bras, je la sens trembler de tous ses membres. Elle me paraît brusquement si frêle que ça m'enserre le cœur.

– Emma, je suis tellement désolée, hoquette-t-elle.

Elle pleure sur mon épaule, sans parvenir à s'arrêter. Ça me fait mal de la voir en si piteux état. Je me sens impuissante. Comment réparer son cœur brisé et alléger sa souffrance ?

Vincent estime que Vicky n'est pas en état de conduire. Il m'intime l'ordre de rester auprès d'elle et nous fait monter à l'arrière de sa voiture. Je salue à peine Ethan, trop chamboulée pour réaliser que nous nous quittons. Quand Vincent démarre, la tête de Vicky est posée sur mes genoux. Elle pleure silencieusement, tandis que ma main caresse ses cheveux.

31

Dans la voiture, les larmes de Vicky se sont taries. Le silence n'est rompu que par le bruit du moteur. Même Vincent, qui d'ordinaire aurait blagué, se tait. Quand il stationne devant chez moi, Vick s'est calmée, mais c'est une jeune femme défaite qui descend du véhicule. Ses yeux sont gonflés et rouges, ses traits tirés, et elle semble complètement abattue. Vincent la prend dans ses bras et la conduit lentement jusqu'aux marches de l'entrée.

Je les suis sans rien dire, soudain très lourde, quand j'aperçois la voiture d'Ethan. Il nous a suivis et je suis soulagée de le voir couper le contact. Il descend de sa caisse et pose ses deux avant-bras sur la tôle du toit. Il attend. J'ai l'impression qu'il n'ose pas nous suivre jusque chez moi. Aussi, je m'approche de lui lentement. Depuis que ma colère est retombée, je me sens très lasse...

Lorsque j'arrive à quelques pas de lui, je souris, mais le cœur n'y est pas trop. Il me rejoint enfin sur le trottoir, pose ses mains sur mon visage. Ses gestes sont tendres.

– Tu es sûre que ça va ?

Je hoche la tête sans rien dire, incapable de prononcer le moindre mot. Mes doigts sont accrochés à sa veste, si fort qu'ils me font presque mal. J'ai l'air d'une désespérée, mais franchement, ça m'est égal.

Au sourire qu'Ethan me fait, je me sens tout de suite un peu plus sereine. Il me réchauffe le cœur, me soulage d'un poids invisible.

Ethan ne dit plus rien ; quelque chose d'étrange flotte dans l'air, entre nous, comme un non-dit, une gêne passagère. Après quelques instants qui me paraissent durer une éternité, il murmure :

– Je vais y aller.

– Non, reste.

Cette supplique m'a échappé dans un souffle.

Nous avons tellement de choses à rattraper ! Ces longues semaines passées sans lui sont comme un mauvais souvenir, une épine dans ma chair meurtrie. Ce soir, je ne veux pas me séparer de lui.

Ethan sourit de nouveau, acquiesce imperceptiblement. Il m'embrasse du bout des lèvres puis s'éloigne. J'ai du mal à le laisser s'en aller. Sur la banquette arrière de sa voiture, il récupère le tableau volé à Jules, claque la portière et la verrouille.

Vicky et Vincent nous attendent sur le pas de la porte d'entrée. Nous montons ensemble les quelques étages jusqu'à mon appartement. Le silence est pesant, et seuls nos pas résonnent dans la cage d'escalier.

Nous installons Vicky au salon. Dans ma chambre, je récupère un oreiller et un plaid, que Vincent pose sur les épaules de mon amie. Il a des gestes si tendres qu'il m'étonne presque moi-même. Comme après chacune de nos déceptions, je propose à Vicky un pot de glace. Et nous nous mettons enfin à parler.

Vicky s'énerve. Elle crache du venin sur le dos de Jules, l'insulte de tous les noms, puis pleure de nouveau. Quand les larmes s'épuisent encore, elle recommence à pester. Elle rêve de l'envoyer bronzer en enfer. J'avoue que l'image est assez amusante, et je retrouve moi aussi mon énergie.

– Je suis tellement désolée… murmure-t-elle pour la énième fois.

Je ne prends plus la peine de répondre.

– Dis Em, tu vas porter plainte, hein ?

Je sens un léger reproche dans son ton.

– Non... je réponds avec lassitude.

– Pourquoi ? demande Vincent.

Mais Vicky l'interrompt :

– Je sais que tu ne le feras pas. Ça n'a jamais servi à grand-chose, pour toi. Mais si tu ne le fais pas pour toi, fais-le au moins pour toutes les autres !

– Ça ne servira à rien, je confirme. Ethan l'a salement amoché. Ça suffira pour aujourd'hui...

Vicky n'a pas besoin de parler pour que je sente sa réprobation silencieuse. Ça a toujours été comme ça entre nous. Mais elle n'est pas la seule à avoir été salement chamboulée, ce soir. Et je suis déjà bien assez abattue comme ça pour supporter ses accusations muettes.

Dans le regard d'Ethan, un millier de questions fourmillent. Mais il se tait. Et bientôt, épuisée par toutes ses émotions, Vick finit par s'endormir. Nous nous levons tous pour l'allonger en travers du canapé.

– Allez vous coucher, vous aussi, murmure Vincent pour ne pas la réveiller. Je reste ici, au cas où. Elle ne sera pas seule.

Je lui souris avec reconnaissance. Je m'inquiète pour Vicky, mais Ethan et moi avons un certain nombre de choses à régler, il me semble. Depuis nos retrouvailles, nous n'avons pas vraiment pris le temps de parler.

Je le précède dans le couloir jusqu'à ma chambre. Quand je referme la porte derrière lui, c'est pour m'apercevoir qu'il tient toujours mon tableau sous le bras. Il le pose à terre et me fait face :

– Tu ne m'expliqueras pas pourquoi tu refuses de porter plainte, je me trompe ?

Je secoue la tête par la négative, consciente de le décevoir, lui aussi. Mais c'est au-dessus de mes forces. Je n'ai pas envie de rentrer dans les détails. Pas maintenant, pas dans ces circonstances. Il est des choses que j'ai encore du mal à digérer.

Ethan expire, légèrement contrarié. Puis il se reprend, chasse l'ennui de son regard, conscient que tout viendrait à point.

Finalement, il se détourne et enlève la nappe qui recouvrait le tableau.

– Tu ne pouvais pas le laisser dans le salon, plutôt que de l'emmener dans ma chambre ? je demande.

– Hors de question. Je ne veux plus qu'un autre homme que moi pose les yeux sur cette photo !

Ethan contemple l'image avec insistance. On dirait qu'il est subjugué par ce travail. J'ai du mal à déglutir. Je m'approche de lui, taquine :

– Serait-on jaloux, monsieur l'Alpha ?

À son sourire en coin, je comprends que le traiter de mâle alpha n'est pas l'insulte suprême, loin de là, et que ce surnom lui plaît beaucoup, peut-être même trop.

Merde.

– Jaloux et possessif, il me répond, la voix rauque et traînante.

Il me fait face et plonge son regard malicieux au fond de mes yeux. L'effet de ses mots est immédiat sur moi : je suis déjà fébrile, excitée. Cette idée de possession ne me laisse pas indifférente…

– Autant dire que tu ne sais pas dans quoi tu mets les pieds, il avance. Et il est beaucoup trop tard pour revenir en arrière : tu as signé. Ni échange ni remboursement. Juste le droit à quelques compensations en… nature.

Son sourire est plus qu'éloquent et ma foi, je le trouve magnifiquement espiègle.

Alors que je fais un pas vers lui, prête à me jeter corps et âme à son cou, monsieur me tourne à nouveau le dos et s'accroupit face à mon tableau. Je rêve ! Je viens de me prendre le vent le plus mémorable de mon existence ! J'hésite entre bouder, comme la pire des gamines, ou me venger. Excédée, je vais m'asseoir sur le lit.

– Pourquoi t'es autant obnubilé par ce tableau ? je murmure dans un souffle.

Ethan hausse les épaules sans répondre. Après quelques instants, il porte sa main sur la toile, approche ses doigts de ma bouche photographiée, pulpeuse et sensuelle. Il la caresse doucement, d'un léger effleurement. Ma gorge se noue.

– Cette femme-là m'appartient, il murmure alors dans un souffle. Je ne me lasse pas de le contempler. Je l'accrocherai à l'abri, chez moi, pour que personne d'autre ne puisse le voir. Tu es bien trop belle pour t'exposer aux regards des autres hommes.

J'éclate de rire. Je me rends compte que cette photo, bien que prise par un connard de la pire espèce, trouble Ethan. J'ai du pouvoir sur lui, et ça me plaît.

Quand il fait lentement glisser ses doigts le long du cou pâle, sur la photo, j'oublie ce sourire taquin sur mes lèvres et avale ma salive. Je suis hypnotisée par le tracé de ses doigts. Ils redescendent tout aussi lentement effleurer la pointe d'un de mes seins, et c'est comme s'il me touchait en vrai. J'en ressens presque la caresse légère.

Mon corps hurle brusquement d'insatisfaction.

Putain, Ethan, lâche ce tableau et occupe-toi de moi !

Sa main suit le contour de ma poitrine et redescend doucement sur mon ventre. J'ai l'impression que quelqu'un joue la lambada dans mon estomac, qui se contracte encore plus, tandis que je serre les cuisses sur mon sexe humide.

Quand Ethan laisse retomber son bras, il reste quelques longues secondes là, sans plus rien faire, à parcourir inlassablement le tableau du regard. Lorsqu'il me fait enfin face, je réalise que je retiens mon souffle, en attente. Dans son regard, je décèle une fièvre brûlante et nouvelle, un désir ardent qui couvait depuis longtemps. En quelques instants, je me retrouve plaquée sous lui, allongée dans mon lit. Ses lèvres se collent aux miennes, s'entrouvrent et sa langue fourrage en moi. Quand il m'embrasse, j'oublie tout le reste : il n'y a plus que lui et moi, collés l'un à l'autre, agrippés comme deux naufragés à leur bouée de sauvetage. Dans ses bras, mon cœur loupe des battements, et j'ai la furieuse impression d'être vivante. Terriblement vivante.

C'est si grisant que la tête me tourne.

Ses lèvres parcourent inlassablement mon corps tandis que le poids de son envie pèse contre ma jambe, lourd et dur. Je l'accentue en m'y frottant avec désir. J'ai l'impression de n'être plus qu'une boule de nerfs en fusion, prête à fondre à tout instant.

Moins de cinq minutes plus tard, nous sommes entièrement nus, débarrassés à la hâte de nos vêtements. Je ne ressens plus que la brûlure intense de notre désir, ses doigts sous les caresses, ses lèvres sous les baisers. Quand sa tête disparaît entre mes jambes, je me consume et perds définitivement pied.

Ce soir-là, Ethan et moi avons fait l'amour comme si c'était la première fois. Il n'y avait plus ni baise ni relation sauvage. Sa fugacité a laissé place à une tendresse incroyable, que je n'aurais jamais imaginé partager avec lui. Ni avec quiconque, d'ailleurs…

Et j'ai découvert une nouvelle manière de m'offrir à un homme, jusqu'à m'oublier totalement. Loin de me déplaire, j'ai savouré chaque instant comme si c'était le dernier qu'on m'offrirait de lui.

Ce soir-là, je lui ai donné absolument tout de moi.

***

Au réveil, Ethan est étendu en travers du lit, sur le ventre, les deux bras repliés sous son oreiller. La couette a glissé sur son dos et dévoile la moitié de son cul rebondi. Ses yeux fermés disparaissent sous une frange de boucles noires. Sa respiration est lente ; il dort encore profondément. Il est vraiment beau, le salop, j'en suis tout émue.

Je m'accorde quelques minutes de contemplation admirative avant de me reprendre. Jamais je ne lui avouerai ce moment de faiblesse...

Il me faut toute la volonté du monde pour m'extraire du lit, m'extraire de la chaleur de son contact. Il est encore tôt, je préfère le laisser dormir. J'enfile ma culotte et un tee-shirt quelconque avant de rejoindre le salon. J'ai un mouvement de sursaut en voyant deux corps enchevêtrés sur mon canapé. J'en avais oublié la présence de Vicky et Vincent. Ils dorment encore tous deux. Vincent est calé dans le dos de mon amie, il la tient serrée dans ses bras. Je les trouve si touchants que je décide de faire l'impasse sur mon café.

Je fonce dans la salle de bains où j'ai un nouveau sursaut : il n'y a que dans les films que les nanas se réveillent maquillées et bien coiffées après une nuit torride. Dans la réalité, ce n'est franchement pas beau à voir, et ni mon maquillage dégoulinant ni mes tifs emmêlés ne me contrediront. Je me précipite sous l'eau bouillante de la douche, histoire de tout effacer.

Quand je ressors de la salle de bains, il est bientôt l'heure d'aller bosser. Il faut que je m'active. Je reviens dans ma chambre et fais tomber ma serviette.

– J'aime ce genre de réveil...

La voix d'Ethan est éraillée par le sommeil. Ses yeux, à moitié fermés, me brûlent presque la peau. En roulant sur le dos, il a fait tomber la couette, et son corps entièrement nu m'appelle, d'autant plus que son sexe est dressé.

Il ne m'en faut pas plus pour que le mien réagisse. Au diable l'heure et mon boulot. En quelques secondes, je l'ai rejoint et, sans préparation, je m'empale sur lui. Il n'a pas bougé, son regard est rivé au mien. J'ai l'impression qu'il se met littéralement à nu devant moi ; ses yeux sont si clairs que j'y plonge comme dans un livre, et j'y lis tous ses sentiments, sans chercher à les comprendre.

Ses mains se posent sur mes hanches, ses doigts s'agrippent à ma chair, et il accompagne mes va-et-vient jusqu'à l'explosion finale. À peine a-t-il fini qu'il se redresse, m'attrape par le dos et nous fait rouler, toujours l'un dans l'autre. Là, il picore ma peau de dizaines de baisers et bientôt, il est d'attaque pour un troisième round.

***

Je suis arrivée à la bourre chez Holding, mais je m'en fiche. Toute la matinée, rien n'a pu m'ôter la banane des lèvres.

– Tu as l'air heureuse, remarque Carrie en m'apportant mon café, vers 11 heures.

Je ne réponds que par un léger sourire et empoigne l'anse de ma tasse.

– Comment s'est passée l'expo, hier ? elle continue, voyant que je n'en dirai pas plus.

Je grimace en haussant les épaules. Dans mon mouvement, je renverse du café sur ma chemise blanche.

– Fait chier.

J'en oublie mon vocabulaire. Et Daniel qui est dans son bureau… Je prie pour qu'il ne m'ait pas entendue.

La tache grandit à vue d'œil. Si je ne fais rien, mon chemisier sera fichu. J'attrape Carrie par le poignet et l'entraîne dans le couloir en pestant. J'entends vaguement des ricanements sur mon passage, mais je les ignore. Carrie, elle, se retourne comme un chien de garde en grognant. Samuel ne doit pas avoir réellement saisi mon message – celui de sa face dans la portière – parce que je l'entends grommeler. Mais je n'ai franchement pas envie de me prendre la tête. J'active le pas jusqu'aux toilettes.

Je me précipite aux lavabos et commence à frotter la tache de café, tandis que Carrie s'exclame, une fois la porte refermée derrière nous :

– Alors, raconte-moi ce qui s'est passé !

Je la dévisage brièvement à travers les miroirs du mur et maugrée :

– Jules est un connard. C'est tout.

– Parce que… ?

J'expire bruyamment en frottant avec plus d'énergie mon chemisier. Un moyen comme un autre d'expulser mes nerfs. Devant son insistance, je vérifie vite fait qu'aucune paire de pieds ne dépasse sous les cabines de chiottes et explique :

– Il m'a embrassée.

– Quoi ? elle hurle. Mais comment va Vicky ?

– À ton avis ?

Mon ton est sarcastique. Je reprends, un peu plus sympa :

– Hier, elle était effondrée.

– Explique-moi tout ! Comment ça s'est passé ? Qu'est-ce que Jules a fait ?

Je hausse les épaules. Mais elle semble insister encore. Elle ne me lâchera pas tant qu'elle n'aura pas entendu toute l'histoire. Je décide donc de lui raconter tout depuis le début : les regards insistants de Jules durant les séances photo, ses mains qui s'attardent sur mes cuisses, et ses regards appuyés. Elle n'en revient pas.

– Pourquoi tu m'as rien dit ? elle s'exclame toujours aussi fort.

Mon chemisier est trempé. J'abandonne ma tache, fais place nette sur le rebord du lavabo et m'assieds, les deux jambes pendantes.

– Je sais pas... J'avais pas envie de blesser Vicky. J'espérais me faire des films. Mais hier, ça a été la goutte de trop... Tu sais, Jules avait promis de ne pas prendre mon visage en photo pour préserver mon anonymat. Ce couillon a intitulé mon portrait « Emma X ». J'en revenais pas. Quand je l'ai vu, c'était trop tard, le tableau était déjà affiché. J'étais en pétard, je lui ai hurlé dessus. Et il m'a embrassée.

Je repense à ma colère d'hier, à cette manière dont mes tripes se sont tordues, à mon envie de coller mon poing dans la gueule de ce connard. Je suis sûre qu'il ne s'est jamais privé de tromper ma copine dans son dos. J'ai des envies de meurtres, sans blague...

– Et ? s'impatiente Carrie, friande de détails.

– Bah, je lui ai foutu une sacrée droite, ça l'a énervé, il s'est jeté sur moi. J'arrivais pas à m'en défaire, et si Ethan ne s'était pas interposé, j'aurais pris cher...

– Attends, attends, m'interrompt Carrie. Il a essayé de te violer ?

Elle est estomaquée.

– Non ! je lui réponds immédiatement. Bien sûr que non.

– C'est pourtant l'impression que tu me donnes.

– Mais non...

Ma réponse est cette fois-ci plus traînante. Carrie est parvenue à me foutre le doute... Jules aurait été jusqu'au bout si on lui en avait laissé l'occasion ? J'ai du mal à le concevoir.

Je chasse cette idée en secouant la tête.

– Quoi qu'il en soit, Jules était devenu incontrôlable. Ethan l'a roué de coups et Jules a fini le cul par terre, la gueule en sang.

À son sourire, je comprends qu'elle est ravie.

Je hausse un sourcil et m'exclame :

– D'ailleurs, en parlant d'Ethan...

– Ah ! Ne m'en veux pas, Emma ! elle m'interrompt rapidement.

C'est juste que vous vous tournez autour depuis des semaines ! Il était temps que l'un de vous deux fasse le premier pas ! Vous m'énerviez à être aussi butés l'un que l'autre ! Il fallait bien que je vous file un petit coup de pouce ! Ce mec est littéralement dingue de toi, et je sais que c'est réciproque…

Je n'ai d'autre choix que d'interrompre à mon tour sa logorrhée :

– Ne t'en fais pas, je ne comptais pas t'engueuler ! Du moins, pas après la nuit qu'on vient de passer…

– Ah ? J'en étais sûre ! C'était torride ?

J'éclate de rire en hochant la tête.

– Ce mec dégage un tel sex-appeal que le contraire m'aurait étonnée… renchérit Carrie. Comme je t'envie !

– Tais-toi, tu racontes des âneries !

– Donc, avec Ethan… vous en êtes où ?

– Je sais pas trop.

Menteuse ! s'exclame ma conscience. *Tu sais très bien où vous en êtes, mais tu préfères ne pas y réfléchir.*

– Comment ça, tu ne sais pas trop ? Emma, il est temps que tu ouvres les yeux ! s'exclame Carrie avec vigueur.

J'ai l'impression qu'elle me sermonne, et je n'ose plus l'arrêter tandis qu'elle enchaîne :

– Ce chantage, c'est le seul moyen qu'il ait trouvé pour te garder, et je l'en remercie ! Après ce qui s'est passé à ton retour de Berlin, tu ne peux pas nier qu'il est jaloux dès que tu approches un autre homme. Ethan t'a dans la peau, Emma ! Tu as déjà merdé une fois, et tu as déprimé pendant des semaines, alors je t'interdis de merder encore ! Tu aimes ce mec ! Si c'était pas le cas, tu l'aurais envoyé rôtir en enfer, avec ses vidéos à la con de toi en mode chaudasse au Libertin !

– Ce chantage n'est plus du tout d'actualité, je murmure enfin. Les vidéos du club ont sauté, et il m'a avoué qu'il n'aurait jamais fait circuler l'info chez Holding, que c'était juste un moyen de pression.

– J'en ai jamais douté, ma chérie.

Carrie et moi observons soudain un silence lourd de non-dits. Je lui dois quelque chose, je m'en rends bien compte. Aussi, après quelques instants, je finis par exploser :

– Il me semble que c'est grâce à toi si Ethan et moi nous sommes retrouvés au Libertin. Et c'est encore grâce à toi qu'il m'a sortie d'un mauvais pas hier. S'il n'avait pas été là, je sais pas comment j'aurais pu arrêter Jules… Tu es un peu comme ma bonne étoile ! je m'exclame alors, en souriant. Une bonne étoile agaçante… mais toujours là… Merci, Carrie.

Elle me bouscule un peu.

– Arrête tes salades, Em ! Tu vas réussir à me faire pleurer !

Ses yeux sont effectivement rouges, et je réalise soudain que je n'en mène pas plus large. Mon menton tremble, et il nous faut rire comme des idiotes pour cacher notre trouble. Quand elle reprend son souffle, elle s'essuie furtivement les yeux puis me demande, comme pour changer de sujet :

– Alors, Jules et Vicky, c'est fini ?

– Oui. Et Vincent et Isa aussi. Et mon petit doigt me dit que Vincent n'est pas insensible aux charmes de Vicky…

– Quoi ?

Elle semble soudain excédée. Ses grands yeux marron m'engueulent silencieusement.

– Mais bordel, la prochaine fois, attendez-moi ! elle s'exclame soudain. J'ai loupé plein de trucs intéressants !

J'éclate de rire, plus légère.

– La prochaine fois, tu ramèneras ton petit cul au lieu de te prélasser dans ton canapé !

– Eh ! Tu sais bien que je ne pouvais pas venir, sinon j'aurais été là pour admirer vos magnifiques corps nus sur ces tableaux ! D'ailleurs, comment tu t'es sentie ?

– Excitée, j'avoue dans un souffle. Super excitée. Ce nu… c'était étrange, mais carrément troublant. J'ai l'impression d'être genre une femme fatale, dessus. Jules est un enculé de première, mais il est doué. J'ai jamais été aussi sexy sur une photo !

Carrie éclate de nouveau de rire. Puis elle marque un nouveau temps de silence ; elle semble réfléchir. Quand elle me fait enfin face, elle plonge son regard dans le mien et avance, le ton posé de l'assurance :

– Il est temps que tu reprennes ta vie en main, Emma. Tout ne tourne pas toujours autour du boulot. Alors, ouvre les yeux. Toi aussi, tu es comme nous. Tu veux simplement lâcher prise, de temps en temps, et qu'on s'occupe de toi.

– Absolument pas ! je mens avec aplomb.

– Écoute, ma chérie. Je sais que ce que je vais dire va te faire flipper, mais tant pis : tu as envie d'Ethan, il a envie de toi. Va savoir pourquoi, d'ailleurs. Il a vu de toi le pire comme le meilleur, et on dirait que ça lui plaît. Alors, pour une fois dans ta vie, arrête de passer à côté des gens par peur de t'attacher. Il est déjà trop tard, de toute façon. Alors laisse-lui une véritable chance ! Range ta peur au placard, et prends la vie comme elle vient ! Elle pourrait te réserver de jolies surprises…

Carrie m'a coupé toute repartie. Je ne sais pas trop quoi répondre à cette grande claque qui ne lui ressemble pas. J'ai parfois l'impression que mes résolutions se sont carrément émoussées depuis l'apparition d'Ethan dans ma vie.

À ma moue sceptique, Carrie doit comprendre que cette conversation me met mal à l'aise, aussi, elle pose sa main sur la mienne et garde le silence. C'est tellement rare chez elle que ça aussi, ça me fait flipper. Je souris, de plus en plus gênée, et fuis son regard inquisiteur. Je découvre alors l'auréole d'eau qui parcoure le tissu sur ma poitrine.

J'inspire profondément, comme pour reprendre des forces, descends du rebord et mets mon chemisier sous le sèche-mains.

– Au fait ! je m'exclame par-dessus le bruit du séchoir. Samedi midi, déjeuner à la maison. J'ai invité Kév et sa nana. Faut que j'en parle à Vicky et Vincent, mais vous êtes tous cordialement obligés de rameuter vos petits culs !

– Ça marche !

32

Après mon jogging matinal, mon cours de taekwondo et une bonne douche, j'ai dressé la table pour six. Carrie a débarqué une bonne heure en avance, pour une fois.

– Ethan n'est pas là ? elle s'étonne.

– Monsieur travaille, je lui réponds.

À vrai dire, je n'ai même pas songé à l'inviter…

…

Même si Ethan m'appartient, et je n'en doute plus, je n'ai jamais été en couple, avant lui. À part quelques plans cul par-ci par-là, je n'ai jamais laissé entrer aucun homme dans ma vie.

Il faut croire que les mauvaises habitudes ont la peau dure…

Note pour moi-même : penser à inclure plus souvent Ethan dans mes projets futurs.

Carrie m'aide à préparer à manger. Quand Vincent et Vick débarquent en même temps, tout est prêt.

– On s'est croisés dans la rue, se justifie mon amie avant même de me laisser en placer une.

Je plisse les yeux, suspicieuse, les dévisage tour à tour, mais m'efface quand même pour les laisser passer. Vicky a mis une très jolie robe demi-saison, à croire que l'homme de sa vie sera de la partie. Il ne manque plus que Kév et sa chérie, Mélanie, pour parfaire le tableau. Je ne l'ai jamais vue, mais Kév dresse d'elle un portrait tout à fait charmant. Avec leurs derniers déboires, je me demande parfois s'il a raison… Dernièrement, le couple battait pas mal de l'aile : Mélanie souhaite s'agrandir, Kév non. Ce grand dadais pourrait passer à côté du bonheur s'il n'y prend pas gaffe, et si, pour cela, il doit changer de taf, j'espère qu'il prendra la bonne décision !

Alors que la musique retentit dans tout l'appart' et qu'on a débuté une conversation vive et animée, on sonne à la porte. Je vais ouvrir, tandis que les trois autres restent à papoter dans mon canapé. J'entends leurs rires tonitruants et ne peux m'empêcher de rire aussi.

Je ne sais pas trop à quoi je m'attendais, mais je suis un peu déçue en ouvrant la porte. J'attends ce moment depuis plusieurs mois déjà, et allez savoir pourquoi, j'ai toujours imaginé Mélanie à l'image de Kév, petite midinette rigolote, très joviale, et peut-être un brin hystérique. Une fille aussi grunge que lui, les tifs colorés, des piercings ou des tatouages… Mais je suis sur le cul quand Mélanie m'adresse un sourire poli : elle fait la même taille que Kév, ses yeux bleus sont intenses, ses cheveux bruns bien coupés et coiffés. Elle est jolie, il n'y a rien à dire, mais tout, dans son apparence, fait rangé, carré. L'extrême opposé du barman.

Kév fait les présentations alors que je tente de cacher ma surprise et je les fais entrer. Quand elle me passe devant pour rejoindre le salon, j'articule silencieusement à l'adresse de Kév : « Elle est mignonne ! » En riant, il me répond : « J'espère bien ! » C'est que le salop a des goûts de luxe, en plus.

Mélanie a l'air un peu sur la réserve. Alors que Carrie et Vincent se lancent dans un débat animé sur un sujet complètement inutile, Mélanie les observe en silence. À plusieurs reprises, je sens son regard inquisiteur sur moi. Elle ne participe pas beaucoup à la discussion, aussi, Vicky lance très habilement le sujet sur elle :

– Alors, Mélanie. Et si tu nous parlais un peu de toi ?

Comme je l'ai dit, très habilement…

Mélanie sourit poliment et semble chercher quoi dire sans trop en dire. Puis elle nous parle brièvement de sa famille, et explique de quoi son métier de relations clients chez EDF est fait. Comme chacun dévisage Mélanie et Kév à tour de rôle, Carrie pose *la* question que tout le monde a en tête :

– Mais comment vous vous êtes rencontrés ?

– Au Libertin, répond Kév.

Il semble un peu mal à l'aise quand il avale une grande gorgée de vin. Mélanie grimace et prend la parole. Je sens dans sa voix une légère pointe d'amertume, sans pouvoir me l'expliquer :

– En fait, j'accompagnais ma cousine et ses copines au Libertin pour son enterrement de vie de jeune fille. Il y avait gigolos, go-go dancers et compagnie, j'ai trouvé ça écœurant.

Qu'elle l'explique en ces termes me choque un peu, mais je garde le silence. Je préfère ne pas relever l'allusion. Elle continue, comme si de rien n'était :

– J'étais très mal à l'aise, j'ai préféré m'exclure au bar. Et Kévin a engagé la conversation.

D'aussi loin que je m'en souvienne, Kév a toujours fait en sorte qu'on l'appelle par son diminutif, aussi, l'entendre l'appeler Kévin m'étonne également. Mais encore une fois, je préfère garder le silence. Pourtant, le regard que Carrie échange avec moi est plus qu'éloquent. À cette table, on a tous fait des conneries, mais dans la bouche de Mélanie, elles nous semblent soudain répréhensibles.

Je ne comprends pas comment elle peut juger si durement sa cousine et ses amies qui picolent et font la fête quand elle-même sort avec un barman.

Comme l'ambiance est soudain très étrange, Vincent se charge de changer de sujet, et d'alléger l'atmosphère. Comme toujours, il raconte des conneries, et ça fait rire tout le monde. Je cherche à capter le regard de Kév, et quand j'y parviens enfin, j'y lis comme des excuses. Je ne sais pas trop de quoi il s'excuse, en somme, mais plus je le vois avec Mélanie, moins je comprends ce qu'ils font ensemble. A-t-il réellement conscience de leurs différences ?

Alors que le repas touche presque à sa fin, Carrie nous raconte l'histoire rocambolesque d'une de ses cousines qui a tout tenté, même le pire, pour tomber enceinte. Seule. On rit beaucoup, je dois l'avouer, sauf Mélanie, qui a pâli. Au bout d'un certain temps, elle s'exclame :

– Je ne vois pas ce qu'il y a de drôle ! Je la trouve très courageuse de vouloir faire un enfant toute seule.

Le sous-entendu est très clair, surtout qu'elle ne peut s'empêcher de dévisager Kév. J'ai l'impression que la situation nous échappe, et ça pourrait bien tourner en eau de boudin.

– S'il n'y avait pas ce foutu club, j'en aurais déjà un ! s'exclame-t-elle encore.

C'est comme si elle nous avait brusquement oubliés. Elle s'adresse directement à son homme, qui ne sait franchement plus quoi dire. Puis elle se tourne de nouveau vers nous, et j'ai l'impression que les vannes de sa rancœur se sont ouvertes, et qu'elle se déversera très vite.

– Mais voilà, il y a le Libertin, ce foutu boulot que Kévin ne veut pas lâcher.

– Mélanie, ce n'est franchement pas le moment d'en parler, argue Kév en expirant.

Mais Mélanie semble ne même pas l'entendre. Elle plante son regard dans le mien et me demande :

– Toi qui travailles là-bas, tu peux me le dire, ce qu'il a de si spécial ? Pourquoi tout le monde préfère gâcher sa vie dans ce club ? Qu'est-ce que ça vous apporte de faire ça ? Toi, qu'est-ce que ça t'apporte de danser et d'allumer la salle ?

– Mélanie ! proteste Kév, outré.

Dans toute autre bouche, cette question aurait pu paraître anodine, mais dans celle de Mélanie, accompagnée de cette amertume caractéristique, j'ai l'impression d'être insultée. Ce qui doit être le cas, d'ailleurs, parce que le « faire ça » sonne comme « faire le tapin ». Je souris jaune et retiens difficilement la réplique acerbe qui me brûle la langue. Si elle n'avait pas été la copine de Kév, je lui aurais fait ravaler sa langue à cette connasse. Mais je me tais, pour changer, ce que fait toute la table.

Comme pour dédramatiser la situation, Vincent intervient, tout sourire :

– Mais « ça », Emma le fait très bien.

Carrie le frappe sans vergogne, et moi, je lui fous mon pied dans le tibia. Il ravale sa moue débile.

Mélanie n'a pas quitté mon visage, et son regard me semble soudain très froid, très métallique. Je la soupçonne d'essayer de me mettre mal à l'aise. Ce qu'elle ne comprend pas, c'est que j'ai l'habitude d'être contemplée ainsi par des pouffiasses jalouses, et ça ne me fait plus ni chaud ni froid. Je ne sais pas trop ce que je lui ai fait, mais elle a manifestement un problème avec moi.

J'avale la fin de mon propre verre, puis lui fais un sourire sadique en lui répondant :

– Je peux être moi-même, au Libertin, une vraie salope en chien[1].

À la tête que fait Mélanie, je comprends qu'elle se fait tout un film. Croit-elle vraiment que je couche avec tous les mecs que j'allume ? Ça m'est arrivé une fois, une seule fois, avec ce crétin de Vincent. Mais je ne mérite pas d'être comparée à la première pute qui passe.

---

1 Être en chien : expression familière signifiant être frustré, en manque. Ici être en manque de sexe.

Ma repartie a dû vexer Mélanie, si bien qu'elle se lève de table sans demander son reste. Sans un mot, sans un regard, elle quitte le salon, et j'entends bientôt la porte d'entrée claquer.

Je dévisage Kév, qui semble complètement abasourdi, et qui plonge sa tête dans ses mains, soudain très épuisé. Il finit par poser ses couverts sur la table et s'excuse à la place de Mélanie :

– Le Libertin est un sujet sensible pour elle.

– Va la retrouver, je lui réponds simplement.

Il me sourit timidement et se lève de table. Alors qu'il récupère ses affaires, je lui lance :

– Et règle ce problème rapidement. Ça peut pas continuer comme ça.

– J'en ai bien peur…

Et sur cette réponse, il s'en va, nous laissant tous les quatre hyper gênés et dans un profond silence.

***

– Petite crapule ? demande une voix légère et grave, à l'autre bout du fil.

Je suis si surprise que je m'écroule sur mon canapé. Mon cœur se met à battre un tantinet plus vite. Je suis si heureuse d'entendre sa voix !

– Pincez-moi, je rêve ! Mais c'est mon frère l'ordure ! je finis par m'exclamer, une octave au-dessus de la normale.

Bordel, je n'ai pas eu mes frères au téléphone depuis des mois, et voilà que Benjamin me passe un coup de bigot. Chaque fois, c'est la même chose : je suis heureuse de les entendre, de les voir, mais leur présence me ramène de nombreuses années plus tôt, et ces souvenirs, bien qu'heureux, me rappellent également ces choses que j'ai longtemps souhaité oublier.

– Faut bien que l'un de nous appelle, ce n'est pas toi qui le ferais !

– Désolée, j'ai eu pas mal de boulot, ces derniers temps…

– C'est bientôt l'anniv' de la mère, il enchaîne. Dis-moi que tu viendras nous faire un petit coucou, tout de même !

– Je ne pourrai pas être là, je serai en déplacement les deux prochaines semaines en Chine. J'appellerai la matriarche pour m'excuser.

– Essaie quand même de venir nous voir à ton retour, ça fait longtemps…

– Je sais.

Il marque un temps d'arrêt, comme s'il cherchait à me dire quelque chose sans savoir comment s'y prendre. Finalement, il ajoute :

– Depuis le départ de papa, maman se sent seule. Elle demande beaucoup après toi.

Je sens dans sa voix une once de reproche. Mais je ne peux le détromper…

– Écoute, Benji, j'essaierai de passer à mon retour. Promis.

– Appelle-la, déjà.

– Dès qu'on raccroche, promis, j'appelle.

– Dis-moi, la Crapule, tout va bien ? Tu me sembles un peu lasse.

J'hésite une seconde de trop, étonnée par sa trop grande perspicacité.

– Oui, oui, tout va bien. Juste un peu crevée. Beaucoup de boulot.

– Tu te crèves encore à la tâche, à ce que je vois !

– Mais non, t'inquiète. Je profite aussi de la vie.

Il a un rire bref en s'exclamant :

– Ah oui ? Et comment ? En rentrant tous les soirs à pas d'heure ? En rencontrant des gens avec lesquels tu passeras juste une soirée, sans donner suite ?

Je reste sur le cul. Ses réflexions me vexent presque.

– Je rêve ou tu me fais la morale ?

– Ça se pourrait bien…

Le silence qui pèse soudain entre nous est un peu lourd. Finalement, Benji reprend, la voix beaucoup plus grave que je ne m'y attendais :

– Em, je vais me marier.

– Quoi ?

J'ai presque hurlé dans le combiné du téléphone. Il a l'art et la manière d'annoncer les bonnes nouvelles, ce con ! Aux dernières nouvelles, mon frère était libre comme l'air. Quand a-t-il rencontré quelqu'un ? Et qui est cette femme ? Jusqu'à récemment, Benjamin était de ces hommes qui ne souhaitaient pas s'établir. Il bourlinguait à droite à gauche, sans se poser réellement. Un peu comme moi…

J'ai du mal à associer le gamin déluré et fantasque à cet homme qui m'annonce son prochain mariage. Après quelques secondes d'un long silence, je demande, la voix un peu éraillée :

– Mais avec qui ?

– Elle s'appelle Yolanda. Elle est métisse, belle à couper le souffle, ajoute-t-il avant même que je ne lui pose la moindre question. La famille la connaît pas encore, mais je voulais profiter de l'occasion pour la présenter le week-end prochain. Personne n'est encore au courant.

– Mais… Mais…

J'en perds mon latin.

– Quand ? Où ? Comment ?

Il éclate de rire à l'autre bout du fil, et ce simple son me détend brusquement. Il a toujours eu le rire aussi léger que la voix, un rire clair et communicatif. Benjamin est de deux ans mon aîné ; c'est sûrement pour cette raison qu'il est celui de mes frères avec lequel j'avais le plus de liens, enfants. Jonathan et Anthony étaient plus rudes, plus durs avec moi. Benji, lui, a toujours été la douceur incarnée. Enfin, aussi doux qu'on pouvait l'être dans ma famille…

Quand il a repris son souffle, il avance enfin :

– On se mariera l'année prochaine. Tu as intérêt à ramener ton petit cul. Écoute, Emma… Je sais pas trop, ça s'est fait très rapidement. J'ai rencontré Yolanda au boulot, et c'est devenu une évidence. C'était elle. J'en voulais pas d'autre. Un jour, tu comprendras, j'en suis sûr. En attendant, je l'aime vraiment, et nous allons nous marier. Alors j'espère que vous l'accepterez comme il faut.

– Ne t'en fais pas, Benjamin, je murmure enfin, soudain plus calme.

Le silence qui s'installe au bout du fil semble soudain plus serein.

Mon frère sait pertinemment que lorsque je prends la peine de l'appeler par son véritable nom, c'est souvent signe que je suis plus sérieuse.

Ou bien en pétard, lorsqu'il s'agit des deux autres zouaves.

À l'inverse de Benji, Nathan connaît plus souvent ma colère que ma compassion. Même si je l'aime énormément, c'est un petit merdeux, et il se fout en rogne chaque fois que je l'appelle par son véritable prénom, Jonathan. Et ça, ça me fait jubiler.

Tony, quant à lui, estime que si la mère l'a nommé Anthony, c'est pour une bonne raison mais il se fout royalement de la manière dont je l'interpelle. Je pourrais bien le traiter de connard prétentieux qu'il me rirait au nez avec arrogance. Il me jauge toujours avec tant de suffisance que ma colère se retourne invariablement contre moi. Avec lui, je dois redoubler d'ingéniosité pour l'emmerder…

– Je suis heureuse pour toi, je continue. Tu me la présenteras la prochaine fois que je viendrai ! Je te dis, sûrement à mon retour de Chine.

– Qu'est-ce que tu vas faire là-bas ?

– Mon patron m'a confié la charge d'un gros dossier. On implante une entreprise de sidérurgie en Chine, et je dois rencontrer nos collaborateurs.

– C'est une promotion ?

– En quelque sorte.

– Mais c'est génial, ça !

Il a l'air sincèrement heureux pour moi. Soudain, je suis fière du chemin parcouru jusqu'ici. Ça n'a pas toujours été simple, et ma famille est très bien placée pour le savoir.

– Il ne te reste plus qu'à nous trouver un gentil mec. Je veux devenir tonton, moi !

– Tu recommences ! je ris dans le combiné.

– Bien sûr que je recommence ! Je ne veux pas que tu finisses vieille fille ! Ma petite sœur, célibataire ? Non mais où va le monde ?

– Ne t'inquiète pas pour ça, Benji.

– Ah ? Y aurait-il déjà un gentil mec dans le décor ?

– Peut-être bien… je ne peux m'empêcher de répondre, amusée.

– Mais quelle cachottière ! Ramène-le-nous à la maison !

– Pour que vous le cuisiniez ? Non merci.

– Allez, Emma ! Aucune crainte ! C'est pas comme si nous étions méchants…

– Non, juste extrêmement chiants, et carrément flippants. C'est pas pour rien que j'ai jamais ramené personne à la maison. Entre la mère aux petits oignons, le père bourru, et vous trois qui cherchiez toujours la merde, j'étais bien servie ! Vous les auriez fait fuir en quelques minutes !

– Que veux-tu ? C'est ça d'être la petite dernière d'une fratrie de mecs !

– Elle a bon dos, la fratrie ! J'en ai entendu parler toute mon enfance. Ça justifiait beaucoup de choses. À vous croire, je faisais toutes les conneries, et vous en tiriez tous les bénéfices.

Malgré tout ce que je peux en dire, j'aimais mon enfance avec eux. Nous nous engueulions tout le temps, on se battait même régulièrement à coups de poing et de pied, mais c'était notre manière à nous de nous témoigner notre affection.

– Ça n'a pas duré bien longtemps !

C'est vrai. Quand j'ai été en âge de comprendre que ces salops m'utilisaient pour cacher leurs conneries, je les ai pris à revers. Ces souvenirs doivent lui plaire autant qu'à moi. J'éclate de rire en laissant les images affluer, comme de lointaines réminiscences, plus douces, plus joyeuses, et complètement irréalistes.

– Allez, Emma, ramène-le-nous à l'occasion. Ça ferait plaisir à maman de voir que sa fille chérie lui fera peut-être un jour des petits-enfants !

– T'es con ! J'y réfléchirai…

33

Dans l'avion qui m'emmène à Hong Kong, je repense à ce week-end un peu étrange. D'abord, le repas avec Kév et Mélanie. Je ne sais pas ce que j'espérais de cette rencontre, mais j'ai été plus que déçue. Elle ne ressemble pas du tout à l'idée que je m'en faisais. Je ne comprends pas pourquoi il perd son temps avec elle. L'amour a bon dos, parfois… Il y a eu ensuite ce coup de fil de Benjamin que je n'attendais pas. Il a irrémédiablement fait remonter à la surface de vieux démons, que je pensais morts et enterrés depuis longtemps.

Je me rends compte que je me trompais.

Je n'ai pas revu Kév avant mon départ : samedi, il s'est fait porter pâle au Libertin. Lui aussi doit affronter ses propres démons…

Ce matin, je suis allée bosser comme si tout allait pour le mieux. J'ai éteint mon téléphone, de peur qu'un autre de mes frères décide de m'appeler à son tour. On ne sait jamais, avec eux, des fois qu'ils se soient passé le mot… Toute la journée, j'ai eu la tête ailleurs, à quelques centaines de kilomètres, dans le domaine familial où j'ai grandi. Je n'y ai pas mis les pieds depuis de nombreuses années.

J'ai été heureuse de voir le bout de cette satanée journée, que j'ai terminée indemne sans trop savoir comment. J'ai confié les clés de ma voiture à Carrie, qui devra me la ramener juste avant mon retour. Je préfère la laisser dormir dans le parking privé de la boîte plutôt que dans la rue devant chez moi.

Vers 18 heures, Daniel et moi avons peaufiné les détails de mon voyage. Une heure plus tard, je prenais un taxi pour Charles-de-Gaulle. Mon vol n'étant qu'à 23 heures, j'ai pris place dans un des restaurants de l'aéroport, un plateau-repas sous le bras. Après mon dîner, j'ai attrapé mon PC portable, et j'ai réétudié le plan de financement, son avancée, ses pertes matérielles et financières. J'ai également relu mon compte rendu pour la conférence de demain, y ai apporté quelques modifications. Heureusement pour moi, les Chinois auront en permanence un interprète français, ce qui me permet d'assurer la conférence dans ma très chère langue maternelle. Avec eux, je me rendrai aussi dans le courant de la semaine sur le site de construction. Je sens que leur interprète va devenir mon meilleur pote.

Dans l'avion, je n'ai absolument pas la tête à travailler. Je connais le projet Bohman sur le bout des doigts. Mes vieux souvenirs reviennent vite me tourmenter et j'ai du mal à faire le tri dans ma tête.

Mes frères me manquent. C'est indéniable. Même cet imbécile de Jonathan. Pourtant, il était de loin le plus rustre des trois, celui qui me cherchait le plus les emmerdes… Mais ils font irrémédiablement remonter à la surface mes plus vieux démons, ceux qu'on tente d'enfouir sous des tonnes de terre, dans un coin de sa tête, comme une malheureuse erreur de jeunesse.

J'abandonne la partie, ferme les yeux et ne tarde pas à m'endormir.

Treize heures après, quand j'atterris en Chine, la soirée débute à peine, mais il fait déjà nuit et je suis claquée. Je file directement à l'hôtel, où je dépose à la va-vite mes affaires dans ma chambre avant de me rendre au restau. J'ai hyper faim. C'est seulement une fois rassasiée, quand je remonte dans ma chambre d'hôtel, que je rallume mon téléphone et mon ordinateur.

Une enveloppe sur l'écran de mon portable clignote. En voyant que c'est Ethan, je décide d'en remettre la lecture à plus tard. Si je commence à me laisser divertir par lui, je n'arriverai jamais à me plonger dans mes dossiers… J'ouvre donc mes mails pros. Daniel m'a envoyé quelques instructions et demande un rapport quotidien, ce qui ne m'étonne pas vraiment. Il faut que je réexamine le budget pour demain. Je m'y attelle donc, et envoie une copie du dossier au P-DG avant de mettre définitivement le boulot de côté.

Il est 22 heures passées en Chine quand je souffle enfin. J'ai maintenant deux messages qui m'attendent sur mon téléphone, datant de la veille. Je réalise brusquement que je n'ai pas parlé à Ethan depuis plusieurs jours. L'appel de mon frère m'a vraiment foutue dans un état second, à tel point que j'en ai oublié le mâle Alpha qui fout mon cœur en vrac. Merde !

J'ouvre le premier message :

[Un dîner ce soir ça te tente ?]

Oups… J'ai carrément zappé de lui parler de mon voyage ! Avec tout ce qui s'est passé dans ma vie, ces derniers temps, ce voyage d'affaires m'était totalement sorti de la tête… Je m'empresse de lire le second message, accompagné d'une photo :

[Tu ne sais pas ce que tu rates !]

Pourquoi j'ai laissé mon téléphone éteint toute la journée ? Je suis stupide. Quand il m'a adressé ce dernier message, j'étais encore à l'aéroport, à bosser sur le projet. J'avais la tête tellement prise par le dossier Bohman que je n'ai pas réalisé que mon portable m'avait foutu une paix royale.

La photo, qu'il a prise de son téléphone, montre une table dressée. Dans une des assiettes, ce que j'imagine être un excellent repas : l'autre est désespérément vide. Un verre de vin accompagne l'ensemble. En arrière-plan, je reconnais le toit sur lequel nous avons dîné il y a quelques mois. Je me souviens de cette soirée comme si c'était hier, mon exaspération face à son insistance, mais l'excellent dîner que nous avions partagé.

Je souris malgré moi. Ethan avait prévu un dîner romantique. Ce mec m'étonnera toujours ! Je repense à ce premier dîner sur le toit, à mon fou rire en voyant la table dressée. Si je m'y étais attendu, à l'époque !

J'ai envie de le taquiner… Brusquement, Ethan me manque. Je lui réponds sans attendre :

[Désolée je me suis envoyée en l'air.]

Au moment où j'appuie sur « envoi », je me souviens de l'épisode allemand, de sa jalousie suite à ma petite blague, très mal passée. Et pourtant si justifiée ! Adam était tombé à pic, comme on dit. J'éclate de rire en imaginant sa tête à la lecture de ce message. Mais j'ajoute quand même :

[Actuellement en voyage en Chine.
Je rentrerai dans 2 semaines. Bisous]

Je ne lui ai jamais dit « bisous » par texto. À vrai dire, les derniers messages qu'on s'était envoyés étaient loin d'être cordiaux, puisque je me pensais encore sous le joug de son brillant chantage… Alors que je commence à préparer mes affaires pour filer sous la douche, j'entends la sonnerie caractéristique d'un SMS.

Après un rapide calcul, je réalise qu'il est environ 15 heures en France. C'est Ethan, et il doit être sur la fin de son service.

[J'espère bien que c'est de l'avion dont tu parles !
Sinon je vais sévir ! Rappelle-toi l'Allemagne.]

Je ris en lisant sa réponse.

[Merci bien je m'en souviens.
C'était... mémorable ! Et qu'est-ce
que tu m'aurais réservé aujourd'hui
si ça n'avait pas été le cas ?]

Je regrette soudain de ne pas pouvoir être face à lui. J'adorerais le foutre en rogne. C'est un exercice très amusant ! Quand je repense à lui, m'attendant à l'aéroport, à mon retour de Berlin, mon estomac se contracte. Il était si furax, si jaloux, que j'étais tout à la fois excitée et terrifiée. Y a pas à dire, ce mec est beau quand il est en pétard. Ça ne devrait jamais exister.

J'avoue qu'Ethan m'excite deux fois plus dans ces moments-là, et ce soir, j'ai l'âme d'une joueuse. J'ai envie de titiller sa colère.

Je souris en abandonnant deux minutes notre échange et file sous la douche, de très bonne humeur. À ma sortie, je me glisse nue sous les draps et attrape mon téléphone.

[Est-ce que tu me cherches, Emma ?
Crois-moi tu n'aimerais pas ça.]

Je réponds aussitôt :

[Vous ne me faites pas peur,
Mr l'alpha.]

[Et pourtant tu devrais.]

[Alors punis-moi =D
J'aime quand tu t'énerves.]

J'ai l'impression d'être une ado en train de flirter et ça me plaît beaucoup. Je souris de nouveau en imaginant sa réaction et attends avec impatience sa réponse. Quand elle arrive, j'ouvre immédiatement l'enveloppe :

[Vous jouez avec le feu, Mlle Emma.]

[Oh oui ! Et j'aimerais
me brûler les ailes !]

[Bordel, Emma, tu fais quoi, là ?
Je suis au boulot, et je ne pense qu'à
ton petit cul maintenant. Impossible
de me concentrer !]

J'espère bien qu'il ne pense qu'à mon cul ! Et là, mon cul ne pense plus qu'à lui, lui aussi. J'ai envie de faire monter la pression. Ça m'amuse de l'imaginer la queue en feu, sans pouvoir se soulager. Aussi, je lui réponds :

[Hum… très intéressant. Et donc
si je te dis que j'ai très envie
de toi, là maintenant, est-ce que
ça calmera tes ardeurs ?]

Et c'est vrai. Je suis prise d'une furieuse envie de l'embrasser, de me jeter à son cou et de lui faire l'amour sauvagement, comme les premières fois. Ces pensées m'excitent tout aussi sûrement que les souvenirs de nos dernières rencontres.

[Assurément, non.]

Sa réponse est courte mais laisse présager de son état.

[Et si j'insiste en te disant
que je rêve de t'avoir en moi,
ça n'arrangera pas les choses ?]

[Putain Emma, à quoi tu joues ?]

[Dommage qu'il n'y ait que
mes doigts pour me soulager...
Je suis déjà trempée.]

Et comme pour le faire mousser plus encore, je prends une petite photo de rien du tout : juste le bout de mon sein, un doigt frôlant mon téton, que je lui envoie ensuite.

Ethan met plus de temps à me répondre. Je trépigne d'impatience quand son message arrive enfin :

[Regarde dans quel état tu me mets, femme !]

Une magnifique photo accompagne ce message, une photo de son phallus dressé avec ferveur pour moi. Sa main en enserre la base.

J'aime son sexe, j'aime la manière dont il s'en sert, j'aime jouir sous ses coups de butoir. Cette photo ravive mes souvenirs, et le feu qui brûle en moi se décuple. Je serre les cuisses en vain ; mon désir ne passera pas comme ça.

Tant qu'à faire, j'en rajoute une couche :

[Tu es magnifique ! J'ai envie
de la prendre en bouche.]

[Oh putain oui]

J'ai brusquement envie qu'il se soulage en pensant à moi et qu'il immortalise ce moment par une photo. Je vais pour le lui dire quand il m'envoie un second message :

[Emma tu me rends fou ! Je te veux tellement !
Je te veux comme jamais je n'ai désiré quelqu'un
et ces 2 semaines vont être les plus longues de ma vie.
Ça fait même pas 24 h et je rêve déjà
de te prendre dans toutes les positions.]

J'essaie d'ignorer les battements de mon cœur, mais c'est impossible. Merde, ces mots me font monter le rouge aux joues. J'ai l'impression qu'Ethan prend de plus en plus de place dans ma vie, et même si ça me fait peur, en cet instant, je ne désire plus qu'une chose : qu'il s'installe et qu'il y reste... Longtemps.

Je finis par lui répondre, le souffle court en imaginant la scène :

[Alors caresse-toi pour moi,
caresse-toi comme si c'était moi.
Je veux que tu jouisses Ethan,
je veux imaginer que tu jouis en moi.]

Sa réponse ne se fait pas attendre :

[À condition que tu le fasses avec moi…]

Il n'avait pas besoin de me le demander. Mon imagination fait le reste, alors que je contemple sa photo, le souffle court…

34

Je suis en pleine réunion avec les Chinois quand ça me prend : une douleur qui me retourne l'estomac, qui joue désagréablement avec mes tripes et remonte par vague. Si je ne m'éclipse pas très vite, c'est dans la poubelle de bureau que j'aurai la décence de vomir, au vu et au su de tous mes collaborateurs asiatiques. Je ravale désespérément ma salive et leur murmure de plates excuses du bout des lèvres avant de me précipiter aux toilettes. J'ai à peine le temps d'ouvrir la porte de la cabine que je rends mon petit déjeuner.

À cause de mon état, la réunion est ajournée. Jusqu'au soir, je suis révulsée par l'odeur de la bouffe, si bien que je n'avale rien. J'ai l'impression d'avoir noyé mon estomac dans de l'acide, du coup, je reste au lit. Je devais reprendre l'avion demain, vers 14 heures, et je prie pour qu'on ait le temps de régler les derniers détails avant mon vol.

C'est ma dernière pensée avant de m'endormir, dopée aux cachets.

Le lendemain, je parviens à ne pas sombrer, mais la moindre odeur me provoque des crises d'enfer. La réunion finie, j'ai tout juste le temps de foncer à l'aéroport. J'arrive à la clôture de l'embarquement, mais mes pleurnicheries ont raison de l'hôtesse qui me laisse passer, non sans me réprimander.

Une fois installée dans mon siège en classe affaires, je prends un puissant cachet contre le mal des transports qui me shoote et me fait somnoler la moitié du vol. Je renouvelle l'opération quand les effets s'estompent et me rendors jusqu'à l'atterrissage.

Il est 21 heures passées quand je prends un taxi qui me ramène à la maison. J'envoie un message à Ethan, de service en cuisine :

[Enfin rentrée.]

Je suis tellement dans le cirage à cause des cachets que mon message s'arrête là, alors que nous avions pris l'habitude de nous envoyer des courriers plus coquins.

À la maison, je n'ai la force de rien. Je laisse ma valise en plan dans l'entrée, et me couche tout habillée sur mon couvre-lit.

En plein milieu de la nuit, mon estomac vide me rappelle à l'ordre. Je plonge la tête dans mon frigo et en sors l'unique bout de fromage encore potable, que je mets sur une tranche de pain.

Je suis en train d'engloutir ce maigre repas quand j'ai une putain d'illumination : j'aurais dû avoir mes règles il y a deux semaines.

Avec mon planning surchargé et mes nombreux rendez-vous, ça m'était complètement sorti de la tête.

Oh non, non, non. Tout, mais pas ça ! Ne me dites pas qu'il a été assez con pour me monter sans capote ! Ne me dites pas que j'ai été assez conne pour le laisser faire !

Oh putain de merde !

Pas un mouflet, tout de même !

Je n'ai pas l'âme d'une mère !

Vous me voyez, vous, avec un môme, avec la dégaine que je me paie, mon vocabulaire de charretier, et ce putain de boulot au Libertin ?

Rien que cette idée me donne la gerbe et je n'arrive pas à empêcher mon estomac de se révulser. J'expulse tout dans l'évier avant de m'effondrer.

Bordel…

***

Un test de grossesse me confirme ce que je savais déjà. Je me fais porter pâle chez Holding, complètement sous le choc. Comment est-ce possible ? Comment je peux me retrouver avec un mouflet dans le ventre ?

J'ai du mal à faire le point. Je me lève, tourne en rond dans le salon, me rassieds. Mais aussitôt, je me relève, incapable de rester inerte dans mon foutu canapé. Il faut que je fasse quelque chose, mais comment déloger ce petit intrus de mon utérus ?

Punaise, j'ai l'impression d'avoir pris une claque dans la gueule…

Mais merde, quoi ! Merde, merde, merde ! Quand Ethan et moi avons-nous ripé ?

Je repense soudain à l'inconnu anglais, rencontré dans l'ascenseur de mon hôtel londonien, et j'ai une brusque bouffée d'angoisse. Mais je le revois bien heureusement fouiller la poche arrière de son pantalon pour en sortir une capote. Ouf !

Mais est-ce que je dois me réjouir de savoir que seul Ethan est assez con pour me faire ça ? Comment cet imbécile a-t-il pu oublier cette saloperie de capote ? Je vais faire une attaque…

Tous les mecs ont sur eux tout ce qu'il faut depuis la puberté, alors comment ce petit con a-t-il pu omettre d'enfiler ce bout de latex sur son petit machin ? Outre ces saloperies de MST, Ethan devait bien savoir qu'il y avait ce putain de risque de me mettre en cloque !

Mais comment j'ai pu être aussi stupide ? Comment j'ai pu le laisser faire ?

J'ai beau fouiller ma mémoire, je ne me souviens pas du moment où nous avons ripé…

Bon, respire, Emma. C'est pas grave. Il y a toujours moyen de régler cette situation. Déjà, si tu es sûre que c'est Ethan, c'est une bonne chose.

Je repense à la dernière fois que lui et moi avons fait l'amour, après l'expo photo, il y a environ trois semaines. Sur le coup, j'avais trouvé ça magnifiquement excitant. Jamais ça n'avait été si… intense. Aujourd'hui, j'aurais presque tendance à le regretter. J'essaie de me souvenir de cette soirée, de ses mots, de ses gestes, mais je suis incapable de savoir s'il a oui ou non utilisé ce qu'il faut. Il n'y a que ses mains sur mon corps et le plaisir indicible qui m'a parcouru. J'ai occulté absolument tout le reste…

Fait chier !

Tu déconnes, Emma.

N'y tenant plus, je finis par claquer la porte de chez moi, grimpe dans ma voiture, et ma tête vient buter contre mon volant. Comment est-ce possible, bordel ? Je me sens totalement impuissante face à la situation.

Avant que je ne m'en rende compte, j'ai mis le contact et je parcours la ville sans prêter la moindre attention à ce qui m'entoure ; je conduis comme un automate.

Quand je me gare en warning devant son restau, je descends de voiture comme une furie et entre en trombe dans l'établissement. Il est 11 heures, et quelques personnes sont déjà attablées. Il doit commencer son service, et à vrai dire, j'en ai rien à foutre. La gentille serveuse un peu stupide me sourit en m'accueillant. Je l'ignore totalement. Sans même faire attention à ce qu'elle dit, je lui passe devant et file jusque dans les cuisines, derrière la double porte battante.

La serveuse sur mes talons me suit en s'exclamant :

– Madame, vous n'avez pas le droit !

D'ordinaire, j'adore qu'on m'appelle « madame ». Ça me donne du crédit en tant que personne. Mais aujourd'hui, ce simple mot m'horripile. Je me détourne et l'agresse en la reprenant :

– Mademoiselle !

Elle a l'air choquée, la pauvre, mais je m'en contrefous. Je reporte mon attention sur la grande pièce dans laquelle s'affairent cuistots et serveurs. Mais là, plus personne ne parle, beaucoup trop occupé à me contempler. Je repère Ethan à l'instant où il prononce mon nom. Je me rue sur lui et explose :

– Putain, tu fais vraiment chier, Ethan !

Le sourire qu'il avait aux lèvres s'évanouit aussitôt. J'entends quelques ricanements dans mon dos, alors je fais volte-face :

– Vous, la ferme ! J'ai passé une sale journée, alors si vous ne voulez pas être les suivants, je vous conseille de la boucler !

J'ai bien conscience d'être excessive, presque ridicule, et un tantinet hystérique, mais je m'en balance royal.

– Emma, calme-toi, avance Ethan sur un ton très calme. Viens, suis-moi.

Il m'attrape par le poignet et m'entraîne avec lui jusque dans l'arrière-cour. Son comportement calme et mesuré me sort par les yeux et met mes nerfs encore plus à rude épreuve.

– Emma, qu'est-ce qui t'arrive ?

– Ce qui m'arrive ? Il m'arrive qu'un pauvre con a déposé un putain de polichinelle dans mon tiroir !

J'ai largué la bombe un peu trop violemment, je vous l'accorde, mais je suis satisfaite quand je le vois pâlir. Il en perd même son vocabulaire. Du moins un court instant.

– Tu es sûre ?

J'éclate de rire, mais d'un rire jaune, sarcastique :

– Tu me demandes si je suis sûre ? Si je ne l'étais pas en me vidant tripes et boyaux toute la sainte journée, un test de grossesse me l'a confirmé ce matin ! Putain, Ethan, qu'est-ce que t'as foutu ?

Il retrouve brusquement ses couleurs et vire même au rouge cramoisi :

– Attends, tu me demandes *à moi* ce que j'ai foutu ? Mais bordel, Emma, t'étais là, toi aussi, il me semble !

J'en ai rien à faire. J'ai besoin d'un bouc émissaire, et Ethan a la gueule de l'emploi. Je reprends, sans prêter attention à sa remarque :

– Une putain de capote, c'était pas compliqué, bordel ! Un vulgaire bout de latex qui aurait réglé tous nos soucis ! Merde, Ethan, tous les mecs ont ça dans leurs poches, alors qu'est-ce que t'as foutu ?

Je sens les larmes me monter aux yeux. Oh non, pas maintenant ! Avant de craquer devant lui, je tourne les talons et prends la tangente.

– Emma, attends !

Il me rattrape dans la rue. Sans réfléchir, je me dégage brutalement, consciente de sentir monter en moi une irrépressible envie de meurtre. Avant de faire un geste que je pourrais regretter, je m'éloigne brusquement. Je cours dans la ruelle, si vite que j'espère laisser derrière moi toute cette colère, cette tristesse qui enserre ma poitrine. Je cours à en perdre haleine, les larmes brûlant mes paupières. Je ne m'arrête qu'une fois dans la voiture pour reprendre mon souffle et mettre le contact. Je me sens prête à exploser. J'enrage sur mon siège, incapable de contenir plus longtemps ce flot d'émotion. Ma main s'abat sur mon volant, encore et encore.

Puis, je m'engage dans la circulation. Je roule, roule encore longtemps, comme si j'avais le diable au cul. Je perds le fil de mes pensées, tandis que les rues défilent les unes après les autres, toujours plus vite, toujours plus loin, jusqu'à me perdre complètement. Ce n'est qu'après que je réalise la situation.

J'arrête enfin ma voiture sur le bas-côté, le long d'un champ de maïs, et m'effondre.

***

Quand je suis enfin calmée, j'appelle ma gynéco. Devant l'urgence de ma voix, elle accepte de me recevoir en fin de journée, après son dernier rendez-vous. Je me rends à son cabinet avec quelques heures d'avance, incapable de patienter plus longtemps. Dans la salle d'attente, je me mange les ongles en regardant défiler les aiguilles de l'horloge. Les patients s'enchaînent les uns après les autres, jusqu'à ce qu'il ne reste plus que moi.

Vers 19 h 30, la délivrance arrive : elle me prend enfin en consultation. J'ai soudain l'impression de mieux respirer, comme si j'avais retenu mon souffle toute la journée.

La gynéco me fait une batterie de tests, me pose des questions, et me file une ordonnance pour des prises de sang.

Un bébé… J'ai un bébé qui s'est logé dans mon utérus.

J'arrive pas à le croire.

Ma vie est en train de m'échapper totalement. Si c'est une farce, elle est loin d'être drôle ! Bordel, je n'ai que 27 ans ! C'est trop jeune pour accoucher d'un mouflet ! Je n'en veux pas ! Il faut absolument qu'elle m'en débarrasse !

Mince… est-ce un crime de vouloir m'en débarrasser ?

J'ignore la petite pointe de culpabilité qui me serre le cœur quand elle me prend un rendez-vous la semaine prochaine à la clinique. Ma décision est prise.

J'irai me faire avorter.

Lorsque je rentre enfin à la maison, la nuit est tombée et l'air est glacial. À l'instant où je claque la porte de mon appart', mon portable, resté sur la table du salon toute la journée, sonne. Je suis trop lasse pour me précipiter et il s'éteint avant que je l'atteigne.

Sans surprise, je constate qu'Ethan a passé son après-midi à m'appeler. Il m'a d'ailleurs laissé plusieurs messages vocaux, que j'efface sans écouter, ainsi que quelques textos, que je ne prends pas non plus la peine de lire.

Je suis paumée. Complètement paumée.

Pour l'heure, je veux simplement me reposer, fermer les yeux et tout oublier.

Je file sous la douche et laisse mon corps s'engourdir sous le jet brûlant. Je dois y rester vingt bonnes minutes, à ne chercher que la paix absolue. Mes larmes ont cessé de couler il y a bien longtemps maintenant, et je me sens simplement vide.

Quand j'arrête enfin l'eau, j'entends qu'on sonne à ma porte. Je sais déjà que c'est Ethan, mais je n'ai pas envie de lui parler. Je n'ai envie de voir personne, ce soir.

J'enfile mon peignoir et entreprends de démêler mes cheveux humides tandis que la porte d'entrée retentit de nouveau. Ce n'est pas grave, je suis patiente. Il finira bien par se lasser. J'étale de la crème sur mon visage, de manière méticuleusement lente.

Soudain, on s'acharne sur ma sonnette. Le son devient strident, monocorde et carrément agaçant. Et entre deux sonneries, la voix d'Ethan hurle mon prénom.

Il se lassera avant moi, je me répète. Je peux supporter ce caprice quelques minutes encore. Il réalisera bientôt que l'appartement est vide. Au pire, un voisin lui demandera d'aller se faire cuire un œuf en enfer. Au moment où je formule ces pensées, je réalise que cette sonnerie me tape déjà sur le système, et je lutte contre moi-même pour ne pas aller ouvrir la porte. Je prends ma tête entre mes mains et grogne en pestant.

– Bordel, il va arrêter, oui ?

Je tremble en comptant, avec un peu de chance, ça me distraira.

Merde, j'en peux plus. Je me rue sur la porte et l'ouvre en hurlant :

– Quoi ?

Mais ma colère retombe immédiatement quand je vois l'état d'Ethan. Ses boucles sombres partent dans tous les sens comme s'il s'était passé inlassablement la main dedans. Sa chemise est à moitié défaite, sa veste de travers. Mais surtout, ce sont les profonds cernes qui creusent ses yeux qui m'alarment.

– Je te jure que je n'ai pas été si con, Emma ! il s'exclame sans préambule. J'ai toujours, *toujours*, utilisé ce qu'il fallait !

– Alors comment t'expliques la situation ? je m'énerve.

– Je ne l'explique pas, justement ! Tu es vraiment, vraiment sûre d'être enceinte ?

– Non, bien sûr ! C'était une farce que je te faisais ! J'espère que tu l'as trouvée drôle, parce que ce sera la dernière avant longtemps !

– Putain, Emma, tu veux bien arrêter ton sarcasme deux minutes ? il s'exclame en m'attrapant par les épaules.

– Non, je ne veux pas ! je hurle en me défaisant de son emprise.

Je n'arrive pas à calmer mes nerfs à vif, si bien que je continue sur le même ton :

– Tu croyais quoi ? Pour moi aussi, ça a été une sacrée droite ! Imagine un peu ma tête, à me vider devant mes collaborateurs chinois ! C'était tordant, non mais je te jure ! Tu aurais adoré, je suis sûre !

– Si tu crois que je m'y attendais ! s'exclame Ethan sur le même ton que moi.

Encore une fois, nous faisons profiter tous mes voisins de nos prises de bec. Génial.

– Jamais je n'aurais imaginé qu'une putain de capote défectueuse nous conduirait là ! Ce n'était pas ce que je voulais !

– Ah non ? C'est bien dommage, parce que ce bébé, c'est une réalité ! C'est ma réalité !

– C'est *notre* réalité, il me reprend, terriblement froid.

– Non, la mienne ! C'est moi qui porte ton bébé, Ethan ! C'est moi qui dois régler ce putain de problème !

– Comment ça ?

Toute couleur a brusquement quitté son visage et dans ses yeux, je lis une certaine peur. Il me repousse sèchement, referme la porte de mon appart' derrière lui, et plante son regard presque métallique dans le mien.

– Sors d'ici tout de suite, j'articule froidement sans lui laisser le temps de parler.

L'horreur dans ses yeux fait remonter ma propre peur, et je sens déjà ma volonté flancher. Le visage d'Ethan vire soudain au cramoisi. Il demande encore, la voix sèche et cassante :

– Comment ça ? Bordel Emma, dis-moi quelle connerie tu vas encore faire ?

Je nous trouve pathétiques. On dirait deux désespérés incapables de dialoguer normalement. D'autant plus quand ma voix se brise dans un dernier cri :

– Je ne veux pas d'un enfant, Ethan !

– Tu as pris ta décision, alors ? il me demande, amer.

– Oui…

Ethan se passe la main dans les cheveux, comme j'imagine qu'il a dû le faire tout l'après-midi.

– Rentre chez toi, Ethan, je répète, le timbre complètement cassé.

– Et puis après ?

J'expire bruyamment. Après ? Je n'y ai pas encore réfléchi. Chaque problème en son temps. Je n'arrive déjà plus à y voir clair… Désespérée, je murmure enfin :

– Après, je ne sais pas…

Je me referme comme une huître, en espérant qu'il comprendra le message. Ce bébé, c'est un signe : celui qu'il faut arrêter. Je ne suis pas prête pour tout ça.

Brusquement, les yeux d'Ethan lancent des éclairs. Il a compris, j'en suis sûre.

– Je ne te laisserai pas me repousser une nouvelle fois, Emma ! il rugit. Et je refuse que tu avortes !

– Quoi ? Et tu veux quoi, qu'on s'en occupe tous les deux ?

– Et pourquoi pas ? m'interrompt-il.

– Mais… t'es inconscient ? je bégaie. Qu'est-ce que tu veux qu'on fasse d'un bébé ?

– L'élever, tiens ! Le chérir, ensemble, comme n'importe quel couple !

– Mais nous ne sommes pas un couple !

Ethan s'est redressé devant la ferveur de ma protestation, et je vois dans son regard une lueur de souffrance, teintée d'une bonne couche de colère. Je l'ai blessé.

– Oh non, murmure-t-il. Tu ne me referas pas ce coup-là, Emma. Ta peur nous a déjà séparés une fois, je ne te laisserai pas recommencer. Tu m'appartiens, tout comme je t'appartiens… Toi-même tu l'as dit ! il s'exclame, clairement en train de perdre patience.

Il rugit en m'attrapant par les bras et serre, son visage trop près du mien.

– Je ne t'appartiens pas ! je m'exclame, furibonde. Je n'appartiens à personne !

J'essaie de me défaire de son emprise, mais il tient bon.

– C'est ce que tu crois ! Mais tu m'as dans la peau ! Et tu veux un scoop ? Moi aussi ! Tu me rends fou, Emma, et je refuse que tu avortes parce que je t'aime !

Il a mis lui aussi tant d'aplomb dans ses dernières paroles que j'en reste sur le cul. La violence de ses mots me cloue sur place. Et les larmes me montent aux yeux, sans que je parvienne à les retenir. Elles se déversent avec frénésie, embuant mes yeux. Les traits d'Ethan sont devenus troubles, alors que je secoue la tête, refusant de croire ses paroles.

– Oh si, Emma. Je t'aime comme un fou, murmure-t-il, la voix rauque, avant de reprendre, avec plus de ferveur : Tu me fais littéralement perdre la tête ! Être auprès de toi, bordel, ça me fait souffrir ! Mais ne pas t'avoir dans ma vie, c'est encore pire ! J'ai besoin de toi !

Il glisse alors ses mains dans mes cheveux, le long de ma nuque, et avant que je ne le réalise, il a plaqué ses lèvres contre les miennes. Mon cœur se soulève avec force et j'en perds toute raison. Quand il s'éloigne enfin un peu, c'est pour murmurer encore, tout contre mes lèvres :

– Oh oui, je t'aime comme un fou…

Il semble meurtri, et je crois qu'il retient ses propres larmes.

Cette dernière phrase a raison de moi. J'éclate en sanglots en me jetant à ses lèvres. Je m'accroche à elles comme un naufragé. J'ai besoin de les sentir contre moi, sur moi, en moi, partout ; j'ai besoin d'Ethan, de ses mots, de ses caresses…

Oh oui, je lui appartiens.

Il me prend dans ses bras, me serre violemment contre lui, presque jusqu'à m'étouffer, mais peu m'importe ! J'ai l'impression de vivre, enfin…

35

Nous avons passé la soirée à pleurer en silence. Une fois que les vannes se sont ouvertes, j'avais énormément de mal à me calmer, comme si tout ce que j'avais emmagasiné ces dernières années refaisait surface. Devant mon désarroi, Ethan s'est retrouvé totalement impuissant. Il n'a pu que rester silencieux, sans parvenir à trouver les mots pour endiguer les torrents de larmes qui s'écoulaient sur mes joues.

Et à vrai dire, je crois qu'il n'y avait aucun mot capable de m'apaiser.

Nous sommes restés blottis dans mon lit, allongés l'un contre l'autre en chien de faïence. Je sentais sa chaleur me traverser le dos et son bras, en travers de ma taille, me serrait fort contre lui.

Il a fallu attendre que les larmes se tarissent enfin pour que les mots se bousculent dans ma bouche. Ils sortent de manière décousue, sans aucune forme, sans réel sens. Ethan a la patience de me laisser m'épuiser sans me couper. Ma détresse doit être si grande qu'il finit par murmurer, presque dans un souffle :

– On fera comme tu veux…

Cette simple phrase a le don d'apaiser mon cœur, et je finis par m'endormir dans la chaleur réconfortante de ses bras, avec la certitude que tout finira par s'arranger.

Ethan a pris sa journée du samedi pour rester avec moi. Loin de me déranger, sa présence a contribué à me soulager définitivement. Ce soir, je me sens plus calme. Ce bébé, certes non voulu, n'est pas une fin en soi. Il ne changera pas ma vie, tout comme il ne changera pas mes relations avec Ethan. Que je le garde ou que je m'en débarrasse, Ethan me soutiendra, quoi qu'il arrive. Je sais pourtant que le perdre le blesse déjà, mais il garde cette douleur pour lui.

Personnellement, je ne suis pas prête à tirer un trait sur tous mes projets d'avenir pour un enfant. J'ai encore une place au soleil à me fabriquer, et ce marmot pourrait me gêner dans mes desseins.

Alors que je me prépare pour le Libertin, je décide d'occulter totalement ce petit être qui grandit dans le giron de mon esprit. Ethan et moi avons épuisé toutes nos larmes sur le sujet. Il est clairement temps de passer à autre chose. Ce soir, j'ai envie de retrouver notre complicité d'antan.

Je m'observe dans le miroir, au-dessus du lavabo. Mes cheveux sont encore humides, et je préfère les laisser libres. J'ai enfilé un pantalon de cuir hypra moulant et un tee-shirt beige quasiment transparent. Satisfaite, je quitte la salle de bains, un sourire au coin des lèvres. Ethan m'attend dans le couloir, adossé contre le mur. Lorsqu'il me voit, il a un moment d'arrêt, puis un petit gémissement lui échappe.

– Tu veux me faire perdre la tête, ou quoi ?

Je souris de toutes mes dents. J'ai obtenu l'effet escompté et j'en suis plutôt fière. Je détaille ses yeux sombres qui ne me lâchent plus, ses lèvres entrouvertes et sa glotte qui déglutit avec peine.

– On t'attend pour quelle heure, déjà ? il murmure en s'approchant.

Sa voix est rauque et m'excite déjà. Quand il est à deux pas de moi, ses doigts frôlent mon cou et descendent lentement jusqu'à la naissance de ma poitrine. Sa caresse est douce et aguichante.

Elle me laisse un arrière-goût de manque. Le salop a compris mon manège, et il veut lui aussi jouer avec moi. C'est à savoir qui de nous deux se brûlera les ailes en premier.

– Je suis déjà en retard ! je ris en repoussant sa main.

J'essaie de retrouver mes pensées.

Ses yeux s'attardent longtemps sur mon tee-shirt dont il détaille les contours. Je sens son regard sur mes seins, avant qu'il ne continue sa contemplation jusqu'à mon pantalon.

La tenue que je portais le soir de notre toute première rencontre.

Ethan se passe la langue sur les lèvres, perdu dans ses pensées. Puis il murmure enfin :

– Si tu ne te changes pas immédiatement, je ne réponds plus de rien…

Je souris et colle outrageusement mon corps au sien.

– Pourquoi donc ?

– Tu fais tout pour me rendre fou…

– Ça se pourrait bien…

Mes doigts glissent lentement sur le tissu de sa chemise, de son cou à son nombril. Un nouveau gémissement lui échappe. Il crispe la mâchoire, les poings serrés pour ne pas me toucher. Du regard, je suis le chemin qu'a initialement pris ma main et tombe enfin sur le renflement évident qui tend son jean.

Satisfaite, je replonge mon regard dans le sien, soudain prête à envoyer au diable le club. Bordel, ce mec m'excite comme ce n'est pas permis !

– J'ai toujours le temps de t'enlever tous tes vêtements… murmure-t-il, le souffle court.

– Alors que j'ai mis tant de temps à me préparer ?

– Avoue que tu as pris plaisir à m'imaginer te les enlever.

Merde, je suis découverte. J'avoue que j'ai imaginé avec délectation ses mains me déshabiller, et la caresse de ses doigts sur ma peau nue. Cette tenue est un clin d'œil à notre première rencontre, qui a tout changé dans ma vie.

Brusquement, je n'ai plus qu'une envie : qu'il me fasse l'amour ici même, violemment, farouchement. Je veux le sentir en moi, c'est presque un besoin vital.

– Si tu ne veux pas que je te prenne contre ce mur, ici même, tu ferais bien d'arrêter de me regarder comme ça, avance-t-il la voix rauque.

Mon regard doit être aussi brûlant que le sien, et sa voix me fait frissonner de plaisir. Dans un sourire, je l'embrasse au coin des lèvres puis me force à m'éloigner de lui d'une démarche chaloupée. Je l'entends grogner dans mon dos avant de me suivre.

Respirer l'air glacé de cette nuit d'hiver me remet les idées en place. Ce n'est pas plus mal.

Dans la voiture, nous mettons le son à fond et je chante à tue-tête, me moquant complètement de chanter faux. Ethan rit, mais au bout d'une vingtaine de minutes, il se joint à moi, et nous sommes éclatés de rire en nous garant sur le parking du Libertin. Ensemble, nous remontons la file qui s'allonge devant l'entrée, sur le trottoir. Je suis toujours étonnée de voir autant de monde se cailler les miches devant l'entrée du club. Est-ce que ça en vaut vraiment le coup ?

– Salut Emma ! s'exclame le vigile en nous laissant passer.

Je le salue avant d'entraîner Ethan derrière moi. Aussitôt, la chaleur étouffante du club nous saute dessus. Il y a un monde fou, aujourd'hui, même pour un samedi soir. Je joue des coudes jusqu'au bar où je découvre Carrie, installée sur un tabouret, un verre devant elle. Je pose une main sur son épaule.

– Salut toi !

– Emma ! Tu es rentrée !

Elle me saute au cou et m'enlace avec ferveur. Au même instant,

Kév nous rejoint, de l'autre côté du bar :

– Salut beauté !

Je m'accoude au comptoir en lui souriant :

– Alors, je t'ai pas trop manqué ?

Il sourit, semble réfléchir, et sa moue me fait sourire aussi :

– J'ai survécu.

– La forme ?

– Plutôt, oui.

Il reste évasif et je n'ose pas lui demander où il en est avec sa chérie.

– Comme d'hab' ? il me demande.

– À ton avis ?

Il rit, prend la commande d'Ethan, et nous prépare nos boissons. Carrie a juste le temps de récupérer son verre que nous sommes bousculés par des clients qui cherchent à atteindre le bar, et bientôt, Kév disparaît derrière des têtes inconnues.

– Mélanie l'a foutu à la porte. Elle lui a posé un ultimatum : tant qu'il ne démissionne pas, il ne pourra plus mettre les pieds chez eux, m'explique Carrie. On dirait bien que cette fois-ci, les choses sont sérieuses. Il lui reste deux semaines pour prendre une décision.

Je suis étonnée d'apprendre tout ça de la bouche de mon amie, mais avant même que je puisse lui poser la question, Ethan intervient :

– Qui est Mélanie ?

– La chère et tendre de monsieur, je réponds.

– Une vraie tigresse, surenchérit Carrie. Elle a le club en aversion. Tu aurais vu la scène qu'elle nous a faite la dernière fois !

– Carrie… je grince entre mes dents.

Mais elle continue sur le même ton, sans même remarquer mon interruption :

– Elle a presque insulté Emma de pute !

Je vois Ethan pâlir. Ses poings se serrent, mais il ne dit rien. Manifestement, Carrie aussi le remarque, car elle s'empresse d'ajouter :

– Heureusement qu'Emma ne se laisse pas démonter facilement ! Elle lui a fait ravaler ses conneries !

Kév nous interrompt au même instant. Ethan le rejoint pour récupérer nos consos. Aussitôt, Carrie me demande :

– Alors, c'est sérieux ?

– On dirait bien.

Elle me saute dessus en criant :

– C'est génial !

Puis, en reprenant un ton plus sérieux, plus confidentiel :

– Et bordel, qu'est-ce qu'il est canon !

– M'en parle pas ! Et il fait l'amour comme un Dieu.

On éclate de rire alors qu'Ethan revient avec deux verres. Il me tend le mien. Mais avant de le prendre, j'enlève ma veste et interpelle Kév. Quand le barman me fait face, je la lui envoie. Il la rattrape au vol et la pose derrière lui, comme toujours.

– Au fait, Emma ! lance-t-il. Une femme a demandé après toi pendant ton congé !

– Ah ? Qui ? je m'étonne.

Jamais personne ne demande après moi au Libertin. C'est simple, hormis Vincent, Vicky, Carrie et Ethan, personne ne sait que je travaille ici. Est-ce que je dois m'en inquiéter ?

– Désolée, chérie, j'ai oublié son nom ! Mais je lui ai fait savoir que tu serais là ce soir ! lance Kév.

– Merci !

Je retrouve mes deux amis, intriguée. Qui peut vouloir me voir ? Mais cette question me sort immédiatement de la tête quand je reconnais Vicky sur la piste de danse, collée-serrée contre un grand baraqué, qui lui roule la plus magistrale des galoches. J'éclate de rire, heureuse qu'elle ait enfin envoyé Jules se faire paître en enfer.

– Qui est avec Vicky ? je demande à Carrie.

Elle sourit, mystérieuse. Je suis intriguée, lorsque je me rends compte que le baraqué en question, c'est Vincent…

– Espèces de petits cachottiers ! je m'exclame, une fois à leur hauteur.

Vicky sursaute. Quand elle me voit, son air coupable est vite remplacé par une joie certaine. Puis elle m'attrape par le bras et m'entraîne un peu à l'écart. Là, le son de la sono est un peu moins fort, parfait pour discuter un peu.

– Tu es enfin de retour ! elle s'exclame. Alors, la Chine ?

– Barbant. Le boulot, quoi. Alors, si tu m'expliquais un peu ce qui se passe ?

– Absolument rien, elle murmure. Écoute, Emma, je suis désolée. Je me sentais désespérée après cet enfoiré de Jules. Et disons que Vincent a été compatissant, et présent. Mais il n'y a rien. C'était un moment d'égarement.

– Eh ! Du calme, ma belle. Tu fais ce que tu veux de ton cul, ça ne me regarde absolument pas ! Vincent est un mec adorable, alors s'il te permet d'oublier Jules, que ce soit le temps d'une nuit ou plus, c'est toi que ça regarde. Je dirais même fonce.

– Pour l'instant, il ne s'est rien passé. Promis juré !

J'éclate de rire.

– Arrête de te justifier !

Vicky inspire profondément, expire, puis fixe un sourire sur ses lèvres, comme soulagée. Je lui attrape la main et m'exclame :

– Vick, je crois que je suis en train de changer ! J'ai envie de changer.

– Comment ça ?

Je ne sais pas trop comment expliquer les choses. Je cherche mes mots quand elle demande :

– Est-ce que ça a un rapport avec Ethan ?

Je parcours la salle du regard jusqu'à voir sa frimousse bouclée dans la foule, et mon cœur se gonfle. Oui, ça a un rapport avec Ethan. Avec ce qu'il me fait ressentir, que je ne pensais plus jamais pouvoir ressentir un jour. Que je m'étais même promis de ne plus jamais ressentir !

– Disons que je commence à oublier le passé. Je vais de l'avant.

Vicky plonge son regard dans le mien, comme pour sonder mon esprit. Ses yeux s'éclairent brusquement. Je sais que je n'ai pas besoin d'en dire plus. Elle a compris. Elle me prend dans ses bras :

– C'est génial, Emma ! Il était temps !

Ensemble, nous rejoignons les autres qui nous attendent près du bar. À peine arrivée, je sais que je dois déjà les laisser. Je dois retourner bosser. J'embrasse Ethan et me voilà partie.

La musique m'emporte vite. Je me déhanche en rythme, incitant les clients à me suivre. Quelques fois, je rejoins mes amis, m'amuse avec eux le temps d'une chanson, puis repars. Quand je me retrouve sur le bar, Gueule d'Ange me rejoint. Il aime bien bouger son cul contre moi. Nous entamons quelques pas de salsa, dansons collés l'un à l'autre. Manifestement, l'arrosage de la dernière fois est resté dans les annales parce que Kév met à sa disposition un seau d'eau. Il s'en saisit et je suis en train de tournoyer sur moi-même quand la gifle de l'eau me surprend. La foule hurle avec nous, on est déchaînés. On danse encore un moment comme ça, lui et moi, mais le comptoir est si glissant qu'il est préférable de rejoindre le plancher des vaches. Je n'ai pas spécialement envie de m'étaler devant tout le monde. Nous nous séparons ensuite pour repartir à la chasse aux clients.

Je me déhanche au milieu d'eux quand je sens la chaleur d'un regard sur moi. Je souris en repensant à toutes ces fois où j'ai surpris ce même regard sur mon corps, à l'exaltation qu'il fait naître dans mes tripes. Parce que je reconnaîtrais cette sensation entre mille, et une part de moi est heureuse de la retrouver. En me détournant, je croise le regard brûlant d'Ethan. Il s'est posté près du poteau qui a vu nos premiers échanges naître. Un sourire au coin des lèvres, il parcourt mon corps des yeux avec envie. Je le sens se tendre de désir alors qu'il s'égare sur ma poitrine, que mon tee-shirt trempé ne doit plus très bien cacher.

Quand il sort son téléphone, j'éclate de rire, tandis que l'envie s'insinue au plus profond de ma chair, danse la samba dans mon estomac et irradie jusqu'entre mes cuisses. À l'idée qu'Ethan me regarde, qu'il me filme, comme les premières fois, la tension monte en moi. J'ai envie de lui offrir le plus beau spectacle de sa vie. J'oublie tout, comme s'il n'y avait plus que lui et moi, et cet objectif entre nous, qui capture chacun de mes mouvements.

Et j'adore ça.

Je ferme les yeux, fais tanguer mon corps de manière lascive sur la musique, et avouons-le, je bouge comme une traînée. Mes mains parcourent mon buste, de mes hanches à ma poitrine, et j'imagine celles d'Ethan à la place. J'en frissonne de désir.

Quand je rouvre les yeux, ceux de mon amant ne sont plus qu'un puits sans fond dans lequel je pourrais sombrer. Il n'y a plus dans son regard qu'une puissante passion qui brûle toutes mes pensées. Il a rangé son téléphone et, en quelques pas, il est auprès de moi. Le feu qui irradie de lui me coupe le souffle. Je retiens ma respiration alors qu'il glisse ses doigts sur ma nuque, empoigne mes cheveux et m'attire vivement à lui. Il m'embrasse avec fougue, se presse contre moi, et je sens la ferveur de ses sentiments peser contre mon bas-ventre. Sa langue fourrage en moi avidement, elle se mêle à la mienne, aventureuse. Il me fait perdre la tête. J'aimerais qu'il ne s'arrête jamais, qu'il me prenne immédiatement, comme si sa vie en dépendait, en dépit du monde qui nous entoure.

J'ai besoin de lui.

Cette certitude me coupe le souffle tout autant que son baiser fiévreux. Je m'accroche à lui de toutes mes forces et le laisse tout emporter de moi.

***

Ethan me précède quand nous pénétrons dans son appartement. Mais j'ai à peine passé le seuil qu'il se détourne et me saute dessus avec fougue. Mon dos vient buter contre la porte qui claque derrière nous. Les lèvres d'Ethan trouvent les miennes comme si c'était là leur place. Elles me goûtent, tâtent, pressent. Aussi avides l'un que l'autre, nous nous attaquons à nos vêtements en rejoignant le salon ; mon tee-shirt et sa chemise sont les premiers à valser par terre. Je suis pressée de sentir sa peau nue contre la mienne. Ça fait des semaines qu'on se cherche ! Mon voyage en Chine n'a fait qu'exacerber notre désir, malgré mon retour plus que difficile…

D'un seul mouvement, j'abaisse le jean et le caleçon d'Ethan à ses chevilles. Son sexe en érection est un appel à la plus douce des caresses, que je lui octroie de bon cœur, les lèvres gonflées d'envie. Il semble défaillir et manque de chanceler. Le désir lui arrache des gémissements rauques qui exacerbent mon propre appétit. Avant qu'il ne parvienne plus à résister, il me redresse sans ménagement, se débarrasse de ses vêtements et récupère mes lèvres. Rapidement, je suis aussi nue que lui. Nos corps s'entrechoquent dans leur impatience, ils se cherchent, se trouvent. Sa verge se tend douloureusement entre mes jambes, elle me titille, et je n'ai plus qu'une envie, qu'il me pénètre sans plus attendre.

Nous n'avons pas le temps d'atteindre sa chambre : nous tombons sur son canapé, où il s'enfonce en moi d'un coup violent, m'arrachant un cri. Il grogne dans mon cou, se cambre, le corps tendu à l'extrême, et nous ne faisons plus un geste. Chaque parcelle de mon corps ressent sa présence, et son attouchement au plus profond de mon être est une bénédiction. Il tremble légèrement, tous les muscles bandés, lorsqu'il plonge son regard en moi, assombri par le flot de ses mèches noires et bouclées qui lui tombent sur le front. Il reste là, immobile, quelques instants, avant de murmurer tout bas, si bas que je l'entends à peine :

– Je t'aime.

Ses mots m'arrachent des frissons, et je tremble entre ses bras.

– Moi aussi, je t'aime.

Cette phrase m'a échappé sans que je puisse la retenir. J'ai brusquement conscience que c'est la première fois qu'il l'entend. C'est même la première fois que je la prononce. Jusqu'à présent, j'avais érigé un mur si haut entre les hommes et moi que je m'interdisais tout sentiment. Ethan a su faire tomber mes barrières, et se frayer un chemin jusqu'à mon cœur. Ces mots, je ne les avais même jamais pensés avant lui.

La joie pure qui s'inscrit dans ses yeux m'enserre le cœur. Sans me lâcher du regard, il commence à aller et venir en moi. Cette sensation est si exquise, si violente et déchirante à la fois, qu'il ne me faut que quelques coups de butoir pour lâcher entièrement prise.

36

Quand j'arrive chez Holding mercredi matin, Carrie est assise derrière son bureau. Elle semble plongée dans la contemplation de son écran d'ordinateur. Lorsqu'elle m'entend, elle sursaute et, d'un bond, se jette sur moi.

– Emma !

– C'est rare de te voir ici aussi tôt, je réponds en suspendant ma veste derrière la porte. Qu'est-ce qu'il y a ? Tu as l'air toute chamboulée.

Elle piétine sur le sol devant moi sans rien dire. J'essaie de la contourner pour rejoindre mon propre bureau, mais elle fait un pas de côté, me bloquant le passage.

– Carrie ?

D'un geste, je l'écarte et rejoins ma chaise sur laquelle je m'affale. Puis j'allume l'écran d'ordinateur.

– Qu'est-ce qui t'arrive ? je demande.

– Je te préviens, c'est pas beau à voir.

– Quoi donc ?

Comme pour répondre à ma question, elle se poste derrière moi et empoigne ma souris. Elle farfouille sur le PC, ouvre ma boîte mail pro et trie les messages que je n'ai pas encore lus. Elle finit par cliquer sur le seul dont l'expéditeur est inconnu.

Comme dans un mauvais rêve, mon portrait me saute aux yeux.

Une flopée de cheveux blonds, des lèvres pulpeuses et rouges, un bout de sein gonflé de désir, une main qui se balade entre les cuisses… Merde, merde, merde ! Le travail de Jules, celui exposé au vernissage.

Je retiens difficilement un cri de rage, de peur et de honte. Oh mon Dieu, j'ai besoin de m'asseoir ! Ah merde, je le suis déjà. J'ai l'impression que la terre s'ouvre sous mes pieds pour m'engloutir. Comment cette photo a-t-elle fini ici ?

– Elle a été envoyée à toute la boîte via le serveur, m'explique Carrie.

Elle fait alors rouler le curseur de la souris vers le bas, et je découvre avec horreur qu'une vidéo accompagne cette photo compromettante. Je commence à suer, j'ai peur d'en découvrir le contenu. C'est quoi ce bordel ?

Je n'ai pas vu Carrie enclencher le fichier, mais la musique assourdissante qui m'agresse les oreilles me fait sursauter. Je m'empresse de baisser le son et reporte mon attention sur les images. Je me découvre avec stupeur debout sur le comptoir du Libertin, les vêtements trempés. Mon haut est si transparent qu'il laisse ostensiblement voir le soutien-gorge foncé que je porte en dessous, tandis qu'il me colle comme une seconde peau. Je danse avec Gueule d'Ange, et c'est si suggestif que pour un peu, on pourrait croire qu'on fait l'amour.

La vidéo saute avant de passer à une autre image, la mienne toujours. Je suis accoudée au bar, à discuter un bref instant avec Kév qui me sourit. Là aussi, on s'imagine facilement qu'il me fait du charme en posant mon verre sur le comptoir. Je l'empoigne, le vide d'une traite avant de le jeter de l'autre côté du bar où il se brise. Merde, hors contexte, on dirait une salope qui se bourre la gueule dans une boîte de nuit !

Nouveau blanc avant de me montrer en plein milieu de la

piste, les yeux fermés, les mains sur les hanches. Je bouge de manière sensuelle, parcourant mon buste de légères caresses jusqu'à mes seins.

…

Bordel, c'était un moment qui ne devait être filmé que par Ethan ! J'ai l'impression qu'on m'a volé quelque chose que je ne réservais qu'à lui seul, d'être lésée, et ça fait vraiment mal. Mon malaise s'accentue quand je vois Ethan apparaître à l'écran. Tout, mais pas ça, pitié… Mais je sais que mes prières ne seront pas exaucées. Et bientôt, Ethan fond sur moi, sa main agrippe mes cheveux, il m'embrasse passionnément en frottant son corps contre le mien. Rien que cette image me fait monter une bouffée de chaleur, que je rejette immédiatement. Ce n'est pas le moment de m'émouvoir.

C'en est trop, je coupe tout. Mon corps tremble sans que je parvienne à me contrôler. Carrie pose sa main sur mon épaule, mais elle est loin d'être réconfortante. Je finis par murmurer, sans comprendre :

– Qui a pu faire ça ?

– Je l'ignore. Le mail a été envoyé par quelqu'un de Holding, mais c'est tout ce que je sais.

– C'est un cauchemar…

Je suis fébrile, j'ai besoin de prendre l'air. Je ne comprends pas ce qui m'arrive, jusqu'à ce que Carrie s'exclame :

– Respire, Emma !

J'angoisse, j'ai du mal à reprendre mon souffle.

Il ne faut pas que ça recommence… J'avais pourtant réussi à faire la part des choses. Merde, merde !

Je me lève en titubant. Je dois faire quelque chose. J'ai *besoin* de faire quelque chose. Mais je n'arrive qu'à m'enfermer dans les toilettes, où j'attrape un sac en papier que je colle contre ma bouche.

***

Le mail a circulé dans toute la boîte. C'est une certitude, maintenant. Partout où je vais, j'entends des murmures sur mon passage, les regards qu'on me jette sont loin d'être discrets. J'essaie de rester un maximum enfermée dans mon bureau. Carrie se déplace le plus souvent pour moi. Je l'entends pester de temps en temps, mais je suis trop hébétée pour réagir.

Autant dire que je ne suis pas très productive aujourd'hui. Et je suis heureuse de quitter la boîte, le soir même. Pour la première fois, je pars avant tout le monde.

Carrie débarque chez moi deux heures plus tard en compagnie de Vicky et Vincent. Je sais pourquoi ils sont là mais je ne veux pas les voir. Pourtant, je ne parviens pas à les repousser.

– Écoute, ma chérie, avance Vicky en me prenant dans ses bras, ce n'est pas si grave. Il était temps que tu arrêtes de jouer à ce petit jeu. C'est l'occasion pour toi d'être enfin toi-même.

– Mais je ne voulais pas être moi-même ! Bordel, Vick, je tiens à mon boulot ! Je ne veux pas repartir de zéro ! Tu sais très bien ce qui s'est passé la dernière fois !

– Qu'est-ce qui s'est passé la dernière fois ? demande innocemment Carrie.

Vicky me connaît depuis tellement longtemps qu'elle a vu ma vie changer il y a plusieurs années. Mais j'oublie toujours que ce n'est pas le cas de ma collègue, que j'ai rencontrée à mes premiers jours chez Holding. Je ne lui ai jamais parlé de mon passé, et je ne comptais pas le faire. Mais Vicky répond à ma place :

– Emma a connu quelques déboires par le passé. Les rumeurs, c'est pas son truc. Mais Emma, les choses étaient différentes à l'époque ! Tu ne te cachais pas comme aujourd'hui.

– Oui, et regarde comme ça m'a réussi ! je peste entre mes dents.

– Emma… elle murmure.

– Ça suffit ! je m'exclame en me relevant. Je dois régler ça à ma manière ! C'est très gentil à vous d'être passés, mais franchement, j'aurais préféré que vous vous absteniez.

– Qu'est-ce que tu vas faire ? demande Carrie alors que je traverse le salon.

– Moi ? Rien de plus que d'habitude.

Et c'est vrai. Les deux derniers jours de la semaine, je fais comme si ce mail n'avait jamais existé. J'ignore les sarcasmes et les chuchotements, tout en remerciant le ciel d'avoir emmené Daniel Sanders loin, très loin des bureaux, cette semaine. Mais je sais qu'à son retour, ce sera ma fête.

J'ai dû prendre énormément sur moi pour ne pas rentrer dans le lard de tous ces connards. Mais il s'en est fallu de peu. J'ai littéralement fui les bureaux de Holding le vendredi soir, pressée de mettre le plus de distance possible entre eux et moi.

Alors que je suis sur le palier de mon appartement, j'ai brusquement envie de m'en aller très loin d'ici. Sans réfléchir, je fonce dans ma chambre, attrape mon sac de sport, le remplis de fringues pour le week-end, et repars tout aussi vite. Je saute dans ma voiture et reprends la route.

Ce n'était pas forcément la meilleure idée que j'ai eue de la journée : à cette heure-ci, les rues sont bondées, et il me faut plus d'une heure pour sortir de la ville et rejoindre la E50, en direction de l'Est.

Il est près de 21 heures quand je coupe le contact devant une grande maison en pierre, dans les environs de Meaux. Je descends de voiture, empoigne mon sac que je glisse sur mon épaule et verrouille les portières. Là, je reste indécise, sans vraiment savoir quoi faire, à observer la vieille bâtisse de mon enfance.

Mes parents ont toujours vécu à Montceaux-lès-Meaux. D'aussi loin que je m'en souvienne, je voulais quitter ce coin paumé et rejoindre Paris. La campagne, les petits villages, ce n'était pas fait pour moi. Pourtant, en cet instant, je me sens plus légère. Comme de retour à la maison.

J'inspire profondément et monte les quelques marches du perron. Sous mes pieds, un paillasson me souhaite la bienvenue. J'ai l'impression de ne pas l'avoir foulé depuis des lustres…

Ce qui est effectivement le cas. Je me revois encore claquer cette porte pour ne plus jamais revenir, à la conquête de la vie.

Après une nouvelle inspiration, j'appuie sur la sonnette.

Il ne faut que quelques secondes avant que la porte d'entrée ne s'ouvre. Ma mère me dévisage, d'abord interdite, avant que son visage ne s'éclaire et qu'un large sourire étire ses lèvres.

– Voyez-vous ça ! Une revenante !

– Salut, maman.

Avant même que je réagisse, elle rit un bon coup, m'attrape par le poignet et me plaque contre son opulente poitrine. Ma mère est petite, vraiment très petite, si bien que mon menton lui frôle le crâne. À 10 ans, mes frères et moi la dépassions déjà.

Elle m'entraîne dans le salon tout en débitant :

– Tu as déjà mangé ? Bien sûr que non. Tu as dû partir vers 19 heures, le temps de faire la route, tu dois avoir faim. Tu as faim ? Tiens, assieds-toi là, je vais te servir une assiette.

Et elle s'éloigne en trottinant, me laissant seule dans la salle à manger. Je n'ai d'autre choix que de déposer mon sac à mes pieds, ôter ma veste et m'asseoir à la table.

Quand elle revient, elle porte un plateau avec une assiette fumante, des couverts, un verre et une bouteille d'eau :

– Qu'est-ce que tu fais là ? elle me demande en posant le plateau devant moi.

– Je t'avais promis de venir à mon retour.

C'est la seule excuse valable que j'ai trouvée. Elle n'est peut-être pas très crédible, mais je n'ai rien d'autre en réserve.

– Allons, Emma, je suis ta mère, n'oublie pas que c'est moi qui t'aie appris à mentir.

Grillée.

Je plonge le nez dans le potage qu'elle a préparé en fuyant son regard. Qu'est-ce que je pourrais lui dire, de toute façon ? Que le temps de quelques heures, j'ai été si faible que j'ai voulu retrouver le confort de son sein ? Je n'ose déjà pas me l'avouer à moi-même…

Plus jeune, ma mère était une femme vraiment très belle. Malgré son mètre cinquante-cinq, elle attirait tous les regards. Ses cheveux, qu'elle portait blond vénitien, étaient longs et épais, sa peau laiteuse et pâle, sa poitrine toute aussi opulente qu'elle l'est aujourd'hui. Elle a rencontré mon père adolescente, et malgré leur attirance réciproque, elle l'a fait tourner en bourrique plusieurs années. À croire qu'elle aimait se faire désirer.

Parfois, je me dis qu'on se ressemble beaucoup, elle et moi…

On n'entend que le bruit des couverts contre l'assiette. J'avoue que je suis plutôt mal à l'aise, ce qui n'est pas le cas de ma très chère mère, qui m'ausculte sous toutes les coutures.

– Tu t'es brusquement souvenue de ta pauvre maman, avoue, avance-t-elle. Tu t'es dit qu'elle était si misérable, seule dans cette grande maison, que tu devais l'honorer de ta présence ?

Je sens l'humour dans sa voix. Elle cherche à me mettre à l'aise. Et ça fonctionne. J'éclate de rire.

– Ne dis pas de bêtises, Josy ! je la rabroue. Tu as eu une vie magnifique. Regarde ce que tu as fait !

Je me désigne d'un geste, et ma mère hausse un sourcil, le sourire au bord des lèvres.

– Manifestement, ce n'est pas l'humilité qui t'étouffe ! J'ai dû louper quelque chose dans ton éducation, ma fille !

– Ça ne sert à rien, l'humilité.

– Attends d'avoir des rides et la peau flasque !

J'éclate de nouveau de rire.

– Ma petite maman se ferait-elle rattraper par le temps ?

Elle hausse les épaules, se penche en avant et me montre une ridule au coin de ses yeux.

– Regarde-moi ça ! Pas un seul cheveu blanc, mais une vilaine ride apparue dans mon sommeil. Hier encore, j'étais jeune, belle et rayonnante. Aujourd'hui, je ne suis plus qu'une vieille maman de 55 ans !

– Mais qu'est-ce que tu racontes comme conneries encore ? Tu as cessé d'être rayonnante en mettant ton premier monstre au monde ! Remercie donc Nathan !

Elle me dévisage, outrée, mais je sais qu'elle cache un fou rire, qui la rattrape très vite. Pour ne pas y succomber, elle se lève et se saisit de mon plateau-repas vide en s'exclamant :

– Donne-moi ça avant qu'il n'y ait infanticide !

– Tu n'oserais pas faire ça à ta fille préférée.

– Elle a bon dos, ma fille préférée.

Je la suis comme un petit toutou. J'empoigne finalement le plateau à deux mains :

– Allez, laisse-moi faire. Ne me force pas à employer la violence, moi aussi.

Dans la cuisine, je dépose la vaisselle sale dans l'évier. Par habitude, j'attrape l'éponge et entreprends de la nettoyer, au mépris du lave-vaisselle ancestral.

Ma mère s'est adossée contre le plan de travail et m'observe en silence. Le poids de son regard me gêne étrangement. Je finis par craquer :

– Qu'est-ce qu'il y a ?

– Eh bien, ma fille qui fait la vaisselle dans ma cuisine. Pincez-moi, je rêve ! Je n'y crois toujours pas.

Elle marque un temps d'arrêt, comme si elle réfléchissait, puis finit par murmurer :

– Ça faisait longtemps que ça n'était pas arrivé.

Le reproche est subtil, silencieux, mais il m'atteint en plein cœur. Je me sens coupable de ne pas avoir mis les pieds ici depuis une éternité. Faut dire qu'à chaque réunion de famille, je prétexte un empêchement professionnel. Je ne me suis déplacée qu'en de rares occasions, pour des réunions qui n'avaient lieu que chez l'un ou l'autre de mes frères…

Brusquement, mon ambition me dégoûte. J'ai toujours fait passer ma carrière en premier, au détriment de ma propre famille, et jusqu'à présent, je ne l'avais même pas remarqué. *Comment peux-tu être aussi égoïste, Emma ?*

– Et comment va la petite Victoria ? enchaîne Josy.

Je saute sur l'occasion qu'elle m'offre pour changer de sujet.

– Vicky ? Je crois qu'elle va un peu mieux. Elle s'était entichée d'un connard, mais j'ai l'impression qu'elle se remet lentement de sa rupture.

– Emma ! gronde la matriarche. Ce n'est pas parce que tu as grandi avec trois imbéciles que tu dois jurer comme un charretier ! Ce n'est pas comme ça que je t'ai élevée !

L'humour dans sa voix m'arrache un sourire entendu tandis qu'elle enchaîne, la voix soudain plus soucieuse :

– La pauvre chérie. Elle s'est toujours entichée de mauvaises personnes… Quand va-t-elle enfin trouver chaussure à son pied ?

– Maman, elle a 27 ans, elle a encore le temps !

– Crois-moi, le temps passe plus vite qu'on n'y croit. Il n'est jamais trop tôt pour faire sa vie ! Un jour, tu rencontres le bon bonhomme, et le lendemain, tu mets au monde ses quatre morveux.

J'éclate de rire, mais je sais que sous son humour, sous ses rires, se cache quelque chose d'autre, de plus profond, comme une certaine angoisse. Je crois que ma mère attend désespérément que je me pose enfin. Mais j'ai également l'impression qu'elle m'en croit incapable, parce qu'elle rend soudain les armes.

Derrière tous ces non-dits, il y a la solitude, la sienne, qui l'oblige à rester seule, jour après jour, dans cette grande maison. Seule, sans mon père.

Elle attend avec l'impatience d'un enfant à Noël l'accouchement de ma belle-sœur. Nathan sera bientôt papa, et je sais que ma mère espère ce nouveau venu avec force. Peut-être la fera-t-il enfin sortir de sa torpeur…

En attendant, Josy m'égorgerait très lentement si elle apprenait mon prochain avortement.

…

Je redresse brusquement la tête, mes gestes en suspens.

Putain de merde… Me dites pas que j'ai été assez conne pour oublier mon rendez-vous ?

Je blêmis en repensant à cette sourde angoisse qui m'a tenaillé les tripes quand j'ai eu les résultats du test. Moi qui avais supplié la gynéco de me prendre rapidement, voilà qu'avec tous les derniers rebondissements, mon avortement m'était complètement sorti de la tête… Comment ai-je pu oublier de m'y rendre ?

– Qu'est-ce qu'il y a ? demande ma mère.

– Rien, rien… je murmure en finissant la vaisselle.

J'ai l'esprit soudain vide, le souffle court. Pourquoi ? Comment ? J'en perds mes mots.

Avec une immense gaieté, la mère s'exclame alors, comme si de rien n'était :

– Je vais appeler les garçons pour les prévenir que tu es là !

– Maman…

– Hep ! Ne discute pas ! Ils m'ont promis de venir la prochaine fois que tu mettrais les pieds à la maison !

Et elle vole jusqu'au téléphone. Il ne sert à rien de vouloir l'en empêcher. Elle est tellement heureuse qu'elle parviendrait à faire rappliquer mes frangins dans la minute, s'ils n'étaient pas si loin. Mais ils seront là demain matin.

Je la connais.

Je reviens dans le salon en traînant des pieds. Lundi matin, à la première heure, je prendrai un nouveau rendez-vous…

J'attrape mon sac que je visse sur mon épaule, puis je rejoins le couloir avec l'impression étrange d'avoir fait un bond dans le passé.

Rien n'a changé ici, comme si ma mère s'évertuait à rompre le cours du temps. Les portraits aux murs sont toujours là, vestiges des temps anciens, des temps heureux. Je m'attarde un peu trop longtemps sur un portrait de famille vieux d'une vingtaine d'années. Mes yeux accrochent le sourire de mon père, son visage amical, son regard rieur, et mon cœur se serre.

Je me détourne un peu vivement et monte les étages en vitesse, sans plus faire attention à quoi que ce soit. Je ne m'arrête qu'une fois dans ma chambre d'adolescente. Ça sent le renfermé, mais tout est propre, le lit est fait, il n'y a pas un gramme de poussière.

Pourtant, tout est comme dans mon souvenir.

Tout est comme dans les souvenirs de ma mère.

J'ai l'impression qu'elle ne vit plus désormais qu'à travers eux. Ce sentiment m'oppresse, j'ai besoin d'air, je me sens défaillir. Je rejoins rapidement la fenêtre, l'ouvre en grand et me penche dans le vide. Le vent fouette mon visage, je ferme les yeux et empoigne les barreaux fermement, moins par peur de basculer que pour avoir le sentiment d'être en vie.

Revenir ici, c'est comme mettre les pieds dans un monde étrange fait de passé, un monde dans lequel le temps n'aurait plus d'emprise. Un univers qui me ramène dix ans en arrière, et qui fait violemment ressurgir des souvenirs que j'aurais préféré enterrer à jamais.

Revenir ici, c'est faire un grand saut dans le vide, et affronter soudain les fantômes de mon passé.

Je n'aurais sûrement pas dû revenir. Je ne voulais plus jamais mettre les pieds ici. Plus depuis la mort de mon père.

37

– Pincez-moi, je rêve ! Une revenante !

Nathan arbore son sourire le plus charmeur, avant de m'ouvrir les bras.

– T'es bien le fils de ta mère ! je m'écrie en éclatant de rire, alors qu'il m'enserre fort.

J'ai l'impression de ne pas l'avoir vu depuis des siècles, et brusquement, entre ses bras, je me sens enfin vraiment à la maison. Même si cet imbécile m'a bousculée toute mon enfance, une bouffée d'amour me gonfle le cœur. J'inspire profondément son parfum musqué, celui qui m'est si cher.

– Crapule, tu comptais nous esquiver encore longtemps ? il demande, tout sourire.

– Aurais-je manqué à ce sale môme que tu es ?

– Jamais de la vie !

Il me repousse à l'instant où sa moitié nous rejoint. Elle m'embrasse à son tour, mais de manière un peu plus discrète, à l'image de son caractère plus effacé. Son ventre fait barrage entre nous, immensément gonflé. Mon Dieu, elle attend des triplés ?

– Tu as bonne mine ! je m'exclame en la dévisageant.

– Regardez-moi cette petite garce hypocrite ! elle lance avec bonne humeur.

Je bloque carrément en marquant un temps d'arrêt.

Jamais, au grand jamais, je ne l'avais même entendu jurer ! Je dois en être comme deux ronds de flan. On dirait bien que la famille commence à déteindre sur elle…

Passé la surprise, je ne peux m'empêcher d'éclater de rire et d'avouer, jouant carte sur table :

– Il faudrait être sans cœur pour te faire remarquer que ton visage est bouffi, ton teint cireux et tes cernes profonds.

– Comment tu parles de ma femme ? s'insurge Nathan en m'attrapant rudement par les épaules.

Ça me rappelle nos chamailleries d'enfants, et pour rien au monde je l'avouerais, mais elles m'ont manqué.

Ma petite Emma, nous ferais-tu une crise de nostalgie ? Reprends-toi, bon sang !

J'obéis consciencieusement à cette petite voix dans ma tête et, après m'être libérée de l'emprise de mon frère, je lui envoie mon poing dans l'épaule. Comme pour lui faire comprendre que je suis mécontente, je le houspille, en insistant particulièrement sur son prénom :

– Putain, *Jonathan* ! Ta femme devient comme toi ! Ça te trouerait le cul de surveiller ton langage ? Je te jure que si ma nièce jure comme un charretier, je t'envoie rôtir en enfer !

– Je rêve où notre petite Crapule me hurle dessus ? Je te jure que si tu continues à jurer comme un charretier, jamais tu ne verras l'ombre d'un cheveu de ta future nièce !

– Quoi ?

Je rêve ! Jamais il n'oserait, pas vrai ? Son sourire est charmant, ravageur, et c'est bien ce qui me fait peur. Dites-moi qu'il n'oserait pas, tout de même ! Quel connard ! Et moi qui me réjouissais d'être dans ses bras, l'abruti !

Émilie rit de bon cœur, d'un rire cristallin, doux et communicatif. Je comprends brusquement que tout le monde se paie ma tête. C'est de bonne guerre.

J'attrape Émilie par le bras et la conduis jusqu'au salon.

– Va falloir le mater, ce mec ! À la moindre embrouille, grève de sexe !

Nathan nous suit comme un toutou en s'exclamant :

– Non mais oh ! T'en as encore de bonnes à mettre dans la tête de ma femme ?

– Ça lui fera les pieds ! j'insiste auprès d'Émilie avec plus de force.

Alors que je débite ânerie sur ânerie, nous débouchons dans le séjour où un regard bleu azur me dévisage avec étonnement.

Mince, qui est cette beauté métisse assise sur notre canapé ?

– Petite Crapule !

J'entends la voix de Benji avant même de le voir. Vif comme l'éclair, il me saute dessus, sans même que je le voie venir. Il m'enserre avec force dans ses bras, et je sens le plaisir me faire monter l'eau aux yeux. Pour cacher mon trouble, je grogne dans un souffle :

– Bordel, t'as pris du poids ou quoi ?

Comme pour se venger, il a passé un bras autour de mes épaules et m'enserre le cou.

– Me voilà avec une ordure accrochée aux basques… je murmure.

– Et vu comme tu l'appelles souvent, je peux t'assurer qu'elle y restera longtemps !

J'ai beau jouer les ronchons, j'avoue que c'est que de la frime. Benji, entre tous, est celui qui m'a le plus manqué. Intérieurement, je jubile de retrouver mes frères.

– Allez, viens, que je te présente Yolanda, il enchaîne en m'entraînant vers le canapé. Si tu pouvais juste la fermer, qu'elle prenne pas peur.

Et soudain, les connexions se font. Yolanda. La métisse que

Benji a demandée en mariage. La superbe donzelle qui vient à ma rencontre, un large sourire aux lèvres.

– Dis-moi que tu n'es pas celle qui a accepté d'épouser ce monstre…

– Soit ! je ne dirai rien, alors, elle me répond, la voix grave et un peu cassée.

Une voix qui colle parfaitement à son image. Grande, brune aux jolies boucles, une peau d'ébène et un regard aussi bleu que l'océan. De quoi rendre un homme fou.

Tandis que nous nous asseyons tous dans canapés et fauteuils, j'observe les deux couples sous mes yeux. Yolanda est tout l'extrême opposé d'Émilie, mais j'ai décrété d'office que je les aimais toutes deux.

Nathan est collé à sa moitié, dont le ventre rond annonce fièrement l'arrivée d'un proche bonheur. Et Benji et Yolanda se tiennent par la main, comme le jeune couple d'amoureux qu'ils sont. Charmant tableau de famille. Ne manque plus qu'Anthony, et on sera tous au complet.

– Tony ne devrait plus tarder ! s'exclame maman, semblant lire dans mes pensées.

Elle vient tout juste de débarquer avec du thé et du café, et son annonce me surprend. *Quelle efficacité ! Le Président même se déplacerait sous les menaces de la Reine Mère…*

Pas besoin de faire la conversation. Benji et Nathan se chargent comme toujours de l'animation, et je sens peu à peu Yolanda se détendre. À observer mes deux frères côte à côte, je me rends brusquement compte de leurs ressemblances : ils sont aussi grands et athlétiques l'un que l'autre, même si Benji se laisse gagner par un peu d'embonpoint ; ils ont ce regard intense et profond qu'avait notre père, et ce visage avenant des beaux garçons qui s'assument. Sans parler du fait qu'ils sont aussi bruns que Tony et moi sommes blonds.

D'ailleurs, quand il nous fait l'honneur de sa présence, nous sommes à table. Il s'affale sur sa chaise, celle qu'il occupe depuis qu'on est gosse, et s'attaque au festin de maman comme si nous déjeunions ensemble tous les jours.

– Non, sérieux, je suis contente de te voir également, Anthony ! je ne peux m'empêcher de grogner.

– Oh, mais voyez-vous ça, Grincheuse est de retour !

Je lui balance mon pied dans la cheville, ce qui a pour effet de le faire éclater de rire. *Merde. J'aurais dû viser plus haut.*

– Laisse tomber, reprend Nathan, j'ai l'impression que notre petite sœur chérie nous fait une crise de nostalgie.

– Vous m'emmerdez royal, c'est surtout ça que tu remarques ! je me défends.

Mais à leurs rires, j'ai l'intime conviction que j'en prendrai pour mon grade le reste de la journée. Voyons, Emma n'est pas venue depuis longtemps, alors faisons-lui sa fête !

Très vite, la conversation dévie sur le prochain accouchement d'Émilie, à mon grand soulagement. Je me garde bien de parler de ce petit con qui s'est payé une chambre d'hôtel dans mon giron. Qui sait, ça pourrait porter la poisse…

Non mais sérieux, vous m'y voyez, moi, avec un ventre gonflé à l'hélium ?

L'estomac façon baudruche, les nausées, les envies invraisemblables, tout ça, très peu pour moi…

Faut vraiment que je reprenne rendez-vous rapidement. Et qu'on me lapide en place publique si je l'oublie, cette fois-ci !

Du futur bébé, on enchaîne sur le futur mariage. Maman a accueilli Yolanda comme sa propre fille, et se réjouit d'avance de cette cérémonie. Faut dire qu'elle désespérait de marier un jour l'un de ses gosses. Nathan et Émilie refusent de s'engager dans cette voie-là, tout comme Tony refuse de s'engager tout court dans une relation sérieuse. Et moi… je crois qu'elle a abandonné tout espoir depuis bien longtemps, maintenant.

– Emma, tu as l'honneur d'être notre demoiselle d'honneur, déclare soudain Benji.

J'ai l'impression d'un coup de poing dans l'estomac. Sa remarque me fait brusquement revenir sur terre.

– Pardon ? Et on ne me demande pas mon avis ? je papillonne.

– Tu serais assez stupide pour refuser, argue mon frère, surtout lorsque tu auras vu ce que Yolanda te réserve. Alors non.

– Fais-nous rêver ! s'exclame Anthony, ce foutu traître.

Yolanda arbore un sourire magnifique, mais j'ai comme l'impression que je vais bientôt la détester. Elle sort son téléphone portable, l'ouvre, et farfouille dedans. Puis elle le pose sur la table.

Le premier à rire est Jonathan, d'un rire gras et moqueur, alors que le sang quitte complètement mon visage.

Merde, c'est quoi cette horreur ?

Bientôt, mes trois imbéciles de frères rient, et même Émilie s'y met, sous le regard éberlué de Yolanda, qui ne sait manifestement pas comment le prendre.

– Cette robe est très jolie, hoquette Benjamin entre deux éclats, alors qu'il tente de la rassurer. Mais il y a une chose qu'il faut savoir sur Emma : les fanfreluches et tout le toutim, c'est vraiment pas son truc.

Je vois rouge…

– Pas son truc ? s'exclame Jonathan. Emma est un véritable bonhomme !

– Eh ! je m'insurge.

– Sors-lui un joli smoking et elle sera ravie, il enchaîne comme si de rien était ; mais une robe, rose qui plus est, et c'est l'enfer pour elle. Voilà pourquoi elle sera ravie de la porter ! Pas vraie,

Crapule ?

Putain, le connard. Il jubile. Ils jubilent tous, à vrai dire.

– Je suis désolée… murmure Yolanda, sans savoir où se mettre. Ma sœur a déjà fait ses essayages, et le modèle lui va vraiment bien. Josy m'a donné toutes tes mensurations pour faire faire sur mesure la tienne, et nous l'avons commandée voilà deux semaines… Nous étions pressés par le temps…

– Ce qu'elle essaie de te dire, Crapule, c'est que si tu t'étais pointée à l'anniv' de maman, tu aurais pu nous aider à choisir le modèle, enchaîne Benjamin. Mais comme tu n'étais pas là, il a fallu se débrouiller sans ton autorisation.

Raghhh, lequel dois-je massacrer en premier ?

J'inspire profondément, et murmure, les dents serrées :

– Ce n'est pas grave.

Puis mes yeux retrouvent automatiquement la photo sur le téléphone de Yolanda. Une femme à la peau encore plus noire qu'elle pose devant l'objectif. J'imagine que c'est sa sœur. La robe est ultra-moulante, rose bonbon, et aux taffetas et volants qui me sortent déjà par les yeux. Bon, j'avoue que ça lui va bien, mais bordel, elle et moi sommes loin d'avoir les mêmes atouts !

Est-ce que je crie maintenant ou j'attends le jour J ?

Je sens déjà que cette robe finira par avoir ma peau.

Je me sens encore plus coupable lorsque j'apprends que c'est une de ses tantes qui va créer les deux robes à sa demande, en respectant le modèle d'origine que sa sœur a testé au pays.

Mais merde, quoi ! Là, y a vraiment faute de goût !

Je prends sur moi pour la fin du déjeuner et tente d'oublier la monstruosité. Quand maman se lève pour débarrasser, je lui propose d'office mon aide.

– Sois gentille, murmure-t-elle dans la cuisine, et ne dis rien à propos de cette robe. Tu la porteras comme il se doit à leur mariage, et après, tu pourras la jeter au fond de ton placard, la donner ou même la brûler, ça m'est égal. Mais par pitié, ma fille, ne gâche pas cette belle cérémonie. C'est la première fois que je vois ton frère aussi heureux, alors interdiction de l'ouvrir, d'accord ?

– Ne t'inquiète pas, maman…

Elle sourit, manifestement contente, et dépose la vaisselle sale dans l'évier tandis que je sors des tasses et enclenche la cafetière.

– Combien de cafés, déjà ?

– Cinq.

Après quelques instants d'un silence plutôt bruyant, entrecoupé du bruit de la machine et de l'eau qui coule dans l'évier, ma mère annonce soudain :

– Il y a quelqu'un dans la cour. Va voir ce qu'il veut.

Je la rejoins et regarde à travers la fenêtre, au-dessus de l'évier, histoire de voir quel est l'abruti qui vient nous déranger un samedi après-midi.

Mon cœur loupe un battement.

Merde, merde, merde !

J'oublie la cafetière où le café vient à déborder de la tasse et me précipite dans l'entrée. La porte claque derrière moi tandis que je cours presque sur le gravier.

– Bordel, Ethan, qu'est-ce que tu fais là ?

38

Dites-moi que c'est une blague ! Comment s'est-il retrouvé ici, sur les pavés de la cour… devant chez ma mère ?

Ethan se tient adossé à la portière de sa voiture, qu'il a garée à proximité de la mienne, histoire de bien me faire entendre de ne pas le prendre pour un con. À son air, je réalise immédiatement que je vais passer un sale quart d'heure. Bras et jambes croisés, il se tient bien droit, la mâchoire crispée et le regard infiniment sombre.

…

Pourquoi est-il si énervé ?

Brusquement, j'oublie tout : il n'y a plus que lui et ce désir qui monte en moi d'effacer toute colère de ses yeux, d'adoucir les traits de ce visage que j'aime tant.

Putain de guimauve.

Alors que je m'approche, il se redresse soudain :

– J'ai essayé de comprendre, vraiment. Je t'ai cherché des excuses qui justifieraient tout. Mais bordel, Emma, je suis à court d'arguments ! Je ne supporte plus d'être évincé de ta vie comme ça !

– Qu'est-ce que tu racontes ? je bégaie sans comprendre.

– Je raconte que toi et moi, on est un couple, et qu'il serait temps que tu l'imprimes ! Si tu as des problèmes, j'aimerais bien ne pas être la dernière personne à le savoir ! J'aimerais bien ne pas l'apprendre de la bouche d'une autre que toi ! J'ai besoin que tu me parles !

– Mais, que… ?

Voilà que j'en perds mon français…

– Carrie ! il s'exclame en montant encore d'une octave.

Et soudain, tout s'emboîte dans ma tête : Carrie lui a tout dit du scandale. Carrie lui a parlé, elle a dévoilé mes secrets, elle lui a révélé l'endroit où je m'étais réfugiée, comme la pauvre gamine que je suis. J'imagine que Vicky n'y est pas non plus pour rien, puisqu'elle est la seule à connaître cette adresse…

Alors même que je cherche encore mes mots, estomaquée par ce chamboulement inattendu, j'entends la porte de la maison s'ouvrir. Le bois du perron craque sous le poids de mes stupides frères, qui jouent des coudes comme des gamins. C'est Benji qui parvient à l'ouvrir le premier, non sans avoir bousculé les deux autres pour qu'ils la ferment.

Je ne dois pas être dans mon état normal, parce que je n'ai pensé à intervenir à aucun moment…

– Alors comme ça, c'est toi l'étalon dont la Crapule ne veut pas nous parler ?

Oh putain…

Je pâlis. Bordel, comment a-t-il pu oser ? Pas Benjamin…

J'hésite entre plonger mon visage dans mes mains pour cacher la honte qui recolore soudain mes joues ou en foutre une à ce con, histoire de lui rappeler que je ne suis plus celle que j'étais.

Et voilà les deux autres qui ricanent… J'ai l'impression de sentir bouillir le sang dans mes veines, mais ma voix est irrémédiablement coupée alors que je les vois se bousculer jusqu'à nous. Leur comportement est bien loin des trente balais qu'ils sont censés avoir. Ma parole, je suis loin d'être gâtée avec eux !

Jonathan se jette presque le premier sur Ethan, à qui il tend sa main dans un grand sourire en se présentant. Et cet imbécile d'Ethan la lui serre chaleureusement, avec une telle désinvolture que ça me sort enfin de ma torpeur :

– Mais bordel, cassez-vous ! Vous pouvez pas nous laisser cinq minutes ? Allez retrouver vos moitiés et foutez-moi la paix !

Je vois déjà Anthony ouvrir la bouche pour protester, mais je le devance :

– T'es en colloque avec ta main droite, c'est du pareil au même !

Mon ton doit les convaincre, parce qu'ils rebroussent chemin. J'étais loin d'imaginer que ce serait aussi simple... Mais quelque chose dans mon regard leur a fait comprendre. La plaisanterie a assez duré. Déjà, je vois Benji reculer de quelques pas, me laissant de l'espace. Tony l'imite bientôt, un sourire avenant au coin des lèvres. Le poids qui comprimait ma poitrine disparaît subitement, et l'air semble de nouveau se frayer un chemin dans mes organes.

– Ça marche, on vous laisse cinq minutes, annonce Nathan avec bonne humeur. Mais pas une de plus ! Autrement, je viens te chercher par la peau du cul.

Ou pas...

– Et interdiction de revenir sans lui, Crapule ! il ajoute. Je suis sûr que maman serait heureuse de faire sa connaissance !

Bordel, c'était trop beau...

Je suis effarée. Comment la situation a-t-elle pu autant m'échapper ?

– Crapule ? interroge Ethan une fois seuls.

– Si tu répètes ça à qui que ce soit, je te les coupe court.

– Voyons, Emma, elles te manqueraient très vite.

– Je saurais les remplacer.

Mon humour ne semble pas à son goût et cette étincelle de sarcasme qui brillait dans son regard disparaît immédiatement. Il a soudain retrouvé cet air sombre qu'il avait en arrivant, et il ne reste dans ses yeux qu'une chose qui me met mal à l'aise, une chose qui ressemble étrangement à de la… possession.

Avant que je ne puisse réagir, il m'a attrapée par la taille et m'a plaquée contre lui. Son corps est chaud, dur, ses lèvres sur les miennes un véritable appel à la luxure, comme pour me rappeler que je suis foutue : je ne peux plus me passer de lui.

– Jamais je ne te laisserai partir, murmure-t-il, la voix rauque.

Mon cœur se met à battre un peu plus vite…

– Bordel, Ethan, on n'a pas idée de se pointer chez les gens comme ça… je murmure, la voix légèrement chevrotante.

– Je n'aurais pas été obligé si tu avais gardé ton téléphone allumé. J'ai essayé de te joindre des dizaines de fois. Tu n'imagines même pas le sang d'encre que je me suis fait.

Instinctivement, je pose mes mains sur sa poitrine pour le repousser et m'excuse. J'ai besoin d'un minimum d'espace entre nos deux corps pour reprendre mes esprits.

– Je suis désolée, j'ai complètement oublié de le recharger.

Le regard d'Ethan perd de sa luxure ; ses yeux s'assombrissent et je sens qu'il est très sérieux quand il reprend :

– Emma, je t'aime. J'ai besoin d'être là pour toi.

– OK, je murmure stupidement.

Personne ne m'a jamais tenu ce genre de propos. Je ne sais pas comment réagir. Face à lui, je suis totalement désœuvrée.

Ethan relève la tête comme pour réfléchir. Je le vois se tendre légèrement et il finit par murmurer, remuant à peine les lèvres :

– Je crois qu'on a des spectateurs…

Je réalise en suivant son regard que mes frères nous espionnent de la cuisine, même si plus personne n'apparaît à la fenêtre.

De vrais mômes, y a pas à dire.

– Bon, d'accord. Prépare-toi à affronter la famille au grand complet. Tu retiens ton souffle, tu souris stupidement, et tu attends que l'orage passe.

Mais vu son sourire qui s'élargit, j'ai plutôt l'impression qu'il est plus qu'heureux de cette rencontre improvisée, alors que moi, j'ai une trouille de tous les diables. Si encore il n'y avait que la mère ! Mais il m'est impossible de contrôler le flot de conneries que ces trois crétins vont débiter…

Une petite voix en moi me crie que je suis faite.

Avant de franchir le seuil de la porte, je lui fais face et bégaie, mal à l'aise :

– Si tu veux bien… personne n'est au courant.

Ethan me sonde profondément, et ses yeux qui fouillent en moi semblent me mettre à nue. Même si nous n'avons pas toujours été d'accord, je retrouve enfin dans ce regard la chaleur de son étreinte, cette passion qui le consume. Cette ardeur qui brûle en lui quand il ne regarde que moi. Comme s'il répondait à une prière silencieuse, ses mains trouvent mon visage, ses pouces caressent ma peau. Je m'accroche à lui, les poings serrés autour du tissu de sa veste.

Et si on envoyait tout valser ? J'ai brusquement envie de plonger au fond d'un lit avec lui. Quand il m'embrasse du bout des lèvres, avec une infinie tendresse, je me sens fondre. Définitivement.

Bordel, Emma, reprends-toi ! Qu'est-ce que tes imbéciles de frères vont dire devant ton air Chamallow ?

Ce qui est sûr, c'est qu'ils ne me louperont pas…

Quand nous arrivons au salon, tout le monde est en grande discussion. Mais à notre entrée, un silence de plomb s'abat. S'il n'y avait pas le sourire de mes deux belles-sœurs, j'aurais fait demi-tour illico…

– Bonjour ! s'exclame joyeusement Ethan, comme si de rien n'était.

Il a vraiment l'air heureux…

Est-ce que ce serait déplacé de lui foutre une tarte ? Pourquoi suis-je la seule à baliser ?

Mes frères sont les premiers à l'accueillir. Benji et Tony lui serrent la main, puisqu'ils n'ont pas pu le faire plus tôt, puis mes deux belles-sœurs l'embrassent.

– T'as l'air heureuse, Crapule ! s'exclame soudain Nathan de son fauteuil, moqueur.

Je m'étrangle dans ma salive. Je l'enverrai bien rôtir en enfer, mais par égard pour les chastes et nouvelles oreilles de Yolanda, je me retiens. Comme une imbécile.

Je redresse néanmoins un magnifique majeur manucuré, que mon frère fait mine d'attraper au vol, avant de le fourrer dans sa poche en éclatant de rire.

– Toujours aussi charmante, il reprend alors que maman nous fait enfin l'honneur de sa présence.

– Tais-toi, sale môme ! elle s'exclame d'ailleurs en lui tapant l'épaule.

La bonté-mère.

J'ai du mal à garder ma langue en place. Saleté de réflexe à la con : je me revois gamine à lui tirer la langue à tout va quand maman se rangeait de mon côté, et ce flot de souvenirs me rend d'autant plus nostalgique.

Lui ne se démonte pas pour un sou : il rit encore plus fort.

– Qui est donc ce jeune homme ? continue ma mère, l'air de rien.

– Ethan, madame.

Il lui sort son plus beau sourire, celui qu'il doit réserver à toutes ses conquêtes. Celui qui creuse deux fossettes dans ses joues et illumine son regard… et me fait incontestablement fondre.

– Oh ! Petit charmeur ! elle s'exclame en le prenant d'instinct dans ses bras.

Je ne sais absolument pas comment réagir : rougir de honte ou éclater à mon tour de rire. Ce qui est sûr, c'est que l'accueil de ma famille me réchauffe le cœur. Ethan est d'office adopté…

– Mais pas de madame avec moi, autrement je te fiche dehors

à coups de godillot au derrière, c'est moi qui te l'dis.

– J'adore ta mère, me murmure Ethan, néanmoins assez fort pour qu'elle l'entende.

– C'est qu'il caresse la vieille dans le sens du poil ! s'exclame Nathan.

– On t'a présenté mon abruti de fils ? demande Josy en se tournant vers ce dernier.

Cette question n'appelle pas vraiment de réponse, et d'ailleurs, Ethan est trop occupé à se marrer avec les autres pour le faire.

– Oh, allez, reprend Nathan, tu vas pas te vexer pour si peu !

– Non, parce que quand ta vieille mère sera trop âgée pour rester seule, devine qui devra s'en occuper ? Vive ton droit d'aînesse.

Et voilà que tout le monde redouble de rires.

Cette prise de bec me renvoie bon nombre d'années en arrière, quand nous étions tous les quatre que des pauvres gamins, à se chamailler sans cesse, et cette grande maison résonne encore de nos cris d'alors, de nos bagarres, de nos pleurs… mais également de tous nos rires.

– Tu as mangé ? demande brusquement ma mère. Nous venons de sortir de table, mais il me reste bien quelques trucs à grignoter. Tu te joins à nous pour le café ?

Et bien entendu, Ethan accepte volontiers, son magnifique sourire au bord des lèvres…

***

Quand la question vient « Où vous vous êtes rencontrés ? », je retiens mon souffle. Putain Emma, trouve vite une réponse. Réfléchis, réfléchis. Personne ne doit savoir pour le Libertin.

– Dans une soirée, répond Ethan, tout simplement.

Tout simplement…

– Ah ? Et quel genre de soirée ? demande ma mère.

Je pâlis, le souffle court. *Le genre, maman, où ta fille danse à moitié nue sur le comptoir, bouge son cul et allume toute la salle. Ça te plairait pour sûr !*

– Une soirée dansante ?

Je sens dans le ton d'Ethan comme une pointe d'hésitation, alors qu'il cherche dans mon regard une aide quelconque. Mais je reste muette, comme si ma tête était complètement vide. L'excuse n'a rien de crédible et, hormis ma mère, tout le monde nous dévisage, sceptique.

– Bon, OK, c'était en boîte ! je m'exclame enfin. On s'est rencontré sur la piste de danse.

Je passe bien entendu sous silence l'allumage, le téléphone portable, les déhanchés sensuels et le chantage qui s'ensuivit. Après tout, ça, ça ne concerne qu'Ethan et moi.

– Elle était magnifique. Quand mes yeux se sont posés sur elle, c'était fini. Impossible pour moi de m'en détacher.

Lui aussi omet tous les détails.

– Oh ! murmure Yolanda avec un regard de chien battu. Comme c'est romantique !

Bon, exit le chien battu, finalement. Je rêve... Romantique ? Une soirée en boîte de nuit ? Elle est dingue ou quoi ?

Je dévisage Benji, mais il se contente simplement de hausser les épaules en signe de reddition.

– Mais comment tu es parvenu à lui passer la corde au cou ? s'exclame Nathan, incrédule. Cette fille est une vipère.

Mon pied finit dans son tibia tandis qu'Ethan rit.

– Oh oui, elle mord même très fort. Ses paroles sont acérées, et son venin piquant, mais faut croire que j'aime les défis.

Le rouge me monte aux joues, mais de colère. Une colère qui retombe immédiatement quand il ajoute :

– Et maintenant, je sais d'où elle tient ça.

Et vlan ! prends-toi ça dans les dents, Nathan ! C'est de ta faute si ta pauvre sœur est devenue vulgaire, mordante, acérée et vénéneuse !

– Lui, je l'aime beaucoup ! s'exclame maman en riant à son tour. On dirait qu'il fait déjà partie de la famille ! À croire qu'il a compris comment ça fonctionnait, ici. Tu n'as qu'à bien te tenir, Jonathan, ton maître est dans la place !

– Tu pourrais avoir un peu plus de compassion envers ton fils préféré ! s'indigne-t-il.

– Qui a dit que tu étais mon préféré ?

– Cherche pas, sa préférée, c'est moi ! je reprends à mon tour.

Ça a toujours été la bataille entre nous pour savoir qui gagnerait les faveurs de la mère. Bien entendu, elle n'a aucune préférence, mais on se chamaille pour ce jeu stupide depuis tout petit.

– Je te préférais quand t'étais toute mimi, toute gentille, elle argue à son tour.

– Ah ? Parce que tu trouves qu'elle a été mimi et gentille à une époque ? rit mon frère.

– Oui. Avant.

– Avant ? s'étonne Ethan.

Mais le silence qui s'est abattu dans le salon alourdit l'ambiance. Le visage de ma mère s'est assombri, et avant que je ne puisse faire le moindre geste, elle se relève et emporte la vaisselle sale dans la cuisine sans un mot.

Benji envoie son poing dans l'épaule de Nathan en s'exclamant, rageux :

– Qu'est-ce que t'es con !

Je n'ai pas le temps de voir sa réaction. Je suis déjà debout et rejoins en vitesse ma mère.

39

Benji et Yolanda roucoulent au salon. Nathan et Émilie sont posés dans le jardin, à profiter de la fraîcheur de cette fin d'année. Quant à Tony, il s'est fait la belle voilà quelques minutes, alors que maman et moi étions encore dans la cuisine. Tony nous a embrassées avant de partir, et j'ai l'impression que son départ a un peu apaisé maman.

On dirait qu'elle s'en veut toujours…

Ethan n'est nulle part. Après avoir fouillé le rez-de-chaussée, je décide d'inspecter les étages supérieurs. Je le trouve dans ma chambre, debout près d'une commode, à contempler de vieilles photos.

– Tu peux m'expliquer ce qui s'est passé ? me demande-t-il sans même se retourner.

Merde… Je craignais cette question.

J'inspire profondément, et pendant de brèves secondes, je retiens totalement mon souffle. J'ai l'impression d'être au bord d'un précipice, de vaciller au-dessus du vide, sans rien à quoi me raccrocher. Et je déteste cette faiblesse qui bouillonne en moi.

Quand j'expire bruyamment, c'est comme si la pression sur mes épaules explosait de toute part en moi, se répandait dans mes veines et allumait un incendie dans mon sang. Des sueurs froides suintent dans mon dos, la tête me tourne. J'ai passé des années à enfouir au plus profond de moi tous ces souvenirs infects que je tentais désespérément d'enterrer.

Une simple question d'Ethan fait tout rejaillir…

Je vacille un peu jusqu'au lit et m'y assieds, tout en cherchant mes mots.

– Tu sais… je n'ai pas toujours été comme… *ça*… je bafouille.

Les émotions que je pensais à jamais enfouies refont surface, et avec elles tous mes doutes, mes souffrances d'alors. Mon cœur palpite à cent à l'heure et je sens que je vais défaillir.

– Respire, m'intime Ethan en me faisant face. Emma, respire.

Il semble inquiet. Il s'approche, s'accroupit face à moi et pose à mes côtés le cadre photo qu'il tenait en main. Je ne l'avais même pas remarqué. Les doigts qu'il glisse dans mes cheveux se veulent apaisants.

– Explique-moi… Je veux savoir ce que tu caches au fond de toi. Laisse-moi te soutenir, te soulager.

– Et si tu ne peux pas ?

Ma voix s'est presque brisée. Je tente un sourire qui se transforme malgré moi en grimace.

– Laisse-moi au moins essayer.

J'inspire encore en hochant la tête. *OK, OK, Emma, il est temps…* Je dois sauter dans le vide. Ethan me rattrapera.

– Grandir dans cette famille, c'était pas de tout repos. J'étais une enfant turbulente. Mes frères n'ont pas toujours été tendres avec moi, on se chamaillait tout le temps, j'étais couverte de bleues et de boue du matin au soir.

Je ne peux m'empêcher de rire à ce souvenir. Mais mon rire est sec, et il atteint à peine mes yeux.

– J'étais leur petite sœur, la petite dernière, et même s'ils me faisaient tourner en bourrique, ils étaient très protecteurs avec moi. Je ne connaissais rien de la vie. J'étais insouciante et naïve. Avant.

Je marque une pause, cherchant les mots pour continuer.

– Avant quoi ? demande Ethan, encourageant.

– Quand j'étais au lycée, il y a eu un scandale. Ma mère ne se l'est jamais pardonné, mon père est mort, et je suis partie. Définitivement.

Ethan se redresse et vient s'asseoir à côté de moi.

– Reprends les choses dans l'ordre, Emma.

– OK, OK.

Mais je ne parviens pas à soutenir son regard. Mes yeux se posent sur la photo entre nous. Ethan suit mon regard. Il l'attrape, la tient sur ses genoux. Ses doigts caressent doucement le cliché. J'avais l'air insouciante à l'époque, en tenue légère d'été, accrochée à un lampadaire, alors que le vent jouait dans mes cheveux... Mes frères se moquaient toujours de leur petite sœur garçon manqué, et pour leur faire un pied de nez, j'avais acheté une robe d'un rouge foncé, aguicheuse. Je la portais ce jour-là.

– Cette photo a été prise durant mon année de terminale, je souffle. J'étais jolie, je plaisais beaucoup aux garçons. À l'époque, j'étais désinvolte, un peu arrogante, je me posais pas trop de questions. Je passais d'une amourette à une autre, sans rien de sérieux. C'était difficile, de toute façon, avec trois grands frères...

Je marque un temps d'arrêt, cherchant mes mots. Ethan m'encourage du regard à poursuivre. Mais j'ai l'impression de m'embrouiller un peu. Je rembobine le fil de mes souvenirs et remonte plus loin dans mon enfance.

– Tu sais, quand j'étais petite, j'avais pas beaucoup d'amis. J'étais un peu sauvage, difficile à approcher. Grandir avec ces imbéciles n'aide pas forcément. J'étais bagarreuse, je parlais comme un mec, et quand on m'emmerdait, je leur rentrais dans le lard. En sixième, j'ai rencontré Vicky, et on est devenue très amie. Ma franchise ne lui faisait pas peur. Elle était ma seule amie... Amie fille, je veux dire. Les autres m'évitaient. J'avais bien quelques potes, juste comme ça, mais que des mecs. J'étais plus à l'aise avec les garçons. Les garçons, je comprenais. J'en avais trois à la maison.

« Ma mère ne savait plus quoi faire de moi. Mes frères en riaient beaucoup à l'époque, mais la déception de mes parents m'a longtemps torturée. Je n'étais ni mignonne ni gentille, juste un vrai boute-en-train. Mes parents me voulaient plus « *fille* », de celles qui n'insultent pas les autres, qui ne se bagarrent pas à l'école. Une fille plus intelligente que ça. J'avais tellement honte de décevoir mes parents qu'en grandissant, j'ai appris à me faire plus discrète, notamment pour eux, pour leur éviter l'inquiétude. J'ai appris à éviter les emmerdes, à rester seule, à refréner mes envies, à calmer ma colère… Je me mordais la langue pour empêcher ma verve de sortir, j'ignorais les gens qui m'entouraient. Petit à petit, tout m'est devenu indifférent. Je me moquais complètement de ce qu'on pensait ou disait de moi. Au contraire, plus on s'en prenait à moi, plus je devenais hautaine, et moins les remarques cinglantes ne m'atteignaient.

J'inspire de nouveau. Replonger dans ces souvenirs est un mélange de nostalgie et de douleur. Pourtant, j'ai vraiment aimé grandir dans cette famille. Elle était – *est* – absolument géniale.

Comme pour m'inciter à continuer, Ethan pose sa main sur la mienne. Ses doigts caressent tout d'abord ma peau, ma paume, puis se nouent aux miens, et ce simple geste m'encourage. Ethan est là. Il me soutient. Il ne me repoussera pas, lui.

J'essaie désespérément de retrouver le fil de mes pensées, de ne pas le perdre dans ce discours un peu décousu. Du bout de l'index, je lui désigne la photo, toujours sur ses genoux :

– Je te l'ai dit, à l'époque, je plaisais beaucoup aux garçons. Ils ont vite commencé à me tourner autour, et je pense que mon comportement les y a encouragés. Les filles me détestaient parce que j'étais différente et que j'attirais l'attention ; les mecs me draguaient parce que j'étais *bonne* et hautaine. Dans un cas comme dans l'autre, je n'ai rien fait pour que ça change, je n'ai rien fait pour me faire apprécier des unes, pour repousser les avances des autres. J'ai endossé le rôle de la garce et ça m'allait comme un gant. Plus rien ne m'atteignait. Seuls l'amitié de Vicky et l'amour de ma famille m'importaient…

Je reprends mon souffle. Je suis consciente de la crispation des doigts d'Ethan. Il retient légèrement sa respiration, comme s'il craignait d'en entendre davantage. Ce qui me pousse à enchaîner :

– Tu crois au destin, Ethan ? Parce que je pense qu'à cette époque, je l'ai provoqué.

– Je ne suis pas sûr de supporter ce que tu vas m'annoncer, me coupe-t-il soudain.

– Écoute…

Je lui fais entièrement face sur le lit, un genou replié en tailleur, et attrape plus fermement sa main. Maintenant que j'ai ouvert les vannes, j'ai l'impression de ne plus pouvoir rien retenir. J'ai besoin d'aller jusqu'au bout. Aussi, j'enchaîne :

– En terminale, il y avait ce prof remplaçant, à peine plus vieux que nous. Il était canon, terriblement canon. Toutes les filles en étaient folles. Même moi, il ne me laissait pas indifférente. J'avais besoin de remonter ma moyenne en maths, j'étais une véritable quiche, du coup il m'a proposé des cours particuliers.

Je vois la mâchoire d'Ethan se contracter. Il a compris. J'essaie d'ignorer ses poings crispés et continue :

– Au début, tout était normal. On se voyait au lycée, après les cours, dans sa salle… Je sais plus trop comment ça a commencé, d'abord un regard appuyé, une parole chargée de sous-entendus, un effleurement de doigts plus long que nécessaire… J'ai été flattée de ses attentions. J'aimais bien jouer à ce jeu, me brûler les ailes. J'avais besoin de ça. À trop me brider, je perdais totalement pied. Je l'ai laissé faire. Il me témoignait plus d'intérêt qu'à toutes ces pimbêches que j'exécrais, et ça me plaisait. Ça me plaisait tellement qu'une part de moi savourait chacun de ces instants. Je tenais là ma vengeance.

« Je savais que c'était mal, que la situation pouvait m'échapper, mais quand les choses ont commencé à devenir plus sérieuses, je n'ai rien fait pour l'en empêcher. Au contraire, j'étais entrée dans son jeu. Je le charmais, je crois, sans vraiment m'en rendre compte. Qu'on soit seuls ou non... Parce que je crois qu'il me plaisait vraiment. C'était la première fois que je laissais véritablement quelqu'un s'emparer de mon cœur... Jusqu'à ce que tout dérape.

Ethan s'est relevé d'un bond en m'exhortant au silence. La rage tend ses épaules et même s'il me tourne le dos, je l'imagine sans peine rouge de colère, la mâchoire crispée et la veine palpitante. Quelque part, sa réaction me touche. Mais je ne crois pas mériter tout ça. Je sais que je suis fautive. J'ai besoin qu'il sache, j'ai besoin qu'il comprenne.

– Un jour, il s'est jeté sur moi...

– Arrête, m'interrompt Ethan. Tais-toi.

– Il m'a embrassée, il m'a touchée, il m'a caressée, et j'ai aimé ça. Je l'ai laissé faire.

– Emma, tais-toi ! rugit Ethan en me faisant enfin face.

J'ai bondi à mon tour, et j'essaie de hurler par-dessus sa voix :

– Tu ne comprends pas ! J'étais consciente de ce qui se passait, et j'ai rien fait pour empêcher ça ! Quand j'ai réalisé que ça pourrait bousiller ma vie, quand j'ai essayé de le repousser, c'était trop tard ! Il m'a traité de traînée, d'allumeuse, et m'a juré de faire de ma vie un enfer si je ne cédais pas. J'ai hurlé plus fort, je me suis débattue.

J'ai tout débité dans un souffle. Ma poitrine me brûle, je reprends une longue inspiration et tente de me calmer.

– Pour la première fois de ma vie, j'ai eu peur face à un homme. Il était plus fort que moi. Je n'arrivais pas à me défendre. Il m'avait totalement tétanisée. Je crois que la peur de me faire violer m'a paralysée d'effroi. Emma la grande gueule n'arrivait plus à se défendre.

Je me rends compte que les larmes ont envahi mes yeux uniquement lorsqu'Ethan vient en essuyer une qui menace de rouler sur ma pommette. Son regard est presque meurtri, sa mâchoire crispée. Il déteste ce qu'il entend, mais il ne m'interrompt plus.

– Mes cris ont dû alerter du monde. Quand elles sont entrées, nous étions dans une position compromettante… Ma jupe était retroussée ; il avait arraché ma culotte qui gisait à mes pieds, mon soutif était en lambeau, ma dignité partie en fumée… Quand elles sont entrées, il n'était pas trop tard, même s'il en avait déjà bien profité. Mais ces deux petites connes me détestaient, et j'ai vu dans leur regard qu'elles ne m'aideraient pas du tout. J'ai profité de leur intervention pour fuir sans un regard en arrière.

Nouvelle pause. J'ai besoin d'un petit temps avant de reprendre, la voix légèrement chevrotante :

– Le lendemain, la rumeur avait déjà commencé à circuler. J'étais une traînée, avec une sacrée réputation. Personne n'a cru qu'il avait tenté de me violer. Toute la journée, je suis restée seule, retranchée dans mon coin. De jour en jour, la rumeur a enflé, et ça a dégénéré. Ces deux pimbêches ont annoncé à tout va que je m'étais jetée sur le prof, que je m'étais offerte à lui. Elles ont assuré qu'il me repoussait quand elles nous ont surpris, et que de honte, j'avais fui, au grand soulagement du prof.

– Dis-moi que c'est une blague, Emma…

– J'ai été convoquée dans le bureau du proviseur. Ma réputation me précédait. On ne m'a laissé aucune chance, aucune occasion de me défendre. J'ai été sanctionnée et renvoyée provisoirement. Quand mes parents l'ont appris, c'était pire que tout. J'ai vu la déception dans leur regard, et ça me terrifiait. J'ai passé plusieurs jours enfermée dans ma chambre, à refuser de les voir. Ils ne me croyaient pas, eux non plus. J'avais tellement honte que je ne voulais plus voir personne. Mes frères avaient déjà quitté la maison. J'étais seule, abattue, totalement perdue. Dans le voisinage, je passais pour une pute.

« Il a fallu plusieurs semaines à mes parents pour oser protester. Pour s'en remettre. Mon père était dévasté. Il s'en voulait énormément, même s'il m'a fallu des années pour le comprendre. Il s'en voulait de ne pas avoir pu me protéger. De voir que le prof s'en sortait indemne.

– Tu n'as pas porté plainte ? me demande Ethan, la voix coupée.

– Si… Mais personne ne me croyait. Les témoignages ne parlaient pas en ma faveur. Mes camarades de classe ont soutenu le prof, même devant les flics. Les voisins comméraient, les parents de mes camarades d'école me critiquaient ouvertement. Mes parents étaient totalement sous le choc : leur fille avait manqué de se faire violer, et personne ne la croyait. Ma mère ne se l'est jamais pardonné. Au bout de quelques semaines, j'ai été réintégrée à l'école. J'ai tenté de garder la tête haute le reste de l'année, mais je n'avais qu'une envie : quitter définitivement ce lycée pourri, cette ville pourrie dans laquelle tout le monde me connaissait, et me fondre dans un nouveau décor.

« Qu'il ait été acquitté m'indiffère totalement. Mon père, lui, ne l'a jamais supporté.

J'étrangle un sanglot et ma voix se brise quand je continue :

– Il a fait un infarctus quelques mois plus tard… Jusqu'à sa mort, il était ravagé par la colère. Il avait la haine contre le système, contre ce prof, contre lui-même…

Il est mort par ma faute. À cause de mon comportement. Parce que je n'étais pas la fille idéale. Et cette idée me tue à petit feu… Je regrette tellement de ne pas avoir été l'enfant qu'on voulait que je sois ! D'avoir déçu mes parents… jusqu'à la fin !

Les larmes envahissent mes joues, et même si je ne les prononce pas, Ethan lit en moi tous ces mots, toute cette culpabilité, qui me rongent de l'intérieur.

– Emma, ce n'est pas ta faute… murmure-t-il tout bas.

Mais je n'ai pas besoin de son pardon. Le pardon ne soulage pas mon cœur. Le pardon ne me ramènera pas mon père. Jamais !

J'enchaîne aussitôt, ravalant mes larmes, pour qu'il comprenne. Qu'il comprenne que je suis coupable :

– Après ça, j'ai totalement changé… Ma mère ne me reconnaissait plus. C'est à cette époque que je me suis promis d'être parfaite, de taire ma véritable nature et de ne plus jamais montrer aux gens mes faiblesses. Je suis devenue froide, calculatrice. J'ai bossé dur pour en arriver là, en me bridant totalement. Avec Vicky, on a quitté la région pour Paris. Je me suis fondue dans la masse, je me suis réinventée une vie, et j'ai gravi les échelons pas à pas, patiemment, en niant qui j'étais réellement. De peur que mes erreurs passées ne refassent un jour surface. Mais j'avais tout de même besoin d'un exutoire. Le Libertin était cet exutoire. Un moyen d'évacuer ce trop-plein d'énergie qui bouillonnait en moi. Un moyen de faire exploser cette vie qui brûlait dans mes veines et que je bridais. Je n'ai jamais plus confié mon cœur à personne. Un homme avait bousillé mon adolescence, et j'avais décidé qu'aucun autre homme ne parviendrait plus à me détruire.

Ethan avale difficilement sa salive. Il se sent coupable, mais j'ignore de quoi.

– Et tu m'as rencontré…

– Et je t'ai rencontré. Tu as fait voler en éclats ma carapace.

– Je suis désolé, Emma. Si j'avais su tout ça, jamais je n'aurais remué toute cette merde.

Je réalise brusquement que quelque chose a changé en moi. Après ce scandale, j'ai fui, je me suis cachée derrière des faux-semblants. Aujourd'hui, je n'ai plus envie de fuir. Aujourd'hui, j'ai de nouveau la niaque.

Et ça me fait un bien fou.

J'attrape les mains d'Ethan et le repousse contre le lit. Quand il s'assoit, je l'enjambe.

– Oublions le passé, je murmure. Aujourd'hui est différent d'hier. Et aujourd'hui, je t'ai toi.

Et c'est vrai. Aujourd'hui, je me sens capable de soulever des montagnes. Ils n'ont qu'à bien se tenir, chez Holding. La tornade Emma est aux portes du bâtiment et le petit con qui a dévoilé ces photos compromettantes, je vais l'envoyer cramer en enfer.

***

Maman nous a invités à dîner. Il ne reste plus que nous trois. Émilie se sentait mal, et Benji et Yolanda avaient un rendez-vous avec l'organisatrice de leur mariage.

– Et si tu me parlais un peu de toi, jeune homme ? demande maman à brûle-pourpoint.

– Il n'y a pas grand-chose à dire…

– Il y a toujours des choses à dire. Quel genre d'enfant étais-tu ?

– Espiègle, vous répondrait sûrement ma mère.

Son sourire est nostalgique.

Je me rends soudain compte que je ne sais pas grand-chose d'Ethan. Quel genre d'enfance a-t-il eu ? A-t-il aussi une grande fratrie, aussi insupportable que la mienne, ou simplement un frère, une sœur ?

J'ai l'impression qu'il a toujours eu une longueur d'avance sur moi. Comme s'il devinait tout de moi alors même que je m'évertuais à tout garder enfoui au plus profond de moi…

Et soudain, je n'ai plus qu'une envie : rattraper tout ce temps perdu. Découvrir tout de lui.

– Mais je ne pense pas avoir été un enfant très turbulent, quand je vois les vôtres, enchaîne Ethan.

Il me gratifie d'un clin d'œil et maman ne peut s'empêcher de rire. Il l'a déjà charmée, le saligaud. Je suis bonne pour l'attacher jusqu'à la fin de ses jours. Jamais maman ne me pardonnerait de le laisser filer…

Je réalise brusquement que je n'ai absolument pas envie de le laisser filer…

Bordel, Emma, voilà que tu te ramollis !

– Je ne pense pas avoir été une enfant très turbulente, moi non plus ! je me risque à lancer.

Au son dédaigneux que fait ma mère en claquant de la langue, je comprends qu'elle ne marche pas avec moi.

– Oh, non, toi, je t'imagine comme un adorable petit diablotin, avance Ethan, tout sourire.

– Tu n'as pas idée comme tu as raison ! s'exclame ma mère. Elle était pire que mes garçons. En plus d'être bagarreuse par leur faute, elle était insolente, maligne, *très maligne*, et son esprit, affûté. Au moins, tes frères étaient juste stupides ! Toi, tu étais beaucoup trop intelligente. Tu finissais toujours pas avoir raison de moi…

– Ce qui explique que je sois devenue une femme d'affaires impitoyable ! Je devrais donc te remercier, mère ! je m'exprime avec un langage plus que hautain.

Ça n'a pour effet que de la faire rire.

– Écoute, mon garçon, elle reprend en me tournant ostensiblement le dos. Pour ta propre santé mentale, je devrais t'ordonner de fuir sur le champ cette petite insolente. Mais je crains qu'elle ne finisse sa vie toute seule, alors mon devoir de mère m'oblige à te demander de rester. Par pitié, supporte-la !

– Mais quelle petite vipère ! je m'exclame en foudroyant ma mère du regard, outrée.

Mais bien loin d'être énervée, je suis juste amusée. Telle mère, telle fille, comme qui dirait…

Ethan a éclaté de rire. Quand il reprend enfin son souffle, c'est pour dire :

– Ne vous en faites pas, je suis déjà foutu.

Et cette affirmation doit sonner comme une promesse aux oreilles de ma mère.

Je me prends à espérer que ce soit bel et bien le cas… Ethan n'a qu'à bien se tenir. Je ne lui laisserai pas l'occasion de réaliser que la vie est meilleure sans moi.

Ce soir, je me fais une promesse, là, sous les yeux de ma mère, et sous ceux du seul homme qui a su me faire un jour ployer l'échine. Oui, ce soir, je promets que plus rien ne m'empêchera d'atteindre mes buts. Plus rien ne m'empêchera d'atteindre les cieux que je me suis fixés.

Amen.

40

Je fais une entrée remarquée chez Holding, le lundi matin. Je m'arrête derrière les ascenseurs et pose à même le sol le paquet emballé dans un drap que je traîne depuis chez Ethan. Tout le monde à mon étage me regarde, ricane. J'en ai ma claque. Je fais sauter le drap et dévoile ce putain de tableau, la source de mes problèmes. Ma nudité leur saute à la face, et les ricanements s'intensifient.

Alors, j'enlève ma veste, la jette au sol. Puis je déboutonne ma chemise, et elle finit par terre aussi. À cet instant, il n'y a plus un bruit dans le couloir. Ils sont tous éberlués, car seul un soutif en dentelle blanc recouvre mes seins. On me dévisage avec plus d'attention encore, et je ne manque pas de reconnaître la marque du désir dans le regard de mes collègues masculins. Samuel sourit dans un coin, narquois.

– C'est bon, vous êtes contents ? je m'exclame alors. Maintenant que vous avez vu la marchandise, vous pouvez arrêter vos putain de gamineries et reprendre le boulot ? Je ne suis pas d'humeur, alors le premier qui me cherche aura affaire à moi ! Demandez donc à Sam de quel bois je me chauffe !

Samuel détourne le regard, comme gêné au souvenir de sa face collée à la vitre d'une portière de bagnole. Si c'était à refaire, je recommencerais sans hésiter.

– Et je trouverai lequel d'entre vous est le lâche qui a posté ce mail sans même le signer ! Je lui ferai payer cette faiblesse !

Sur ces bonnes paroles, je ramasse ma chemise, ma veste et traverse le couloir en soutien-gorge, en laissant derrière moi le tableau de Jules. Qu'ils se délectent de sa vue, ce soir, le traître qui m'a humiliée devra en découdre avec moi.

***

Je profite de ma pause déjeuner pour me rendre au service informatique, trois étages sous le mien. Mon sandwich à la main, je m'installe dans le premier bureau de maintenance vide que je trouve, et j'attends. Il me faut une bonne vingtaine de minutes de patience et un sandwich englouti avant de voir apparaître un jeune homme, un sachet de papier dans les mains, sûrement son déjeuner. Quand il me voit, il s'arrête net. Le rouge lui monte aux joues, il regarde à gauche, à droite, comme si quelqu'un lui faisait une farce.

Il doit avoir à peu près le même âge que moi, mais ma présence semble le mettre très mal à l'aise. Il porte une paire de lunettes discrète, qui habille un visage plus ou moins bien dessiné, mais qu'on oublie vite.

– Euh… Vous, vous êtes assise sur ma chaise.

Bien. Je lui souris en me relevant :

– Manifestement, tu sais qui je suis.

Il rit, mais d'un rire gêné. J'en conclus qu'il se souvient encore très bien de ce stupide mail. Quand il se rend compte que c'est totalement déplacé, il s'arrête instantanément et se racle la gorge.

Je l'attrape par les épaules et l'entraîne vers son bureau.

– C'est quoi ton petit nom ? je demande.

– Todd.

– Eh bien, Todd, enchantée.

Je l'installe derrière son écran d'ordinateur.

– J'ai un petit service à te demander.

– Vous voulez savoir qui est l'auteur du mail, je me trompe ?

– Tu as tout compris. Tu peux faire ça pour moi ?

– Vous allez lui faire quoi ?

– Juste une petite discussion… entre gens civilisés.

À mon sourire, il doit comprendre que je mens, mais qu'importe. Il hoche la tête, c'est l'essentiel pour moi.

Alors qu'il se met à pianoter sur son clavier, je m'installe sur un des angles du bureau et contemple son écran.

***

Je déboule comme une furie dans le bureau de cette pétasse : Abigaël Forman. Elle est également du service marketing, mais je ne l'avais jamais vue auparavant. Pourtant, son visage me dit bien quelque chose, comme un vague souvenir imprécis. Elle est brune, les yeux bleus cachés derrière des lunettes de vue aux grosses montures noires. Elle est mignonne mais plutôt quelconque.

Pour la dixième fois depuis que Todd m'a donné son nom, je me demande pourquoi elle veut foutre ma vie en l'air. Je vais sûrement bientôt le savoir…

Je me tiens dans l'embrasure de sa porte, les bras croisés sur ma poitrine, le regard de feu. Quand elle m'aperçoit, son sourire s'élargit mais n'atteint pas ses yeux. Ils restent froids, calculateurs.

– Emma ! elle s'exclame. Je me demandais combien de temps il te faudrait pour remonter jusqu'à moi. Je suis déçue, je t'attendais plus tôt.

– Et si t'arrêtais ton char et jouais cartes sur table ?

Elle sourit de plus belle, mais j'ai l'impression que cette fois, c'est avec plus de franchise, comme si elle était heureuse de rentrer directement dans le vif du sujet. Elle se lève, fait le tour de son bureau, et vient prendre appui sur le rebord en bois, en adoptant la même posture que moi.

– Je ne t'aime pas, Emma.

Sans blague ? Et si tu me disais quelque chose que j'ignore ?

Je lui réponds tout de même :

– Tu veux un scoop ? Je ne t'aime pas non plus. Maintenant que les présentations sont officiellement faites, tu vas me dire ce que je veux savoir.

– Pourquoi j'ai fait ça ?

Elle me nargue ouvertement. Je perds patience en déclarant :

– Par exemple…

Elle se redresse un peu, décroise les bras et prend appui sur son bureau.

– Sais-tu ce que ça fait de se lever chaque matin en sachant qu'on passera la journée entière dans l'ombre de quelqu'un ?

Non, et sincèrement, je m'en fous. Ça aurait été quelqu'un d'autre, je l'aurais sûrement plaint, mais c'est Abigaël Forman, et je n'ai aucune compassion pour elle. Elle continue, sans attendre de réponse :

– Tous les jours, être dans l'ombre de la génialissime et mystérieuse Emma, excessivement parfaite, c'est à gerber. Ça fait quatre ans que je supporte ça, te voir toujours si… extraordinaire, comme si les autres n'étaient que de la merde… Mais ça a assez duré. On a tous des défauts, il était temps de révéler les tiens, de révéler au grand jour ton véritable visage. Et tu veux savoir ? Tu m'as fourni le bâton pour te faire battre, Emma. Si je n'avais pas surpris votre conversation au sujet de ce photographe, de ses nus, sans compter le Libertin, jamais je n'aurais pu t'atteindre.

Dans ma mémoire, je cherche à savoir à quel moment j'ai merdé, quand l'info m'a échappé et que j'ai laissé les choses s'envenimer. Mais il n'y a qu'une seule conversation que j'ai eue avec Carrie au sujet de ce connard de Jules. Je revois distinctement mon chemisier taché, Carrie et moi enfermées dans les toilettes, à parler de l'exposition merdique durant laquelle Jules m'a embrassée, cette putain d'expo qui s'est finie en eau de boudin. J'avais pourtant vérifié que nous étions seules, mais manifestement, j'ai manqué de vigilance. J'étais chamboulée par cette nuit torride passée avec Ethan, déçue et triste pour Vicky, et en pétard contre Jules.

Bordel, Emma, t'es vraiment conne !

J'ai beau m'en vouloir un max, je ne le montre pas et grimace, dubitative :

– Donc, si je comprends bien, *je* suis responsable de ton échec professionnel ?

Cette fois-ci, Abigaël s'est complètement redressée ; elle a fait un pas vers moi, menaçante. Son masque est tombé et je distingue enfin la rage qui brûle dans son regard azur.

– J'étais pressentie pour ton poste ! enrage-t-elle. Mais il a fallu que tu débarques, que tu minaudes auprès de Daniel Sanders et Dieu sait quoi encore pour me voler la vedette ! Aujourd'hui, *je* devrais avoir le marché chinois ! Aujourd'hui, *je* devrais travailler sur le projet Bohman et être à la tête de mon propre département !

– Ce poste, je l'ai eu de manière tout à fait réglo, en bossant comme une dingue. Pendant que tu te prélasses après le boulot dans ta petite vie paisible et bien rangée, je suis encore là, à bosser. J'arrive avant toi, repars après toi, et tu oses prétendre que j'ai obtenu quelques faveurs de Daniel en usant de mes charmes ? Mais grandis un peu, ma fille. La vie n'est pas un conte de fées. Il y aura toujours des gens comme moi, plus compétents que toi, pour te voler la vedette. Si tu arrêtais de jouer les princesses pourries gâtées, à rejeter sur les autres les raisons de tes propres échecs, peut-être que tu commencerais enfin à donner le meilleur de toi-même !

Le visage d'Abigaël se tord dans une grimace absurde. La rage lui monte littéralement à la tête, on dirait qu'elle va exploser. En deux enjambées, elle est auprès de moi, le regard meurtrier, et sa main s'abat à une telle vitesse sur ma joue que pour un peu, elle m'aurait surprise. Mais j'ai de bons réflexes, et je parviens à attraper son poignet avant qu'elle ne m'atteigne. Elle semble surprise alors qu'elle tente de se libérer de mon emprise, mais plus elle se débat, plus je serre fort. Elle gémit, autant de douleur que de frustration. Ça m'exaspère à tel point que j'approche mon visage du sien et murmure, si bas qu'elle seule peut m'entendre :

– Chérie, je pourrais t'écraser comme un misérable insecte, alors ne t'avise jamais plus de lever la main sur moi.

Je la libère enfin avec force. Abigaël s'éloigne le souffle court, le cœur battant à tout rompre. Elle respire vite et fort, les yeux brillants des larmes qu'elle retient. Elle semble si misérable que je préfère en rester là. Pourtant, j'ai une sainte horreur des mesquineries, surtout quand elles sont proférées par pure jalousie… Mais finalement, j'ai peut-être un peu de compassion pour elle. Après un mouvement de tête, je rejoins la porte d'entrée. Mais avant d'en franchir le seuil, je lui fais de nouveau face. Elle se masse le poignet, et il me faut me souvenir de son mail pour refouler cet élan de culpabilité au plus profond de mon être.

– Parce que t'es assez pitoyable comme ça, je laisse couler pour cette fois. Mais sache que si tu t'avises de recommencer, je ne serai pas aussi clémente. Je n'hésiterai pas à te pourrir la vie jusqu'à ce que tu regrettes de m'avoir un jour rencontrée.

Alors que je quitte enfin son bureau, je l'entends cracher entre ses dents :

– C'est déjà le cas, pétasse…

Mes lèvres s'étirent dans un sourire satisfait.

***

Toute cette histoire n'est pas encore remontée aux oreilles de Daniel Sanders, mais ça ne saurait tarder. Il est actuellement en déplacement, et heureusement pour moi, il possède deux boîtes mail pro. Carrie et moi sommes les seules à connaître celle qu'il utilise durant ses voyages. Mais j'angoisse un peu à l'idée de son proche retour. Je suis retournée dans mon bureau vide. Carrie, en déplacement toute la matinée, n'est même pas là pour discuter. Incapable de me remettre au boulot, je m'affale dans ma chaise et réfléchis à une porte de sortie, un plaidoyer qui pourrait justifier mon comportement auprès du grand manitou. Mais soyons réaliste : rien ne pourra me sauver la mise, cette fois-ci.

– Emma ! s'exclame Carrie dès qu'elle pénètre dans la pièce.

Alléluia ! La voir me soulage immédiatement. Carrie me saute directement dessus, sans prendre le temps d'ôter sa veste et son sac à main :

– J'en reviens pas de ce que tu as osé faire ! C'est carrément géant ! J'ai vu le tableau à côté des ascenseurs ! Il n'a toujours pas bougé, et il est juste magnifique ! Tout le monde ne fait qu'en parler, les mecs bavent devant ! T'es carrément canon, dessus !

– J'en ai marre de ces petits péteux qui espèrent que l'ancienne Emma soit toujours là. Je suis enfin moi-même et je ne veux plus avoir à me cacher. Maintenant, rien à foutre, je passe à l'attaque. Ils n'ont qu'à bien se tenir, je mords.

Carrie reprend plus posément :

– Une fois que cette histoire se sera tassée, les choses reviendront à la normale, t'en fais pas.

Ça, j'en doute fort. Emma a fait place nette, enfermant à double tour la fille rangée, disparue à jamais. Quand cette histoire se sera tassée, d'ici quelques semaines, Emma aura définitivement fait peau neuve…

– Tu as trouvé qui a envoyé le mail ?

Je hoche la tête pour toute réponse.

– Alors ? insiste-t-elle, manifestement curieuse.

Je lève les yeux au ciel et finis par tout lui déballer.

Carrie ne peut s'empêcher d'aller farfouiller dans le dossier de cette Abigaël, de plus en plus curieuse. Si elle la critique ouvertement, pour ma plus grande mesquinerie, je sens toutefois au fond de moi qu'on l'oubliera bien assez vite.

– Allez, bientôt, toute cette histoire ne sera plus qu'un lointain souvenir, un peu vague et imprécis, persiste-t-elle.

Pour la première fois depuis des jours, je me sens enfin sereine. Carrie a raison. Bientôt, toute cette histoire ne sera plus qu'un vieux bruit de couloir. Mais moi, j'aurai définitivement changé.

***

À 18 heures, Carrie m'attrape par les épaules.

– Allez, ma chérie, c'est fini pour aujourd'hui. Rentrons.

J'avoue que me prostrer dans mon canapé ne me fera pas de mal. J'en rêve même carrément. J'accepte en souriant et nous laissons tout en plan dans le bureau. Avec un grand sourire, Carrie m'attrape par la main et m'entraîne dans le couloir. Là, quelques personnes me dévisagent, mais je m'y suis finalement habituée. Je passe mon chemin sans protester. Devant les ascenseurs, je récupère mon tableau, l'enveloppe dans son drap, et le coince sous mon bras. Étrangement, Ethan y tient beaucoup, je ne sais pas trop pourquoi.

Alors que nous pénétrons dans l'ascenseur, je suis de plus en plus impatiente de quitter le bureau. La journée a été longue, les emmerdes trop nombreuses, et rentrer chez moi me permettra, le temps de quelques heures, d'oublier tout ça. Tandis que les portes de l'ascenseur commencent à se refermer, un homme accourt, les bloque pour les rouvrir, mais quand il m'aperçoit, il s'arrête net. Il me faut quelques instants pour réaliser que c'est Samuel. Lui me dévisage en piétinant, sans trop savoir quoi faire. Les souvenirs de notre altercation doivent tourner sans cesse dans sa mémoire, car il décide d'attendre le prochain.

Sage décision.

– Tu lui as fait une très bonne impression, dit donc… déclare Carrie une fois que nous sommes seules.

Nous éclatons de rire.

À cet instant précis, j'ai l'impression que quelque chose me titille, quelque chose que j'aurais oublié… Une chose importante, sur laquelle je ne parviens pas à mettre de mot. Ça me trotte dans la tête jusqu'à ce que les portes de l'ascenseur s'ouvrent dans le hall d'entrée. Puis ça me revient.

Merde !

Le rendez-vous gynécologique ! Pendez-moi, je rêve !

Je me suis arrêtée net dans le hall, si bien que Carrie est obligée de revenir sur ses pas.

– Ça ne va pas, Emma ?

Si, si, bien sûr. Tout va bien. Un petit habitant s'est logé dans mon utérus, et on dirait bien que mon cerveau occulte ostensiblement ce fait toute la sainte journée.

Je tente de lui sourire, et il faut croire que je suis convaincante, parce qu'elle n'insiste pas. Elle m'attrape néanmoins par le bras et m'entraîne jusqu'au parking, à l'extérieur du bâtiment.

Si je ne fais pas gaffe, je pourrais bientôt me retrouver à devoir mener cette grossesse à son terme. Il faut vraiment que je contacte ce foutu médecin, et qu'on n'en parle plus, une bonne fois pour toutes.

J'essaie de m'imaginer avec un marmot, mais rien à faire, ça ne colle pas. Avec mon boulot et mon emploi du temps surchargé, quand trouverais-je le temps de récurer des petits culs rose bonbon, changer des couches, et conduire cette marmaille à l'école ? Je sais bien qu'un bébé, ça se fait à deux, mais je ne vois pas non plus Ethan jouer au baby-sitter en dehors de ses heures de boulot.

Et pourtant, j'aime beaucoup les enfants. Dans les parcs, je ne peux pas m'empêcher de repenser à ma propre enfance, quand je vois ces gosses se courir après, se chamailler et s'amuser. Ça me rappelle tous ces fous rires, ces heures passées avec mes frères.

Cette brusque certitude me fait un choc. J'aime les enfants, oui. Alors pourquoi ne suis-je jamais parvenue à m'imaginer avec un ?

Encore une fois, je tente d'imaginer ma vie avec un môme. Pas tout de suite, non, mais d'ici quelques années, quand je me sentirai prête. C'est le brouillard dans ma tête, tout semble s'embrouiller.

Carrie me parle depuis tout à l'heure, mais je n'entends rien. C'est la sonnerie de mon téléphone qui me sort de ma torpeur. Je sursaute presque d'ailleurs, et essaie de retrouver une contenance en fouillant mon sac. Sur l'écran apparaît le nom d'Ethan.

Carrie me fait un clin d'œil, et s'exclame, tout sourire :

– Allez, embrasse Ethan pour moi ! Et ne fais rien de ton corps que je ne ferais pas moi-même !

Elle éclate de rire, ce qui m'arrache également un sourire. Puis elle s'éloigne dans l'autre sens. Je rejoins le parking en décrochant. Sans me laisser le temps d'en placer une, Ethan embraie :

– Rejoins-moi à la maison, j'ai une surprise pour toi.

Son ton est un brin espiègle et me laisse rêveuse.

– Quel genre de surprise ? je ne peux m'empêcher de demander, méfiante.

Il met quelques secondes à répondre, alors que je l'entends vaguement vaquer à ses occupations à l'autre bout du fil. Quand il reprend, c'est avec une voix presque suave, qui me met immédiatement l'eau à la bouche :

– Du genre gourmande…

Un gémissement m'échappe quand il ajoute :

– Et sans paquet d'emballage.

Je l'imagine sans peine derrière son téléphone, un sourire taquin aux lèvres. Pour plus de précisions, je demande tout de même, malicieuse :

– Dis-moi, serais-tu en tenu d'Adam ?

Son souffle soutenu me fait perdre la tête, si bien que je peine à trouver mes clés de voiture dans mon sac à main.

– Je suis bel et bien dans mon plus simple appareil, chérie…

L'imaginer cuisiner nu éveille mon appétit. C'est fou le pouvoir suggestif des mots ! Brusquement, j'oublie tout, j'oublie cette maudite journée, ce foutu bébé qui s'est invité au barbecue et ma satanée mémoire. J'ai simplement envie d'être auprès de lui et de savourer à pleine bouche cette si jolie promesse.

– Hum, intéressant… Garde de la place pour le dessert.

– Compte dessus. Et je compte bien prendre le temps de savourer le mien, bouchée après bouchée…

Bordel, je suis foutue.

41

Le Libertin est comme tous les jours blindé quand Ethan et moi nous faufilons dans la foule jusqu'au bar, le mardi soir. Je retrouve Carrie en grande discussion avec Kév. Elle éclate de rire à l'instant où je m'assieds à côté d'elle.

– Emma ! s'exclame-t-elle, tout sourire.

J'ai l'impression qu'elle est déjà pompette.

– Kév, qu'est-ce que t'as mis dans son verre ?

Le barman hausse les épaules en prenant la commande d'un client. Quand il revient vers nous, Carrie est en train de déblatérer sur sa joie de nous voir ici, tous rassemblés. Elle taquine Ethan comme une vieille copine. Je crois qu'il commence à se faire à la familiarité de mes amies. Quand Kév constate que Carrie est réellement pompette, il lui arrache son verre des mains.

– Toi, jeune fille, tu as assez bu pour aujourd'hui !

Carrie n'a pas le temps de réagir que le contenu disparaît déjà dans l'évier.

– Eh ! elle proteste, mais sans grande conviction. Barman, j'ai soif, moi !

– Tu es assez imbibée pour ce soir, chérie, je réponds.

Mais cette peste m'ignore ouvertement et claque de la main sur le comptoir. Kév fait glisser un verre rempli jusqu'à elle.

– Tu as soif ? Bois de l'eau, ça te dessoûlera !

Je ne peux m'empêcher de rire tandis que Carrie grimace de dégoût.

– Fais gaffe, je pourrais bien changer de barman attitré, moi ! le menace-t-elle.

– Ne me tente pas, il lui répond dans un clin d'œil.

Cet échange m'amuse beaucoup, si bien que lorsque Vicky me saute sur le dos, je sursaute.

– Bah alors, ma belle, qu'est-ce que tu fais plantée là ? elle me demande.

Je lui désigne les deux zigotos qui se chamaillent encore au bar.

– Tu sais ce qu'il y a entre eux ? je ne peux m'empêcher de demander, curieuse.

Vicky hausse les épaules et se tourne vers Ethan pour le saluer à son tour. Nous discutons tous les trois avec entrain, jusqu'à ce que j'attrape Ethan et l'entraîne sur la piste de danse. Autant m'offrir quelques petits plaisirs avant de commencer à bosser...

L'ambiance est au beau fixe et tout le monde ne demande qu'à s'amuser, si bien que je me laisse rapidement prendre au jeu. J'adore travailler ici quand Ethan est dans les parages. Je revis nos premiers instants, et c'est terriblement excitant de le savoir dans l'ombre, quelque part.

Après une petite heure, je reprends la route du bar, noyé sous la masse des clients, assoiffée. J'essaie de retrouver Carrie, histoire de voir si elle tient toujours la route, mais ne la vois nulle part. Par contre, j'ai la désagréable surprise d'y découvrir d'autres visages connus. Ma soif m'a soudain quittée tandis que je me précipite sur un groupe de mecs, accoudés dans un coin du bar, des verres en main.

– Todd ? Mais qu'est-ce que tu fais là ?

Le petit geek de chez Holding sirote tranquillement son verre en parcourant la salle du regard. Il est accompagné de quelques collègues du bureau vaguement aperçus hier midi.

– On était tous un peu curieux de découvrir cet endroit, il me répond sans sourciller.

– Eh bien maintenant que c'est chose faite, rentrez chez vous ! J'ai du boulot !

– Tu bosses vraiment ici ?

Il a l'air interloqué, mais vraiment intéressé par ma réponse.

– Parce que tu croyais que je faisais ça pour le plaisir ?

– Un peu, oui.

– Mais vous êtes tous tarés ! Déguerpissez !

Je hurle presque après lui, alors qu'il a été si gentil avec moi. Ça me gêne un peu, mais je déteste les savoir ici. Ils ne devraient jamais me voir en pleine action. Je ne suis pas du genre à avoir honte de moi, mais comment garder sa crédibilité quand on vous surprend dans des postures plus que compromettantes ?

– Et qu'est-ce que tu vas faire de tous les autres ? il demande brusquement.

– Les autres ? Quels autres ?

D'un signe de tête, il me montre la piste de danse. Je me détourne et découvre, ahurie, d'autres visages connus parmi la foule des clients. Ils sont tous éparpillés dans la salle, mais il doit y avoir une petite vingtaine de mes collègues, venus faire la fête et découvrir un nouveau club branché. C'est pas vrai, on dirait qu'ils se sont tous passé le mot. De véritables sangsues. Je suis dégoûtée… Jamais, au grand jamais, mes deux univers ne devaient se télescoper un jour, et voilà que des petits abrutis de chez Holding dansent tranquillement, comme si de rien n'était, sur la piste du Libertin.

Je me sens mal, j'ai besoin de respirer.

Alors que je me sens défaillir, Ethan surgit à mes côtés, passe un bras autour de mes épaules et demande, véritablement inquiet :

– Ça va ?

Il m'embrasse le front, me serre l'épaule. Je hoche la tête avec un vague sourire et l'enserre par la taille. Après tout, rien d'alarmant ! Ce ne sont que des adultes qui dansent entre eux, pour s'amuser et profiter de la soirée. Certes, ils ne se seraient jamais pointés au club si je n'y travaillais pas, mais bon, on est finalement tous là pour la même chose !

Pourtant, je suis un peu désespérée. Je perds littéralement le contrôle. Jusqu'à la semaine dernière, ma vie nocturne était bien préservée ; elle faisait partie de cette vie privée que je tentais désespérément de garder pour moi depuis plus de cinq ans. Aujourd'hui, tout vole en éclats, et je ne sais pas trop comment réagir. Tout arrive par ma faute, je dois me ressaisir…

Todd dévisage Ethan sans rien dire, comme intrigué. Il doit sûrement reconnaître le mec de la vidéo, celui que j'embrasse passionnément sur la piste de danse. Si je passais pour une salope dans ce film, je m'aperçois que la présence d'Ethan ce soir rend ce baiser légitime. Quelque part, c'est déjà ça.

Eh non, les mecs, je ne suis pas une exhibitionniste !

Voyant que Todd ne le lâche pas du regard, Ethan lui tend la main.

– Enchanté.

Todd la lui serre, un grand sourire aux lèvres, en se présentant.

Bon, réfléchissons calmement à la situation : ce cauchemar aurait pu tourner plus mal, mais les choses ont l'air de bien se dérouler. *Respire, Emma.*

Alors que Todd et Ethan trouvent un sujet de conversation commun, Kév m'interpelle. Du regard, il me désigne le fond de la salle. Quand je me détourne, j'aperçois Paul, notre grand Manitou, en train de faire sa ronde des lieux. Il ne vient pas souvent, mais quand il est là, il y a intérêt à ce que les choses tournent bien. Je sais qu'il ne restera qu'une petite heure, peut-être deux, histoire de s'assurer que la boîte tourne bien sans lui. Mais j'ai déjà eu assez de soucis avec lui cette année.

– Tenez-vous à carreau ! je m'exclame. Je dois y retourner.

J'embrasse Ethan du bout des lèvres, mais il m'arrête dans mon mouvement :

– Je commence tôt demain, je vais rentrer. Ça va aller ?

Je souris en m'exclamant :

– Comment tu crois que je faisais avant de te rencontrer ? Oui, ça va aller. Vas-y, file. On se voit demain.

– Fais quand même attention.

***

La soirée touche bientôt à sa fin. Je suis pressée de rentrer chez moi. La fatigue m'est tombée dessus depuis près d'une demi-heure, et j'attends avec impatience la fermeture du club.

Quand les choses éclatent, je ne suis pas au top de ma forme. Je perçois d'abord des cris indistincts, qui peinent à se faire entendre par-dessus la musique. Puis un mouvement de foule. Je me fraie un passage à coups de coude entre les clients qui s'entassent de plus en plus non loin du bar. Lorsque j'arrive enfin aux abords de l'attroupement, je distingue entre deux clients Kév qui saute par-dessus le comptoir, lui qui n'en dépasse que rarement la limite. Je ne comprends pas immédiatement ce qu'il se passe ; il fond littéralement sur un petit groupe. Deux mecs ont pris en sandwich une femme, qu'ils malmènent manifestement. Kév attaque le premier par le col de sa veste et l'éloigne rageusement d'elle. Ses traits sont tordus par la colère et quand il lui fourre son poing dans la gueule, il y a une telle hargne dans ses mouvements que j'en reste interloquée. Jamais Kév ne m'avait semblé si énervé. Moi qui le pensais pacifiste, je découvre qu'il faut toujours se méfier de l'eau qui dort.

Alors qu'il se défoule sur le petit con, le second gars attrape la fille par la taille. Mon sang ne fait qu'un tour quand je réalise que la femme en question, c'est Carrie.

Je bouscule tout le monde pour me rapprocher d'eux. Les clients me repoussent vivement, et je me retrouve projetée à l'autre extrémité. Carrie me fait face, mais son assaillant est de dos. J'ai l'impression qu'elle titube entre ses bras, qu'elle peine à rester debout. Je me fraie tant bien que mal un passage dans la foule compacte et me retrouve juste derrière le mec qui retient Carrie. Rien à foutre que ce soit un client. Ni une ni deux, je lui enfonce mon talon dans l'arrière du genou, alors même qu'il murmure des choses salaces à Carrie. Mon attaque surprise a eu le don de le faire lâcher prise, et au moment où il ploie, Carrie s'effondre au sol, comme si ses jambes l'avaient lâchée. Je distingue vaguement Vincent et Vicky jouer des coudes pour arriver jusqu'à elle, mais je suis la plus proche. Je me rue sur Carrie pour l'aider à se relever. Cependant, le mec que j'ai pris par surprise me fait face plus vite que je ne l'aurais cru et me repousse en arrière.

– T'en veux aussi, pétasse ?

Il me saisit par les épaules et serre fort. Sans réfléchir, je lui enfonce mon genou dans les couilles. On dirait qu'il est dopé à la testostérone parce qu'il ne me lâche pas. Au contraire, il m'enserre complètement entre ses bras poisseux, et je grimace en essayant de me libérer. Du plat de la main, je frappe de toutes mes forces dans son nez. Le coup est porté avec une telle puissance que la tête de l'imbécile part en arrière au moment où Vincent le saisit par les épaules et le tire à lui. Dans la débâcle, le mec s'est cramponné à moi, et nous roulons tous les deux au sol. Il m'écrase de tout son poids en me plaquant sous lui, et la position dans laquelle il me bloque m'empêche de me débattre. Heureusement, Vincent l'attrape par les fringues et le tire de nouveau en arrière, l'étranglant à moitié dans son tee-shirt. Quand le mec est de nouveau sur pied, il le fait pivoter face à lui et lui enfonce son poing dans l'estomac. Alors que je tousse, j'aperçois Kév donner le coup de grâce au premier connard qui s'en est pris à Carrie. Sans même prendre la peine de le regarder s'effondrer au sol, il rejoint mon amie et la prend dans ses bras. Je sens d'autres bras me saisir pour me remettre sur pieds aussi. Quand je réalise que c'est Gueule d'Ange, je me cramponne à lui de toutes mes forces.

La tête me tourne brusquement, et la douleur vive qui me traverse l'estomac me fait ployer en deux. Je titube quelques instants en me tenant le ventre. Je sens quelque chose couler le long de mes jambes, poisseux et chaud. Puis c'est le trou noir.

42

Tout est blanc autour de moi et j'ai du mal à faire la mise au point. Ma vision est trouble, comme si j'avais un voile opaque devant les yeux. Je cligne des paupières plusieurs fois. J'entends un vague remue-ménage et je sens qu'on me saisit la main. Il me faut plusieurs secondes pour parvenir enfin à fixer mon regard, qui se pose d'instinct sur le beau visage d'Ethan, penché sur moi. Ses traits sont tirés, il a l'air inquiet.

– Eh…

Il me serre la main en souriant, mais je vois bien que son sourire n'atteint pas ses yeux.

– Eh… il me répond dans un murmure à peine audible.

– Est-ce que ça va ?

C'est la voix de Vicky, blanche et tremblante. Elle est à ma droite, en compagnie de Vincent, dont elle serre vivement la main. Je réalise brusquement que je suis allongée dans un lit, et le bip des moniteurs me fait soudain flipper. Je me redresse d'un coup :

– Qu'est-ce que je fous à l'hosto ?

Le cri m'a presque échappé. J'ai horreur des hôpitaux.

– Du calme, ma belle ! s'exclame Vicky. Tu t'es écroulée au Libertin. Tu as besoin de repos.

J'essaie de rassembler les fragments de ma mémoire. Je revois effectivement le club, et l'altercation avec les deux zigotos. Carrie entre leurs bras…

– Où est Carrie ?

– Ne t'en fais pas. Kév s'est chargée d'elle pendant qu'on te conduisait ici. Elle n'était pas en état de nous accompagner.

– Elle n'a rien ?

– Non, elle est juste un peu faite. Mais Kév est intervenu à temps. Elle a eu de la chance. Et toi aussi.

Au regard qu'elle échange avec Ethan, je comprends qu'elle compatit.

– Qu'est-ce que vous ne me dites pas ? je murmure, la voix blanche.

Mais je ne suis pas sûre de vouloir savoir…

Ils demeurent silencieux. Je regarde tour à tour Ethan et Vicky, sans trop savoir sur lequel faire du chantage. Vicky se pince les lèvres et son menton tremble légèrement.

– Vous allez parler, à la fin ?

Je perds littéralement patience, et mes nerfs déjà bien usés lâchent complètement. Je plonge mon regard dans celui d'Ethan.

– Qu'est-ce qu'il y a ?

Il prend une longue inspiration avant de murmurer, si bas que je crois mal entendre :

– Le bébé…

Puis sa voix se brise dans sa gorge et il ne finit pas.

– Non… je murmure, prise d'une brusque clairvoyance.

Il secoue la tête, désolé.

***

Encore une journée où on me fera porter pâle au boulot, à la demande du médecin. Si ça continue, je vais y prendre goût. Moi qui étais une acharnée de boulot, je me sens vraiment lasse.

Alors qu'Ethan conduit dans les rues désertes de ce milieu de nuit, on ne prononce pas un mot. Bientôt, l'aube pointera le bout de son nez. Mais je n'ai qu'une envie : me coucher et ne plus rouvrir les yeux.

Ethan stationne devant chez moi, coupe le contact. Je m'extirpe de la voiture avec lourdeur et monte les escaliers sans me retourner. Sur le seuil de mon appartement, mes mains tremblent si fort qu'Ethan est obligé d'insérer lui-même la clé dans la serrure. Là, je suis tellement désœuvrée que je fonce directement dans ma chambre. Je ne prends même pas la peine d'enlever mes chaussures ; je plonge dans mon lit et me recroqueville simplement sur la couverture, en position fœtale.

Mes yeux sont secs, et pourtant, la boule dans ma poitrine est si grosse que j'ai l'impression d'avoir pleuré toute la nuit. Je m'en veux terriblement.

Quand Ethan me rejoint, quelques minutes plus tard, je n'ai toujours pas bougé. Il s'allonge à mes côtés, sans un bruit et avec tant de précautions qu'on le croirait marcher sur des œufs. Mais finalement, peut-être est-ce juste moi, l'œuf à ne pas briser, comme si la moindre pression pouvait fissurer ma coquille ? Pourtant, je ne suis qu'une coquille vide, déjà bien fêlée.

La chaleur du corps d'Ethan me transperce le dos quand il me prend dans ses bras. J'aimerais qu'il ne soit pas condescendant. J'aimerais qu'il s'en aille loin, qu'il m'oublie ! J'aimerais…

Ce bébé, c'était une grosse erreur ! Heureusement, nous en voilà débarrassés… *Qu'aurions-nous fait d'un marmot ? Nous n'étions pas prêts pour ça !*

Je n'étais pas prête pour ça…

Je déteste Ethan pour ce qu'il m'oblige à endurer. Je déteste ses bras autour moi, sa chaleur et sa présence, alors que j'aimerais me complaire dans ma faiblesse, cette détresse qui m'écrase et enserre mon cœur dans un étau. Et pourtant, j'adore sentir son poids contre moi. Je suis incapable de le repousser.

J'ai l'impression d'étouffer. Le souffle me manque. Une boule d'angoisse me serre la gorge et chaque respiration déchire mes poumons. J'inspire avec force, si fort qu'un gémissement aigu m'échappe.

Et je me brise. Je vole en éclats entre les bras d'Ethan. On dirait que le mur invisible dressé autour de mon cœur explose en mille morceaux. Les larmes se déversent sur mes joues avec tant de virulence qu'elles noient le monde autour de moi. En position fœtale, je pleure comme un enfant, laissant s'abîmer ma peine.

Ethan me serre avec plus de force, et bientôt, son corps est également parcouru de tremblements. Pendant de longues minutes, ou peut-être quelques heures, nous pleurons en silence sur ce bébé disparu, et sa détresse soulage la mienne.

***

Lorsque j'ouvre les yeux, le froid qui me transperce me fait frissonner. Le lit est vide et le jour déjà levé. Ethan a disparu.

Sur l'oreiller qu'il a occupé, je trouve une feuille pliée en deux. Il y a griffonné quelques mots, d'une écriture un peu penchée et en gros caractères :

Je suis au boulot. Je rentrerai tôt, ce soir.
Attends-moi, il faut qu'on parle…
Je t'aime, ne l'oublie pas.

Je replie la feuille, la replace à l'endroit même où je l'ai trouvée et me lève, l'esprit un peu brumeux. Dans la salle de bains, je fais couler l'eau dans la baignoire et me déshabille. Le miroir me renvoie l'image d'une femme désœuvrée qui ne me ressemble pas du tout. Mes traits sont tirés, fatigués, et j'ai l'impression d'avoir pris dix ans en une nuit. Ma peau est très pâle, et sur mes cuisses, quelques croûtes de sang séché me rappellent ce qui n'est plus.

Je laisse mon corps s'engourdir longtemps dans l'eau du bain avant d'en sortir. Je n'ai la force d'absolument rien et c'est devant la télé que je passe le reste de ma journée.

La sonnette de ma porte d'entrée me sort de ma torpeur en fin d'après-midi. J'ouvre le battant sans regarder par le judas. Carrie, en larmes, me saute dessus :

– Si tu savais comme je m'en veux ! elle sanglote dans mon cou.

– Carrie, voyons, de quoi tu parles ? je demande, soudain inquiète.

Elle hoquette entre mes bras, en s'excusant encore :

– Je suis tellement désolée ! Tout est de ma faute !

Ses larmes me font du bien. Elles me rappellent que la vie continue, et que je ne suis pas la seule à souffrir. Je retrouve un peu de vigueur pour la rabrouer :

– Mais qu'est-ce que tu racontes ? Rien n'est de ta faute.

– Si ! Si tu n'étais pas venue me secourir…

Elle ne parvient pas à finir sa phrase et s'écroule littéralement dans mes bras. J'inspire profondément, ce qui a le mérite de me calmer, et tandis que je ferme la porte derrière elle et la conduis dans le salon, je reprends :

– Voyons, Carrie… Ce sont des choses qui arrivent. Et tu ne pouvais pas savoir.

– Mais…

Je l'interromps avec vigueur :

– Arrête ! Tu ne savais pas que j'étais enceinte !

Je sens une étrange colère monter en moi par vague. Je n'arrive pas à la retenir, aussi, j'explose :

– Mais reprends-toi, bon Dieu ! On dirait que c'est toi qui viens de faire une fausse couche ! Ça arrive souvent ! Je vais bien ! C'était un accident, est-ce que c'est compris ? Et puis, je suis encore en âge de retenter ma chance !

Et brusquement, je m'arrête, interloquée. Retenter ma chance… Je réalise soudain que je m'étais habituée à cette idée d'être deux. Sans m'en rendre compte, ce bébé avait déjà creusé un sillon en moi, au point de me laisser un arrière-goût d'envie. Oui, je m'étais faite à l'idée d'accueillir un petit être dans ma vie.

Carrie me fixe aussi interloquée que moi par ma colère. Mais ses larmes ont séché. Elle s'essuie les joues, renifle et murmure en souriant :

– Tu as raison. Je m'apitoie sur mon sort sans penser à ce que tu as dû ressentir. Je suis là, si tu as besoin de pleurer.

Je souris à mon tour, soudain plus calme.

– Mais non, je t'assure, je vais bien. Du moins, je vais mieux maintenant.

Elle doit avoir du mal à me croire, parce qu'elle me dévisage encore, comme pour s'assurer que je dis vrai.

– Et toi, dis-moi, tu vas bien ? je demande à mon tour. Ils ne t'ont rien fait ?

Elle secoue la tête par la négative.

– J'ai été stupide de boire autant… Je n'avais plus vraiment conscience de la réalité.

– Pourquoi as-tu fait ça ? Boire comme un trou, ça ne te ressemble pas.

Elle marque un temps d'arrêt, le temps d'inspirer profondément, puis répond :

– Que veux-tu ? Je suis une incorrigible rêveuse. Mais la réalité est plus dure à supporter.

Comme j'insiste du regard, elle souffle :

– J'ai été stupide, Emma. Tu sais, depuis que Mélanie lui a foutu un ultimatum, j'espère désespérément que Kév se rende compte qu'il fait fausse route. Mais hier… il n'arrêtait pas de me parler d'elle, alors qu'elle ne le mérite absolument pas, et mes espoirs ont foutu le camp.

Elle souffle lentement, comme si se vider les poumons allait effacer cette lueur de détresse dans son regard.

– Il faut vraiment être conne pour ne pas remarquer que la personne qui compte le plus pour nous, c'est celle qu'on ne regarde même pas. Quand j'ai réalisé qu'il me faisait craquer, il était déjà trop tard… Son cœur est déjà pris, Emma, et par une imbécile qui ne le laisse pas s'exprimer. Et moi, je n'existe pas.

Ça, c'est toi qui le dis, ma chérie.

– Tu sais, je reprends très calmement, hier, Kév nous a montré une facette de lui que je ne connaissais pas. Quand ces deux connards te sont tombés dessus, il est entré dans une telle rage que, si je n'étais pas moi-même super en pétard, j'aurais pris peur pour les deux autres. Je ne lui avais jamais vu cette lueur dans le regard, comme s'il était prêt à bousiller tous ceux qui s'approcheraient de toi. Et, d'aussi loin que je m'en souvienne, Kév n'a jamais pris part à aucune bagarre…

Je la vois trépigner, se triturer les mains, comme si mes paroles n'étaient même pas parvenues jusqu'à elle, puis elle finit par lâcher brusquement, comme on lâcherait un secret trop lourd à porter :

– Putain, Emma, j'ai fait une connerie, hier. On était dans sa voiture, au pied de mon immeuble, et je l'ai embrassé ! J'étais pas très fraîche, je savais plus trop ce que je faisais. Je l'ai embrassé sans vraiment y réfléchir, j'en avais simplement envie, j'en avais besoin. Mais comme une conne, j'ai fait ça au pire moment qui soit. Il doit être vraiment déçu de mon comportement… Passé l'étonnement, il m'a gentiment fait savoir que ça l'intéressait pas.

– Comment ça ?

– Il m'a repoussée… comme ça. Comme on éloignerait un moucheron qui nous tourne autour. J'ai été si bête ! Kév est différent des autres, il me comprend. Il me ressemble. Et pour un simple baiser, j'ai gâché notre semblant d'amitié. Si seulement il pouvait oublier Mélanie ! Je sais que je le rendrais plus heureux !

– Ce n'est pas vraiment à moi qu'il faut dire tout ça…

– Et s'il ne veut plus me parler ? Si mon comportement d'hier l'avait tellement déçu qu'il ne voulait plus m'offrir même son amitié ? Et si…

Je l'interromps brusquement :

– Avec des « et si », on peut refaire le monde. Mais avec des certitudes, c'est ta vie qui peut changer. Alors au lieu de m'emmerder avec tes « et si », va le voir, excuse-toi, et vois ce qu'il y a à sauver entre vous. S'il y a bien quelque chose à sauver. Je suis sûre que tu pourrais être surprise.

Après un temps de réflexion, elle murmure :

– Tu as sans doute raison. La prochaine fois que je le croise, j'irai m'excuser.

– Viens là, je murmure en la prenant dans mes bras. Pour la première fois depuis cinq ans, tu es enfin raisonnable. Je suis fière de toi. Sois patiente avec lui. J'ai vu comme il te regarde. Crois-moi, jamais ses yeux n'ont été si passionnés auparavant. Il a envie de toi, et s'il ne se dépêche pas de te mettre le grappin dessus, je vais lui botter le cul !

Au même instant, son téléphone vibre. Elle fouille dans sa poche et le sort.

– Quand on parle du loup, elle murmure.

– Qu'est-ce qu'il dit ?

– Qu'il est désolé pour hier. Je comprends pas trop…

– Carrie, fais quelque chose, bon sang !

Elle se racle la gorge puis se met à pianoter sur son clavier. Très vite, une réponse lui parvient. À mesure qu'elle la lit, le rouge lui monte aux joues. Puis elle me tend son téléphone, avec l'air d'une adolescente heureuse.

[Je suis un con, j'aurais pas dû te repousser.
Carrie, si tu me rejoins pas illico,
je réponds plus de rien.]

Carrie ne sait pas trop où se mettre ni quoi répondre. Elle est gênée, je le vois bien, et partagée entre son désir pour lui et son amitié pour moi.

– Qu'est-ce que tu fous encore sur mon canapé ? je la houspille.

Son Prince Charmant est peut-être là, en fin de compte. Un Prince Charmant certes un peu grunge et sans destrier blanc, mais après tout, qu'importe ? Je sais au moins une chose : jamais Kév n'abusera de sa naïveté pour la prendre et la jeter comme on craquerait une allumette.

Carrie sourit. Puis elle se lève. Je l'accompagne à la porte. Elle me prend longuement dans ses bras :

– Prends soin de toi, Emma.

À l'instant où elle s'en va, elle s'exclame soudain :

– Au fait, j'allais oublier ! Daniel veut te voir dans son bureau demain à la première heure.

Merde… La confrontation est enfin venue. Je ne sais pas si je dois rire ou pleurer de la situation.

Carrie me fait soudain un clin d'œil :

– Si tu veux mon avis, il a adoré ce qu'il a vu. Quand il a découvert le contenu du mail, il a éclaté de rire et je l'ai surpris qui s'exclamait, texto : « Enfin, elle me montre ce qu'elle a dans le ventre, cette petite ! »

Elle rit au souvenir de Daniel. Mon cœur se serre vivement... Le soulagement se mêle à un autre sentiment que je ne reconnais pas tout de suite. Il me broie la poitrine, mon cœur palpite à cent à l'heure. Et soudain, quand ça explose en moi, je mets la main dessus : de la reconnaissance. J'éprouve une grande reconnaissance envers Daniel Sanders, cet homme qui m'a tout donné, qui a cru en moi et a laissé libre court à mes envies, mes délires. Oui, grâce à lui, j'en suis là aujourd'hui, et j'ai la certitude qu'il ne me tournera pas le dos maintenant. Pas après tous nos sacrifices.

J'éclate de rire.

Ce rire clair et distinct me fait un bien fou.

Après un dernier signe de la main, Carrie emprunte l'escalier.

– Bon courage à toi aussi ! je hurle alors que j'entends encore ses talons claquer sur les marches.

– Merci ! elle me répond.

Puis elle ajoute :

– Ethan est là !

Mon cœur se gonfle de joie, à l'image d'une baudruche prête à exploser. Comment une simple journée passée loin de lui peut-elle me laisser cet arrière-goût de manque ? À l'image d'une droguée à qui l'on aurait arraché sa came, je ressens son absence jusqu'au plus profond de mes tripes...

Ethan me manque... Bordel. Emma, t'es devenue une vraie guimauve.

Cette certitude, loin de me faire peur, m'arrache un sourire. Je n'ai plus qu'une envie : être auprès de lui, là, tout de suite, me réfugier dans ses bras. Et y rester.

Toujours.

J'éclate de rire et me précipite dans la cage d'escalier. J'entends Ethan avant de le voir, le bruit de ses semelles sur le dallage de pierre, qui grimpent deux à deux les marches. Quand je l'aperçois enfin, ses cheveux sont ébouriffés par la course, son visage rayonne et son sourire chaleureux creuse deux sillons dans ses joues. Il n'en faut pas plus pour m'empoigner le cœur, comprimer ma poitrine et me couper totalement le souffle. Ethan n'en est que plus magnifique, ainsi.

Nous nous télescopons presque entre deux étages et nous exclamons de concert :

– Emma, je t'aime ! Laisse-nous encore une chance !

– Ethan, faisons un bébé ensemble !

Après une brève surprise, l'euphorie nous gagne. Ethan me saisit soudain le visage et m'embrasse avec fougue. J'ai tant de choses à lui dire ! Mais tout s'embrouille dans ma tête et je ne sais plus bien par quoi commencer.

Finalement, les mots sortent d'eux-mêmes et ma voix résonne dans le couloir, incontrôlable :

– Pas tout de suite, ni même demain. Mais un jour. Ethan, je t'aime ! Et s'il y a bien un homme capable de me supporter pendant ces neuf mois de grossesse, c'est toi !

Il sourit de plus bel, et ce simple geste illumine tout son visage. La vie me paraît brusquement d'une facilité déconcertante. Elle ne se résume en définitive qu'à ce sourire enjôleur et ces yeux pétillants de malice qui me font irrémédiablement fondre.

Et je réalise soudain… J'étais destinée à vivre cet instant précis, dans cette cage d'escalier froide. À ouvrir mon cœur à cet homme si fort et droit. Après tout, qui d'autre que lui pourrait supporter mes excentricités ? Ethan est l'homme de ma vie, je n'en ai plus aucun doute, désormais.

– On s'y mettra dès que tu te sentiras prête, murmure-t-il tout contre mes lèvres.

– T'es bien conscient que tu t'engages à vie ? je trépigne, un grand sourire aux lèvres.

Le sien s'élargit davantage encore, tandis qu'il me répond :

– Je n'attendais que ça…

Nos bouches fusionnent de nouveau, ses mains palpent mes joues, mes cheveux, comme pour imprégner chaque détail de mon anatomie.

– Emma…

Entre deux baisers, il enchaîne :

– Être chacun chez soi, ça ne me suffit plus. Je te veux auprès de moi H24.

J'éclate de rire et ma propre réaction me surprend. *Non, je n'ai pas fui !*

– Tu ne sais pas dans quoi tu t'embarques ! Je suis insupportable !

– C'est ce qui m'a fait tomber amoureux de toi. Je t'aime chiante au possible et caractérielle.

Je feins d'être outrée, mais ça ne prend pas. Dans ses yeux étincelle une lueur d'espièglerie, teintée d'un soupçon de bonheur. Je n'arrive pas à lui en vouloir.

– Tu sais comment parler aux femmes, toi.

Je l'ai saisi par le cou et l'attire de nouveau à moi. J'ai besoin de le sentir, de le toucher. Sa présence me rassure, me remplit, m'enivre totalement. Et en cet instant, je n'ai plus qu'une envie : lui ôter toutes ses fringues et lui faire l'amour sauvagement.

Nous remontons à grand-peine les escaliers, collés serrés au point que nous manquons plusieurs fois de nous étaler en travers des marches.

– Tu te rends bien compte que jamais plus tu ne pourras te débarrasser de ma famille ? je demande, haletante. Elle est encore plus pénible que moi.

– Les chiens ne font pas des chats !

On a enfin atteint mon palier et la porte de mon appartement claque derrière nous. Là, Ethan me plaque contre le mur et m'embrasse avec brusquerie. Mais j'adore ça. La pression monte en moi et je sens que bientôt, je perdrai totalement pied.

Mes mains empoignent sa veste, la froissent, tirent vivement dessus. Quelques instants plus tard, elle tombe au sol.

Ethan s'attaque à mon cou. La tête commence à me tourner.

– Jamais tu ne partiras ?

Les mots ont du mal à franchir la barrière de mes lèvres, mais ils sortent, sans que je ne puisse les contrôler.

– Jamais…

Sa voix est rauque, contrairement à la mienne, si fluette que je l'entends à peine. Encore un baiser. Je suis trempée. Ma tête manque de se faire définitivement la malle. Avant que ce ne soit le cas, je continue sur ma lancée :

– Tu m'aimeras toujours ?

– Toujours…

Il a chuchoté contre ma peau, m'arrachant d'irrépressibles frissons.

Qui aurait cru qu'un jour, un homme me mettrait dans un tel état ?

Je le repousse un peu, juste assez pour reprendre mon souffle et murmure, comme pour m'assurer qu'il a bien compris :

– Je ne changerai pas, tu sais ?

Malgré le désir évident qui brûle dans son regard, Ethan plonge des yeux sombres en moi et me répond, le plus sérieusement du monde :

– Je n'ai pas envie que tu changes, Emma. Je t'ai aimée malgré ton caractère à la con, tes coups de gueule et ta violence. Tu débordes tellement de vie ! J'aime tout ça chez toi. J'aime la Emma de tous les jours, la sérieuse de chez Holding et la délurée du Libertin. Je ne veux pas que tu changes pour moi. Tu n'en as pas besoin ! Tu m'as déjà conquis. Et crois-moi, j'ai pourtant vu le meilleur comme le pire…

Ses mots font monter le feu à mes joues. *J'en reviens pas, je rougis comme une petite prude. Bordel, Emma, tu t'attendris !*

Je sens les larmes poindre à mes yeux, et mon désir, s'il était possible, décuple. Avant de craquer définitivement, j'explose avec impatience :

– Enlève-moi ces putain de fringues !

Comme pour acquiescer, il fait sauter son tee-shirt, tandis que je m'attaque à la ceinture de son pantalon. On s'épluche du couloir au salon, du salon à la chambre à coucher, semant comme le Petit Poucet nos vêtements derrière nous.

Nous sommes entièrement nus quand nous rejoignons ma chambre. Je me plaque contre lui et sens la fièvre monter en nous ; elle irradie du corps d'Ethan et me brûle totalement les ailes.

Je le repousse jusqu'à mon lit, l'y fais basculer puis enjambe son corps offert. Sa peau parfumée m'enivre. Là, Ethan plonge un regard infiniment doux au plus profond de mon âme, un regard grave et si attendrissant que je me liquéfie sur place. De nouveau, il saisit mes joues et murmure :

– Emma, jure-moi que ce n'est pas qu'un rêve…

Cette supplication me touche plus que je ne l'aurais cru. Quand je lui réponds, ma voix tremble :

– Je n'ai jamais été aussi sérieuse…

Et c'est vrai. Je n'ai jamais été si sérieuse, si heureuse même. C'en est presque indécent.

– Alors, c'est décidé, toi et moi, on emménage ensemble ?

Je hoche simplement la tête, incapable de prononcer le moindre mot. C'est comme si ma voix s'était brisée quelque part en moi. Et après tout, c'est sûrement préférable. Au risque de dire des conneries…

Ethan est si beau quand il est heureux ! Je ne peux m'empêcher d'y penser quand nous roulons sur le lit et qu'il prend position au-dessus de moi. Je bois son visage, chacun des traits de ce minois bouclé, comme si c'était la dernière fois. J'emmagasine tout en moi, inlassablement. Les larmes me brûlent les paupières. À l'instar du reste de mon corps, je ne les contrôle plus…

Une page se tourne.

J'en ai conscience.

Une page se tourne, définitivement.

– Bordel, Ethan… Tu vas me torturer encore longtemps ?

Ma voix tremble, j'ai du mal à la reconnaître. Je continue toutefois :

– Fais-moi l'amour. Vite ! Ou je ne réponds plus de rien…

Sans aucun préambule, il s'enfonce en moi d'un coup puissant de reins. Mon corps frémit sous cette intense montée de plaisir et d'adrénaline. Ma jouissance est si puissante qu'elle en frôle la douleur. Le corps contracté, je suis incapable d'esquisser le moindre geste, le moindre va-et-vient. Ethan ne bouge plus non plus, profondément enfoncé en moi, le corps tout aussi tendu que le mien.

Quand la pression retombe enfin, mon esprit s'éclaircit, comme si le poids qui le comprimait disparaissait subitement. Je suis assez consciente pour murmurer :

– Tu signes ton arrêt de mort, avec moi. T'es foutu…

– Mon amour, j'étais foutu dès l'instant où mes yeux se sont posés sur toi.

Et bordel, je crois bien que c'était réciproque…

FIN

Extrait

CASH GIRL
COMBIEN TU M'AIMES ?

L.S. Ange

1

Je me laisse tomber sur le côté, le temps de reprendre mon souffle. Il fait chaud, trop chaud. Nos peaux transpirantes se collent l'une à l'autre. Je regarde son corps pas vraiment beau, son visage marqué par les années et ses yeux enfoncés où plane une lueur vicieuse à me glacer le sang. Je remonte le drap sur ma poitrine, comme si cela pouvait soulager ma conscience ou effacer les traces de cet homme sur moi. Je jette un œil à la liasse de billets posée sur la table de nuit. Ce n'est qu'un client, un de plus, mais je supporte de moins en moins cette vie. Je suis arrivée à un stade de dégoût de moi-même inimaginable, voire irréversible.

Cela fait quelques mois maintenant que je fais ça. Tout a débuté quand je suis devenue danseuse au Loup blanc, club privé réservé aux plus grosses fortunes du pays et situé à quelques pas du Moulin Rouge à Pigalle. Je m'amusais et buvais beaucoup trop. Un soir, un client m'a glissé sa carte et m'a proposé une importante somme d'argent pour passer la nuit avec moi. Sur le coup, j'ai refusé, mais mes autres petits jobs, à côté, paraissaient d'un coup beaucoup moins rémunérateurs ! Après réflexion, je me suis donc laissée tenter.

Pour moi, le sexe n'est pas un problème. Je n'ai pas besoin, comme la plupart de mes copines, de sentiments pour baiser un homme. Petit à petit, je suis devenue une machine. Je ne compte plus les clients, la liste est bien trop longue… mais ces derniers temps, je n'en peux plus. Je vais avoir 23 ans demain, et lorsque je fais le bilan de ma vie, ce n'est pas réjouissant. Pas de petit copain, pas de boulot stable, un petit appartement minable que je partageais avec ma meilleure amie Éva. Depuis qu'elle est partie, je suis seule. Elle m'avait offert un travail dans son école de danse, mais j'ai rapidement laissé tomber le jour où la femme d'un de mes anciens clients est venue faire un scandale. Je ne voulais pas nuire à la réputation d'Éva, alors je lui ai menti en lui disant que je n'étais pas faite pour ce job. Je l'aime trop pour lui faire le moindre mal.

Je suis donc retournée au Loup blanc, où je continue à danser et à trouver des clients. Certains se demandent sûrement ce que je fais de tout cet argent que je gagne. S'ils savaient… Tout part dans le remboursement des dettes que mes parents m'ont laissées à leur décès. Même Éva n'est pas au courant de cette situation qui bousille mon existence depuis bien trop longtemps. Éva me manque terriblement depuis qu'elle a déménagé avec son mari dans le sud de la France. Elle est partie vivre une vie de rêve avec Alex, homme riche et influent qui aime sa femme plus que tout. J'envie mon amie, parfois…

Je soupire et laisse mon regard errer autour de moi. La chambre est luxueuse, comme toujours. Même ce détail m'est devenu indifférent. Pourtant, au début, j'étais impressionnée de mettre les pieds dans ces palaces parisiens que peu de gens ont la chance de fréquenter. Mais à cet instant précis, cette chambre me semble plus horrible que jamais, avec ce client. J'ai beau faire un effort, je ne le supporte pas. Il me répugne. Il y a bien longtemps que je ne prends plus de plaisir. Je ne ressens plus rien… Je me demande si un homme arrivera un jour à me redonner l'envie de faire l'amour, les petits papillons qui virevoltent dans le ventre, les frissons qui suivent une douce caresse… Je n'en suis pas convaincue.

– Rose ?

Je sursaute et reporte toute mon attention sur l'homme allongé à mes côtés.

– Oui ? demandé-je, angoissée à l'idée qu'il veuille remettre le couvert.

– Viens par-là, dit-il d'une voix mielleuse qui me soulève le cœur.

Il m'agrippe par les hanches pour me faire basculer sur son corps. J'ai tout juste le temps d'attraper une protection et de la lui mettre qu'il est déjà en moi. Je ferme les yeux pour ne plus voir son visage tandis que je le chevauche. Je sais que ça ne va pas durer, il est du genre plutôt rapide. Trois minutes chrono plus tard, je suis debout et me dirige vers la douche. Une fois sous le jet d'eau bouillante, je me frotte à m'arracher la peau. Mes yeux me brûlent. Je sens la première larme dévaler ma joue. Je m'adosse à la paroi vitrée et prends mon visage entre mes mains pour étouffer mes sanglots. Je ne veux pas qu'il m'entende. Je suis au bout du rouleau. Écœurée par cette vie, par ces gros porcs qui me font tout ce qu'ils ne peuvent pas faire à leurs femmes. Je maudis mes parents pour ce qu'ils m'ont fait. Je les détestais déjà avant, mais depuis qu'ils sont morts, c'est pire que tout !

Je sors de la salle d'eau et me sèche rapidement. Je dois vite partir loin de cette chambre et de cet homme. Je ramasse mes affaires éparpillées autour du lit et les enfile sans un regard pour mon client. C'était ma première fois avec lui, et très clairement la dernière ! Il y a quelque chose chez lui qui me fait froid dans le dos. Je récupère les billets et les range dans mon sac, puis, sans un regard, je me dirige vers l'entrée.

Il me lance, sûr de lui :

– Je t'appelle la semaine prochaine, Rose !

Je me retourne, la main sur la poignée, et réponds d'une voix glaciale :

– Ce ne sera pas la peine, je suis prise toutes les semaines à venir !

J'ouvre la porte et la claque derrière moi. J'ai tout juste le temps d'entendre mon prénom une nouvelle fois, mais je suis déjà loin. Je sors de l'hôtel le moral au plus bas. Je resserre le col de ma veste, il fait encore frais en ce mois d'avril. Je prends un taxi. J'arrive chez moi et retire rapidement mes vêtements pour les jeter dans la machine à laver, puis j'enfile mon vieux pyjama.

Rose disparaît pour laisser place à Caroline... Enfin, Caro, c'est comme ça que tout le monde me surnomme. Quel prénom de merde ! Ça aussi, je le dois à mes parents. Quelle idée d'appeler sa fille Caroline ? C'est démodé, je trouve. Je me laisse tomber sur mon lit. J'ai dissocié mes deux vies en prenant un deuxième prénom. J'ai beau dire à tout le monde que je fais ce job pour le plaisir et que je m'en fiche, en réalité, je meurs un peu plus chaque fois. Je m'enfonce toujours plus loin, dans ce gouffre qui semble m'attirer, dans cette autodestruction de mon être, de ma dignité et de ma conscience.

Je m'allonge dans mes draps frais et pose ma joue sur l'oreiller. Je repense au salopard de ce soir. Une envie subite de vomir me vient, quand je me remémore son corps flasque sous le mien et cette odeur de transpiration acide qui émanait de lui.

J'attrape ma bouteille d'eau et ma boîte de somnifères. Il faut absolument que je dorme ; demain, j'ai d'autres clients à voir, et le soir, je bosse au Loup blanc.

***

Je me réveille en sursaut. Encore un de ces fichus cauchemars ! Je me redresse dans mon lit et me passe les mains sur le visage pour chasser les dernières images de ces mauvais rêves qui me hantent depuis l'accident... depuis ce jour où j'ai perdu une partie de moi-même. Ça fait quatre ans ! Quatre années de tourments et de regrets, et rien n'y fait.

Mon subconscient ne veut pas oublier. Je revis presque chaque nuit le même scénario. Je secoue la tête et me lève. Il est 9 heures et j'ai déjà un SMS sur mon téléphone :

[On m'a donné votre numéro,
nous avons certaines connaissances en commun.
Pouvons-nous nous voir ? ce midi ?]

Midi, une heure où normalement tout le monde déjeune, sauf les maris infidèles qui se payent du bon temps dans les chambres luxueuses du Palace, situé près de la place de la Concorde.

Je soupire, agacée. Je n'aime pas les nouveaux clients, on ne sait jamais sur qui on tombe. Mais je n'ai pas le choix. Je lui réponds rapidement en lui donnant l'adresse de l'hôtel et le numéro de la chambre.

Après une douche rapide, j'enfile un ensemble assorti en dentelle rouge sous ma robe moulante ultracourte, et glisse mes pieds dans des escarpins vertigineux. Devant le miroir, je remonte mes longs cheveux châtains en un chignon sophistiqué et me maquille avec soin. Mes yeux bleus sont lumineux, fardés de noir. Je rajoute une touche de brillant à lèvres sur ma bouche pulpeuse et me jette un dernier regard avant de tourner les talons.

Si à une époque j'avais honte de ce que je suis, aujourd'hui, je n'en ai plus rien à faire – ou plutôt, je fais avec. J'avale un café noir sans sucre et une brioche avant de partir prendre un taxi.

Vingt minutes plus tard, je suis devant la porte de la chambre 21. Je prends une grande respiration et tourne la poignée. Je pénètre dans la pièce. Les lumières sont tamisées et les rideaux fermés. Un parfum musqué d'homme me chatouille les narines. Il est déjà là.

Du regard, je fais le tour de la chambre et remarque sa haute silhouette sortir de la salle de bains. Je suis immédiatement impressionnée par sa stature. Il est immense et ses épaules sont larges. Il est habillé d'un costume sombre, très élégant. Mes yeux remontent vers son sublime visage à la peau mate et aux traits fins. Son nez bien droit et sa mâchoire carrée sont la perfection même. Je ferme la porte derrière moi et tente de reprendre mes esprits. Je suis surprise de sentir mon cœur s'affoler dans ma poitrine. Cet homme a un charme fou et une allure à couper le souffle. Il s'immobilise et me détaille de la tête aux pieds. Son regard émeraude se trouble alors qu'il croise le mien. Qu'est-ce qu'il m'arrive ? Il a l'air aussi impressionné et gêné que moi. Je lance la conversation pour détendre l'atmosphère :

– Bonjour, je suis Ca… Rose…

Je me rends compte que j'étais à deux doigts de lui balancer mon vrai prénom. Je ne sais pas ce qui se passe, mais je ne contrôle pas vraiment mes émotions à cet instant. Il s'installe dans le gros fauteuil près de la fenêtre et me répond d'une voix grave, à m'en donner des frissons sur tout le corps :

– Bonjour, je suis Audric… Je… je vais vous payer, lance-t-il en posant une liasse de billets sur la table à ses côtés.

Je retire mon manteau, dégrafe ma robe et la laisse glisser lentement à mes pieds. Son regard brûlant observe ma poitrine généreuse, descend sur mon ventre plat, puis le long de mes jambes fuselées. Je suis prise d'une frénésie incontrôlable. Je n'ai pas le souvenir d'avoir ressenti ce genre d'émotions avec un autre client. C'est une première pour moi, et je dois dire que ce n'est pas désagréable. Je me sens plus femme que prostituée sous son regard, et ça me perturbe légèrement. Habituellement, je garde une certaine distance, ça facilite les choses. J'essaie de me ressaisir et m'approche lentement de cet inconnu si troublant.

Éditions Addictives

Romans déjà parus et à paraître

Lucy Allen
Secret Love

Rose M. Becker
Le Bébé, mon milliardaire et moi
Désirs & Désastres
Sex Friends, et plus si affinités
Noël, mon milliardaire et moi
Protège-moi… de toi
Agaçant, sexy & dangereux
Cède-moi
Torride, sexy & dangereux

Anna Bel
Spicy Games
Spicy Rider (à paraître en juillet 2017)

Eva M. Bennett
Sex Friends, Chloé et Alistair
Sex Friends, Lucy et Arthur

Phoebe P. Campbell
Tes ordres sont mes désirs – volumes 1 à 3
Promets-moi ! Au mariage du milliardaire
Oui, je le veux ! Au mariage du milliardaire
Lui résister… ou pas – volumes 1 et 2
Coffret *Tes ordres sont mes désirs*
Fast

Anna Chastel
Toute à toi

Olivia Dean
À lui, corps et âme – volumes 1 et 2
Tous ses désirs – volumes 1 et 2
Beautiful Mistake
Dangerous Rider

Lola Dumas
Lui, moi et le bébé

Juliette Duval
Ma rock star, son chat et moi
Bad Games
Secret Games

Stuart Evans
Roméo & Jules
Sea, sex and you

Emma M. Green
Cent facettes de Mr Diamonds – volumes 1 et 2
Toi + Moi – volumes 1 à 3
Coffret *Toi + Moi*
Call me Baby – volumes 1 et 2
Call me Bitch
Coffret *Call me Baby/Call me Bitch*
Bliss. Le faux journal d'une vraie romantique – volumes 1 et 2
Jeux interdits
Jeux insolents
Fallait pas me chercher! – volumes 1 et 2
Corps impatients
Cœurs insoumis

Emma M. Green et Felicity Stuart
Love me if you can
Kiss me if you can

Kim Grey
Ma vie, mes rêves et lui
Sexy comédie – Recherche (fausse) fiancée

Megan Harold
Tout pour lui – volumes 1 et 2
Sublime-moi!
Juste toi et moi – volumes 1 et 2
Coffret *Tout pour lui*
Insupportable... mais à tomber!
Arrogant Player

Kate B. Jacobson
Aime-moi. Corps et âme
Révèle-moi – volumes 1 et 2
Famous Bastard – volumes 1 et 2
Coffret *Révèle-moi*

Amber James
Emprise
Contrôle-moi
Moonlight. Bloody Lily – volumes 1 et 2
Addictive Player
Bad Desires (à paraître en juillet 2017)

Lucy K. Jones
Mr Fire et moi – volumes 1 et 2
Envoûte-moi !
Encore !

Alice H. Kinney
Dark Light. Vampire Brothers
Dark Light. À lui pour toujours

Sienna Lloyd
Mords-moi !
Mords-moi ! Captive du vampire – édition augmentée avec textes inédits

Nina Marx
Soumets-moi ! – volumes 1 à 3
Diamonds Private Club
Prétentieux, insolent, mais irrésistible – volumes 1 et 2
Rock You. L'intégrale de la trilogie *Soumets-moi !*
Night Fires

June Moore
Déshabillez-moi ! – volumes 1 et 2
Étreinte – volumes 1 à 3
Étreinte. L'intégrale

Heather L. Powell
Je te veux – volumes 1 et 2
Le Jeu du milliardaire

Alex Roussel
Ch't'aime. Moi non plus !

Mina Shepard
Je t'aime... toi non plus
Mon milliardaire, mon mariage et moi

Ève Souliac
Le milliardaire était (presque) parfait
Perfect Mistake (à paraître en juillet 2017)

Lisa Swann
Possédée
Adore-moi ! – volumes 1 et 2
Dark Fever. Sublime mais dangereux
Résiste-moi !
Attractive Bastard

Hannah Taylor
Désire-moi ! – volumes 1 et 2
Je suis à toi

Louise Valmont
Play with me

Lindsay Vance
Kidnappe-moi

Chloe Wilkox
Ordonne-moi ! – volumes 1 à 3
Soul Lights – volumes 1 et 2
Prête à tout ?
Ordonne-moi ! L'intégrale (à paraître en juillet 2017)

Romans chez Luv

Découvrez dans cette nouvelle collection les talents français que vous allez adorer !

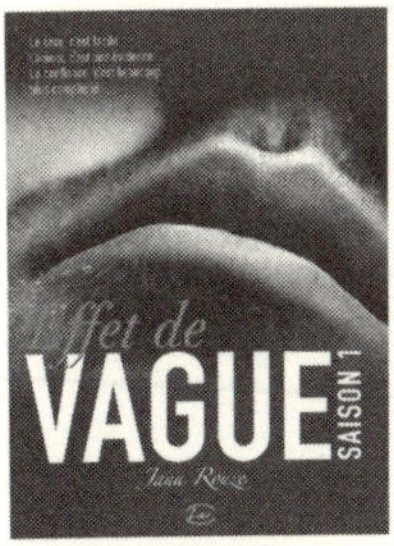

Saison 3 à paraître en octobre 2017

Effet de Vague
***saisons 1, 2* et 3 Jana Rouze**

Un premier roman magistral !

Le sexe, c'est facile. L'amour, c'est une évidence qui s'impose. La confiance, c'est plus compliqué. Que fait un homme qui n'a confiance en personne et ne ressent aucune émotion quand le « coup d'un soir » fait ressurgir le passé sombre qu'il avait enterré ?

Matt et Alex sont liés par la découverte d'un secret. Chacun a le pouvoir de détruire l'autre. Ou de le sauver.

Toi & moi à cet instant précis,
Gabriel Simon

Une histoire d'âmes sœurs que rien ne peut empêcher de se retrouver !

Lorsqu'Emily Green croise la route de Max Whitman, c'est le coup de foudre ! Tous les deux sont créa dans la pub sur Madison Avenue, passionnés par leur travail et à la pointe de l'innovation. Emily est drôle et intelligente, Max est beau à tomber et dévore la vie à pleines dents. C'est une évidence, ils sont faits l'un pour l'autre ! Le problème ? Elle vit en 2015, lui en 1963…

Sexy Disaster
Ena Fitzbel

De l'humour à l'amour.

Quand les opposés s'attirent, mais que les cœurs se déchirent… Diane est rédactrice en chef du magazine *Belle pour la vie* et, pour boucler un article, elle doit partir à l'autre bout du monde. Les moustiques, la chaleur, les dangers de la jungle… c'est tout ce qu'elle déteste, elle la Parisienne un brin snobinarde ! Mais le pire est à venir : son guide, William Charleroi, mâle alpha et charmeur invétéré, s'avère être le moins gentleman des hommes. Elle le déteste tout autant qu'il l'attire car sous ses airs d'homme frustre et séducteur se cache le plus sexy des amants. Diane succombera-t-elle ? Quitte à y perdre la raison ?

Auteure : Jessica Lumbroso
Edisource - Éditions Addictives
100, rue Petit, 75019 Paris
Imprimé par FINIDR – Lipova cp. 1965 – 73701 Cesky Tesin,
République tchèque
Dépôt légal : juin 2017 – Achevé d'imprimer : avril 2017
ISBN : 978-2-37126-167-9
Réf. contrat : ZETH_001